Der Auslandseinsatz von Bundeswehr
und Nationaler Volksarmee

Europäische Hochschulschriften
Publications Universitaires Européennes
European University Studies

Reihe II
Rechtswissenschaft

Série II Series II
Droit
Law

Bd./Vol. 464

PETER LANG
Frankfurt am Main · Bern · New York

Alexander Coridaß

Der Auslandseinsatz von Bundeswehr und Nationaler Volksarmee

PETER LANG
Frankfurt am Main · Bern · New York

CIP-Kurztitelaufnahme der Deutschen Bibliothek

Coridaß, Alexander:

Der Auslandseinsatz von Bundeswehr und Nationaler Volksarmee / Alexander Coridaß. – Frankfurt am Main ; Bern ; New York : Lang, 1985.
(Europäische Hochschulschriften : Reihe 2, Rechtswissenschaft ; Bd. 464)
ISBN 3-8204-8862-6
NE: Europäische Hochschulschriften / 02

ISSN 0531-7312
ISBN 3-8204-8862-6

printed in Germany

INHALTSVERZEICHNIS Seite

SCHRIFTTUMSVERZEICHNIS

Abmeier	Klaus Abmeier, Die parlamentarischen Befugnisse des Abgeordneten des Deutschen Bundestages nach dem Grundgesetz, Berlin (West) 1984
Albrecht, Entwicklung und Zusammenarbeit 1970	Ulrich Albrecht, Militärische Entwicklungshilfe - kritisch bleuchtet, Entwicklung und Zusammenarbeit 1970, H. 5, S. 8 f.
Albrecht, Militär in der DDR	Ulrich Albrecht, Zum Militär in der DDR, in: Studiengruppe Militärpolitik (Hrsg.), Die Nationale Volksarmee, Reinbek 1976, S. 7 ff.
Albrecht/Sommer	Ulrich Albrecht/Birgit A. Sommer, Deutsche Waffen für die Dritte Welt, Reinbek 1972
(Bearbeiter, in:) Alternativkommentar	Erhard Denninger/Helmut Ridder/ Helmut Simon/Ekkehart Stein (wissenschaftliche Redaktion), Kommentar zum Grundgesetz für die Bundesrepublik Deutschland, Band 2, Neuwied/Darmstadt 1984
Arndt, DVBl. 1968	Claus Arndt, Bundeswehr und Polizei im Notstand, DVBl. 1968, S. 729 ff.
Attia	Gamal el din Attia, Les forces armées des Nations Unies en Corée et au Moyen-Orient, Diss. Genf 1963
(Bearbeiter, in:) Außenpolitik befreiter Länder	Autorenkollektiv (Gesamtredkation: Renate Wünsche), Die Außenpolitik befreiter Länder, Berlin (Ost) 1983
Axen, Einheit 1968	Hermann Axen, Proletarischer Internationalismus in unserer Zeit, Einheit 1968, S. 1203 ff.

Becher, DA 1978	Karl Becher, Vertragsbeziehungen der DDR im Geiste des sozialistischen Internationalismus, DA 1978, H. 10, S. 22 ff.
Becher/Kirsten/Ulmann	Karl Becher/Johannes Kirsten/ Klaus Ulmann, Gegenseitige Hilfe und brüderliche Zusammenarbeit - Grundprinzipien des sozialistischen Internationalismus, StuR 1973, S. 1116 ff.
Bechtoldt, Außenpolitik 1968	Heinrich Bechtoldt, Russische Intervention in Prag, Außenpolitik 1968, S. 513 ff.
Beckert, Bundeswehrverwaltung 1983	Erwin Beckert, Die hoheitlichen Befugnisse der Bundeswehr, Bundeswehrverwaltung 1983, S. 217 ff.
Beckert, NZWehrr 1984	Erwin Beckert, Rechtsstaat und Einsatz der Streitkräfte, NZWehrr 1984, S. 9 ff.
(Bearbeiter, in:) Befreite Staaten	Autorenkollektiv (Gesamtredaktion: Renate Wünsche), Die befreiten Staaten Asiens, Afrikas und Lateinamerikas in den internationalen Beziehungen zu Beginn der achtziger Jahre, Potsdam-Babelsberg 1983
Berber, Dokumentensammlung I	Friedrich Berber (Hrsg.), Völkerrecht. Dokumentensammlung, Band I (Friedensrecht), München/Berlin 1967
Berber, Völkerrecht II	Friedrich Berber, Lehrbuch des Völkerrechts, Zweiter Band (Kriegsrecht), 2. Aufl., München 1969
Berber, Völkerrecht III	Friedrich Berber, Lehrbuch des Völkerrechts, Dritter Band (Streiterledigung, Kriegsverhütung, Integration), 2. Aufl., München 1977

Bernhardt, DÖV 1977	Rudolf Bernhardt, Verfassungsrecht und internationale Lagen, DÖV 1977, S. 457 ff.
Bindschedler	Rudolf L. Bindschedler, Grundfragen der kollektiven Sicherheit, in: Walter Schätzel/Hans-Jürgen Schlochauer (Hrsg.), Rechtsfragen der internationalen Organisation. Festschrift für Hans Wehberg zu seinem 70. Geburtstag, Frankfurt am Main 1956, S. 67 ff.
Bindschedler-Robert	Denise Bindschedler-Robert, Korea, in: Karl Strupp/Hans-Jürgen Schlochauer (Hrsg.), Wörterbuch des Völkerrechts, Zweiter Band, 2. Aufl., Berlin (West) 1961, S. 307 ff.
Bleckmann	Albert Bleckmann, Grundgesetz und Völkerrecht, Berlin (West) 1975
Bley	Michael Bley, Die Rechtsstellung des Soldaten in der Nationalen Volksarmee, Diss. Würzburg 1969
Birnstiel	Fritz Birnstiel, Die Militärpolitik der DDR, in: Gernot Gutmann/Maria Haendcke-Hoppe (Hrsg.), Die Außenbeziehungen der DDR, Heidelberg 1981, S. 167 ff.
(Bearbeiter, in:) Bonner Kommentar	Kommentar zum Bonner Grundgesetz, Hamburg, Stand Mai 1984
Bothe, Streitkräfte	Michael Bothe, Streitkräfte internationaler Organisationen, Köln/Berlin 1968

Bothe, Rechtsprobleme	Michael Bothe, Rechtsprobleme humanitärer Hilfsaktionen zugunsten der Zivilbevölkerung bei bewaffneten Konflikten, in: Dieter Fleck (Hrsg.), Beiträge zur Weiterentwicklung des humanitären Völkerrechts für bewaffnete Konflikte, Hamburg 1973, S. 24 ff.
Bourquin/Cassin/Toynbee	Maurice Bourquin/René Cassin/ Arnold J. Toynbee, La sécurité collective, Paris 1936
Bowett, United Nations Forces	Derek W. Bowett, United Nations Forces, London 1964
Bowett, Peaceful Settlement	Derek W. Bowett, The United Nations and Peaceful Settlement, in: International Disputes. The legal aspects, Report of a Study Group of the David Davies Memorial Institute of International Studies (Chairman: Sir Humphrey Waldock), London 1972, S. 179 ff.
Brinkmann, Bundeswehrverwaltung 1983	Jürgen Brinkmann, Die Regelungen des Grundgesetzes für den Verteidigungsfall, Bundeswehrverwaltung 1983, S. 99 ff.
Bruha	Thomas Bruha, Die Definition der Aggression, Berlin (West) 1980
Brunkow, NZWehrr 1971	Wolfgang Brunkow, Gedanken zu Art. 87 a Abs. 2 GG, NZWehrr 1971, S. 12 ff.
Brunkow, Rechtliche Probleme	Wolfgang Brunkow, Rechtliche Probleme des Einsatzes der Bundeswehr auf dem Territorium der Bundesrepublik Deutschland nach Art. 87 a GG, Diss. Bonn 1971

Brunner	Georg Brunner, Einführung in das Recht der DDR, 2. Aufl., München 1979
Bruns, Frankfurter Hefte 1979	Wilhelm Bruns, Bundeswehr als UNO-Friedenstruppe?, Frankfurter Hefte 1979, H. 6, S. 3 f.
Bruns, Die Uneinigen	Wilhelm Bruns, Die Uneinigen in den Vereinten Nationen, Köln 1980
Bruns, UNO-Politik	Wilhelm Bruns, Die UNO-Politik der DDR, 2. Aufl., Stuttgart 1980
Bruns, Stellungnahme	Wilhelm Bruns, Stellungnahme beider deutscher Staaten zum Thema Entwicklungshilfe und Abrüstung in den Vereinten Nationen, in: Siegfried Baske/Gottfried Zieger (Hrsg.), Die Dritte Welt und die beiden Staaten in Deutschland, Asperg 1983, S. 63 ff.
Brzoska, Jahrbuch Dritte Welt Bd. 1	Michael Brzoska, Neue Richtlinien für den Waffenexport aus der Bundesrepublik Deutschland in die Dritte Welt, Jahrbuch Dritte Welt Bd. 1 (1983), S. 87 ff.
Brzoska, Aus Politik und Zeitgeschichte 1984	Michael Brzoska, Rüstungsexportpolitik in der Bundesrepublik, Aus Politik und Zeitgeschichte 1984, B 18, S. 15 ff.
Bull	Hans-Peter Bull, Allgemeines Verwaltungsrecht, Königstein/Ts. 1982
von Bülow	Christoph von Bülow, Der Einsatz der Streitkräfte zur Verteidigung, Frankfurt am Main/Bern/New York/Nancy 1984

Burens	Peter-Claus Burens, Die DDR und der "Prager Frühling", Berlin (West) 1981
Burrows, Integration 1983	Bernard Burrows, Überlegungen zu einer Europäischen Verteidigungsorganisation, Integration 1983, S. 67 ff.
Busch, NZWehrr 1981	Eckart Busch, Die Wehrverfassung in der Staatsverfassung, NZWehrr 1981, S. 52 ff.
Cohen, EA 1982	Eliot A. Cohen, Die permanente Krise des Atlantischen Bündnisses, EA 1982, S. 719 ff.
DDR Handbuch	DDR Handbuch, herausgegeben vom Bundesministerium für innerdeutsche Beziehungen (Wissenschaftliche Leitung: Peter Christian Ludz unter Mitwirkung von Johannes Kuppe), 2. Aufl., Köln 1979
DDRV-Kommentar	Klaus Sorgenicht/Wolfgang Weichelt/Tord Riemann/ Hans-Joachim Semler (Hrsg.), Verfassung der Deutschen Demokratischen Republik, Band 1 und 2, Berlin (Ost) 1969
Delbrück, Regionale Zusammenschlüsse	Jost Delbrück Regionale Zusammenschlüsse und ihre Auswirkungen auf die Souveränität der Staaten, in: Georg Picht/Constanze Eisenbart (Hrsg.), Frieden und Völkerrecht, Stuttgart 1973
Delbrück, Collective Security	Jost Delbrück, Collective Security, in: Rudolf Bernhardt (Hrsg.), Encyclopedia of Public International Law, Bd. 3, Amsterdam/New York/Oxford 1982, S. 104 ff.

Dokumentation	Dokumentation zu den Ereignissen und Entscheidungen im Zusammenhang mit der Entführung von Hanns Martin Schleyer und der Lufthansa-Maschine "Landshut", herausgegeben vom Presse- und Informationsamt der Bundesregierung, 2. Aufl., Bonn 1977
Dolezal	Joseph Dolezal, Entwicklung, Ziele, Methoden und Instrumente der DDR-Außenpolitik in der Dritten Welt, in: Siegfried Baske/Gottfried Zieger (Hrsg.), Die Dritte Welt und die beiden Staaten in Deutschland, Asperg 1983, S. 29 ff.
Dreier	Ralf Dreier, Zur Problematik und Situation der Verfassungsinterpretation, in: ders./Friedrich Schwegmann (Hrsg.), Probleme der Verfassungsinterpretation, Baden-Baden 1976, S. 13 ff.
Düchs	Wilfried Düchs, Die Organisation der Warschauer-Pakt-Staaten als "partieller Bundesstaat", Diss. Würzburg 1976
Erhardt	Manfred Erhardt, Die Befehls- und Kommandogewalt, Berlin (West) 1969
(Bearbeiter, in:) Erichsen/Martens	Hans-Uwe Erichsen/Wolfgang Martens (Hrsg.), Allgemeines Verwaltungsrecht, 6. Aufl., Berlin/New York 1983
Ernst	Wolfgang Ernst, Aufgaben und Verwendungsmöglichkeiten des Bundesgrenzschutzes nach dem Grundgesetz im Spannungsfeld Bund - Länder unter Berücksichtigung des Bundesgrenzschutzgesetzes vom 18.8.1972, Diss. Göttingen 1980

Falge	Dieter Falge, Die Entscheidung über den Einsatz deutscher NATO-Streitkräfte, Diss. Würzburg 1967
Fleck, Vereinte Nationen 1974	Dieter Fleck, UN-Truppen im Brennpunkt, Vereinte Nationen 1974, S. 161 ff.
Fleck, Vereinte Nationen 1979	Dieter Fleck, UN-Friedenstruppen: Erfolgszwang und Bewährung, Vereinte Nationen 1979, S. 99 ff.
Forster	Thomas M. Forster, Die NVA - Kernstück der Landesverteidigung der DDR, 5. Aufl., Köln 1979
Forsthoff	Ernst Forsthoff, Wehrbeitrag und Grundgesetz, in: Der Kampf um den Wehrbeitrag, Zweiter Halbband, München 1953, S. 312 ff.
Franke, ArchVR Bd. 18	Dietrich Franke, Streitkräfte der Vereinten Nationen, ArchVR Bd. 18 (1979/1980), S. 149 ff.
Franz, NZWehrr 1965	Otto Franz, Können der Bundeswehr verteidigungsfremde Aufgaben zugewiesen werden?, NZWehrr 1965, S. 64 ff.
Franzke	Jochen Franzke, Verträge über Freundschaft und Zusammenarbeit zwischen sozialistischen und befreiten Ländern, Potsdam-Babelsberg 1983
Frenzke, ROW 1968	Dietrich Frenzke, Zur Rechtsstellung der "DDR" nach dem Warschauer Pakt, ROW 1968, S. 145 ff.
Frenzke, ROW 1977	Dietrich Frenzke, Das Prinzip des sozialistischen Internationalismus in der ungarischen Völkerrechtsdoktrin, ROW 1977, S. 245 ff.

Frenzke, Verträge — Dietrich Frenzke, Verträge der UdSSR über Freundschaft und Zusammenarbeit, Berlin (West) 1983

Friedensdokumente — Jost Delbrück (Hrsg.), Friedensdokumente aus fünf Jahrhunderten, Erster Teilband, Kehl/Straßburg/Arlington 1984

Fuchs — Rainer Fuchs, Die Entscheidung über Krieg und Frieden, Friedensordnung und Kriegsrecht nach dem Bonner Grundgesetz, Diss. Bonn 1981

Gillessen, FAZ vom 3.10.1980 — Günther Gillessen, Das Grundgesetz sagt nichts über den Indischen Ozean, FAZ vom 3.10.1980, S. 6

Graefrath, NJ 1980 — Bernhard Graefrath, Zur neuen Qualität des Souveränitäsprinzips, NJ 1980, S. 395 ff.

Greig — D. W. Greig, International Law, 2. Aufl., London 1976

Grewe, AöR Bd. 78 — Wilhelm Grewe, Ein neues System kollektiver Sicherheit?, AöR Bd. 78 (N.F. 39) (1952/1953), S. 243 ff.

Großmann — Gerhard Großmann, Bundeswehrsicherheitsrecht, Köln/Berlin/Bonn/München 1981

Grote, Die Welt vom 10.9.1970 — Hinrich Grote, Die Bundeswehr ist in Afrika gefragt, Die Welt vom 10.9.1970, S. 20

Hacker, Situation der Völkerrechtswissenschaft — Jens Hacker, Zur Situation der Völkerrechtswissenschaft in der DDR, in: Richard Lange/Boris Meissner/Klemens Pleyer (Hrsg.), Probleme des DDR-Rechts, Köln 1973, S. 165 ff.

Hacker, Vertragsorganisation	Jens Hacker, Die Vertragsorganisation des Warschauer Pakts und die Rolle der DDR, in: Arbeitskreis für Wehrforschung (Hrsg.), Die Nationale Volksarmee der DDR im Rahmen des Warschauer Pakts, München 1980, S. 9 ff.
Hacker, DDR im Warschauer Pakt	Jens Hacker, Die Stellung der DDR im Warschauer Pakt, in: Gernot Gutmann/Maria Haendcke-Hoppe (Hrsg.), Die Außenbeziehungen der DDR, Heidelberg 1981, S. 187 ff.
Hacker, Ostblock	Jens Hacker, Der Ostblock, Baden-Baden 1983
Haefs	Hanswilhelm Haefs, Die Ereignisse in der Tschechoslowakei vom 27.6.1967 bis 18.10.1968, Bonn/Wien/Zürich 1969
Haftendorn, Militärhilfe und Rüstungsexporte	Helga Haftendorn, Militärhilfe und Rüstungsexporte der BRD, Düsseldorf 1971
Haftendorn, Militärhilfe der Bundesrepublik Deutschland	Helga Haftendorn, Die Militärhilfe der Bundesrepublik Deutschland, in: Hans-Peter Schwarz (Hrsg.), Handbuch der deutschen Außenpolitik, 2. Aufl., München/Zürich 1976, S. 530 ff.
Hagemann, ArchVR Bd. 2	Max Hagemann, Der Atlantikpakt und die Satzung der Vereinten Nationen, ArchVR Bd. 2 (1950), S. 385 ff.
Hahn	Hugo J. Hahn, Nordatlantikpakt, in: Hermann Kunst u.a. (Hrsg.), Evangelisches Staatslexikon, 2. Aufl., Stuttgart 1975, Sp. 1634 ff.

Hahnenfeld	Günther Hahnenfeld, Wehrverfassungsrecht, Hamburg/Berlin 1965
Hamann/Lenz	Andreas Hamann jr./Helmut Lenz, Das Grundgesetz für die Bundesrepublik Deutschland vom 23. Mai 1949, 3. Aufl., Neuwied/Berlin 1970
Handbuch der NATO	Franz-Wilhelm Engel, Handbuch der NATO (Grundwerk), Frankfurt am Main 1957
Hanf, Jahrbuch Dritte Welt Bd. 1	Theodor Hanf, Der Krieg im Libanon und die Entstehung der Zweiten Libanesischen Republik, Jahrbuch Dritte Welt Bd. 1 (1983), S. 101 ff.
Hartmann, Militärgeschichte 1983	Günther Hartmann, Zu wehrpropagandistischen Aktivitäten der National-Demokratischen Partei Deutschlands, besonders in den fünfziger Jahren, Militärgeschichte 1983, S. 645 ff.
Hautmann	Gerhard Hautmann, Die verfassungsrechtlichen Grundlagen von Wehrverfassung und Wehrordnung der Bundesrepublik Deutschland, Diss. Würzburg 1975
Heider	Paul Heider, Traditionspflege und patriotisch-internationalistische Erziehung in der Nationale Volksarmee, in: Franz Bolck (Hrsg.), Sozialistischer Internationalismus, Jena 1977
Henker/Winkler, StuR 1968	Jens Henker/Arno Winkler, Die westdeutsche Notstandsverfassung, ein Instrument der Kriegsvorbereitung, StuR 1968, S. 1097 ff.
Henrich	Wolfgang Henrich, Zur Entstehung der NVA, in: ders. (Hrsg.), Wehrdienstgesetz und Grenzgesetz der DDR, Bonn 1983, S. 13 ff.

Konrad Hesse	Konrad Hesse, Grundzüge des Verfassungsrechts der Bundesrepublik Deutschland, 14. Aufl., Heidelberg 1984
Kurt Hesse	Kurt Hesse, Die umstrittene Militärhilfe für Entwicklungsländer, in: Tätigkeitsberichte der Deutschen Weltwirtschaftlichen Gesellschaft e. V. 1967, S. 5 ff.
Higgins	Rosalyn Higgins, United Nations Peacekeeping, Band I, London/New York/Toronto 1969, Band II, London/Bombay/Karachi/Kuala Lumpur 1970, Band III, Oxford/New York/Toronto/ Melbourne 1980, Band IV, Oxford/New York/Toronto/ Melbourne 1981
Hofer, NZWehrr 1973	Hans-Jürgen Hofer, Die Streitkräfte als ersuchende und ersuchte Behörde im Recht der Amtshilfe, NZWehrr 1973, S. 2 ff.
Hoffmann	Heinz Hoffmann, Für den zuverlässigen Schutz des Friedens, Panorama der DDR 1 - IV - 49
Holst, EA 1982	Johan Jörgen Holst, Bedrohungen außerhalb des NATO-Gebiets, EA 1982, S. 629 ff.
Honneckers neue Verfassung	Friedrich Ebert-Stiftung (Hrsg.), Honneckers neue Verfassung, 2. Aufl., Bonn 1978
Hornung	Klaus Hornung, Staat und Armee, Mainz 1975

Hucke, DA 1978	Dietmar Hucke, Die DDR - aktives Mitglied der UNO, DA 1978, H. 10, S. 17 ff.
K. Ipsen, Rechtsgrundlagen	Knut Ipsen, Rechtsgrundlagen und Institutionalisierung der atlantisch-westeuropäischen Verteidigung, Diss. Kiel 1966
K. Ipsen, AöR Bd. 94	Knut Ipsen, Die Bündnisklausel der Notstandsverfassung (Artikel 80 a Abs. 3 GG), AöR Bd. 94 (N.F. 55) (1969), S. 554 ff.
K. Ipsen, DÖV 1971	Knut Ipsen, Bündnisfall und Verteidigungsfall, DÖV 1971, S. 583 ff.
K. Ipsen, JöR N.F. Bd. 21	Knut Ipsen, Die rechtliche Institutionalisierung der Verteidigung im atlantisch-westeuropäischen Raum, JöR N.F. Bd. 21 (1972), S. 1 ff.
K. Ipsen, Völkerrechtliche Probleme	Knut Ipsen, Völkerrechtliche Probleme des Nordatlantikvertrags, in: Klaus-Dieter Schwarz (Hrsg.), Sicherheitspolitik, 3. Aufl., Bad Honnef 1981, S. 435 ff.
K. Ipsen, Einsatz	Knut Ipsen, Der Einsatz der Bundeswehr zur Verteidigung, im Spannungs- und Verteidigungsfall sowie in internen bewaffneten Konflikten, in: Klaus-Dieter Schwarz (Hrsg.), Sicherheitspolitik, 3. Aufl., Bad Honnef 1981, S. 615 ff.
Jahn, Soldat und Technik 1963	Hans Edgar Jahn, Militärhilfen im Spannungsfeld zwischen West und Ost, Soldat und Technik 1963, S. 673 ff.
Jahn, Forum der Freien Welt 1964	Hans Edgar Jahn, Wehrfragen - ein Faktor der Entwicklungspolitik, Forum der Freien Welt 1964, H. 1, S. 36 ff.

James, EA 1969	Alan James, Friedensmissionen der Vereinten Nationen, EA 1969, S. 149 ff.
Karpinski	Peter Karpinski, Öffentlich-rechtliche Grundsätze für den Einsatz der Streitkräfte im Staatsnotstand, Berlin (West) 1974
Kaufmann	Erich Kaufmann, Rechtsgutachten zum Vertrage über die Gründung der Europäischen Verteidigungsgemeinschaft und zum Deutschlandvertrage, in: Der Kampf um den Wehrbeitrag, Zweiter Halbband, München 1953, S. 42 ff.
Kaul, Vereinte Nationen 1983	Hans-Peter Kaul, UN-Friedenstruppen: Versuch einer Bilanz, Vereinte Nationen 1983, S. 1 ff.
Kersting, Bündnisfall	Klaus Kersting, Bündnisfall und Verteidigungsfall, Diss. Bochum 1979
Kersting, NZWehrr 1982	Klaus Kersting, Die Entscheidung über den Einsatz der Bundeswehr zur Verteidigung, NZWehrr 1982, S. 84 ff.
Kersting, NZWehrr 1983	Klaus Kersting, Kollektive Sicherheit durch peace keeping operations, NZWehrr 1983, S. 64 ff.
Kimminich	Otto Kimminich, Kollektive Sicherheit auf globaler und regionaler Ebene, in: Dieter Blumenwitz/Albrecht Randelzhofer (Hrsg.), Festschrift für Friedrich Berber zum 75. Geburtstage, München 1973, S. 217 ff.
E. Klein, ZaöRV Bd. 34	Eckart Klein, Rechtsprobleme einer deutschen Beteiligung an der Aufstellung von Streitkräften der Vereinten Nationen, ZaöRV Bd. 34 (1974), S. 429 ff.

E. Klein, ZaöRV Bd. 36	Eckart Klein, Nationale Befreiungskämpfe und Dekolonialisierungspolitik der Vereinten Nationen: Zu einigen völkerrechtlichen Tendenzen, ZaöRV Bd. 36 (1976), S. 618 ff.
E. Klein, Selbstbestimmungsrecht	Eckart Klein, Das Selbstbestimmungsrecht der Ostdeutschen, in: Kulturstiftung der deutschen Vertriebenen (Hrsg.), Reden zu Deutschland 1980, Bonn 1981, S. 74 ff.
E. Klein, Politische Studien 1983	Eckart Klein, Selbstbestimmungsrecht - Idee und Aufgabe, Politische Studien 1983, S. 636 ff.
E. Klein, Vereinte Nationen	Eckart Klein, Vereinte Nationen und Selbstbestimmungsrecht, in: Dieter Blumenwitz/Boris Meissner (Hrsg.), Das Selbstbestimmungsrecht der Völker und die deutsche Frage, Köln 1984, S. 107 ff.
E. Klein, Selbstverteidigung	Eckart Klein, Selbstverteidigung, in: Ergänzbares Lexikon des Rechts, 4/930, (Hrsg. der Gruppe "Völkerrecht": Ignaz Seidl-Hohenveldern), Darmstadt/Neuwied, Stand Oktober 1984
Klückmann, NZWehrr 1977	Harald Klückmann, Zur dringenden Nothilfe der Streitkräfte bei "allgmeinen" Unglücksfällen, NZWehrr 1977, S. 164 ff.
Klückmann, NJW 1979	Harald Klückmann, Die Entwicklung des Wehrrechts 1978/1979, NJW 1979, S. 2281 ff.
Kohlschütter, Die Nacht, in der die Russen kamen	Andreas Kohlschütter, Die Nacht, in der die Russen kamen, in: Hans K. Studer, Tschechoslowakei August 68, Kilchberg/Zürich 1968, S. 107 ff.

Kohlschütter, Prager Tagebuch	Andreas Kohlschütter, Prager Tagebuch, in: Hans K. Studer (Hrsg.), Tschechoslowakei August 68, Kilchberg/Zürich 1968, S. 129 ff.
Korte	Hans-Joachim Korte, Der kriegsdienstverweigernde Soldat, Diss. Mainz 1972
Kraus	Herbert Kraus, Rechtsgutachtliche Äußerungen über die Frage der Zulässigkeit präventiver Normenkontrolle nach Artikel 93 Abs. 1 Ziff. 2 GG sowie über das Verhältnis von Normenkontrolle und Rechtsgutachten auf Grund § 97 des Gesetzes über das Bundesverfassungsgericht, in: Der Kampf um den Wehrbeitrag, Zweiter Halbband, München 1953, S. 517 ff.
Krenzler	Michael Krenzler, An den Grenzen der Notstandsverfassung, Berlin (West) 1974
Kröger, StuR 1969	Herbert Kröger, Die sozialistische Souveränität der DDR und der proletarische Internationalismus, StuR 1969, S. 1583 ff.
Kröger, NJ 1980	Herbert Kröger, Das Selbstbestimmungsrecht der Völker und die bürgerliche Völkerrechtsdoktrin, NJ 1980, S. 290 ff.
Krüger, DA 1978	Joachim Krüger, Neue Freundschaftsverträge der DDR mit Staaten der sozialistischen Gemeinschaft, DA 1978, H. 1, S. 5 ff.
Kühne, Aus Politik und Zeitgeschichte 1984	Winrich Kühne, Sowjetische Einflußsuche und westliche Sicherheit: Das Beispiel Afrika, Aus Politik und Zeitgeschichte, 1984, B 14, S. 31 ff.

Kuppe	Johannes Kuppe, Außenpolitik, in: DDR Handbuch (s. dort), S. 91 ff.
Larenz	Karl Larenz, Methodenlehre der Rechtswissenschaft, 5. Aufl., Berlin/Heidelberg/New York/Tokyo 1983
Leber	Georg Leber, Vom Frieden, Stuttgart 1979
Lehnguth	Gerold Lehnguth, Die Verwaltungsakte der Streitkräfte gegenüber dem Bürger, Diss. Göttingen 1973
Lenz	Carl Otto Lenz, Notstandsverfassung des Grundgesetzes, Frankfurt am Main 1971
von Löwis of Menar, DDR und Afrika	Henning von Löwis of Menar, Die DDR und Afrika, in: Gernot Gutmann/Maria Haendcke Hoppe (Hrsg.), Die Außenbeziehungen der DDR, Heidelberg 1981, S. 221 ff.
von Löwis of Menar, DDR und Dritte Welt	Henning von Löwis of Menar, DDR und Dritte Welt, in: Göttinger Arbeitskreis (Hrsg.), Die innere und äußere Lage der DDR, Berlin (West) 1982, S. 123 ff.
Lutz/Rittberger	Dieter S. Lutz/Volker Rittberger, Abrüstungspolizik und Grundgesetz, Baden-Baden 1976
Mac Queen, EA 1984	Norman Mac Queen, Die Öffnung der Außenpolitik Mosambiks, EA 1984, S. 91 ff.
Mackensen, Frankfurter Rundschau vom 1.3.1982	Ulrich Mackensen, Die schnelle Eingreiftruppe und und ihr Pferdefuß, Frankfurter Rundschau vom 1.3.1982, S. 15

Mahnke, Deutschland Archiv 1973	Hans-Heinrich Mahnke, Friedenspolitik und Verfassung, Deutschland Archiv 1973, S. 723 ff.
Mampel, JöR N.F. Bd. 13	Siegfried Mampel, Die Entwicklung der Verfassungsordnung in der Sowjetzone Deutschlands von 1945 bis 1963, JöR N.F. Bd. 13 (1964), S. 455 ff.
Mampel, ROW 1975	Siegfried Mampel, Zur Ergänzung und Änderung der DDR-Verfassung vom 6.4.1968, ROW 1975, S. 137 ff.
Mampel	Die sozialistische Verfassung der Deutschen Demokratischen Republik, 2. Aufl., Frankfurt am Main 1982
von Mangoldt, Änderung des Grundgesetzes I	Herrmann von Mangoldt, Ist die Änderung des Grundgesetzes erforderlich, um in der Bundesrepublik Deutschland im Rahmen eines Systems kollektiver Sicherheit militärische Verbände aufstellen zu können?, in: Der Kampf um den Wehrbeitrag, Erster Halbband, München 1952, S. 271 ff.
von Mangoldt, Änderung des Grundgesetzes II	Herrmann von Mangoldt, Ist die Änderung des Grundgesetzes erforderlich, um in der Bundesrepublik Deutschland im Rahmen eines Systems kollektiver Sicherheit militärische Verbände aufstellen zu können? Kann insbesondere das Gesetz betreffend den Vertrag über die Europäische Verteidigungsgemeinschaft vom 27. Mai 1952 erst nach vorgängiger Änderung des Grundgesetzes verabschiedet werden?, in: Der Kampf um den Wehrbeitrag, Zweiter Halbband, München 1953, S. 72 ff.
von Mangoldt/Klein	Hermann von Mangoldt/Friedrich Klein, Das Bonner Grundgesetz, Band I, 2. Aufl., Berlin/Frankfurt am Main 1957, Band II, 2. Aufl., Berlin/Frankfurt am Main 1964, Band III, 2. Aufl., München 1974

Markus	Werner Markus, Die Bundeswehr, München 1972
Martens	Wolfgang Martens, Grundgesetz und Wehrverfassung, Hamburg 1961
Marx/Engels	Karl Marx/Friedrich Engels, Manifest der Kommunistischen Partei, in: dies., Werke, Band 4, herausgegeben vom Institut für Marxismus-Leninismus beim ZK der SED, Berlin (Ost) 1972, S. 459 ff.
Marxistisch-leninistische Staats- und Rechtstheorie	Institut für Theorie des Staates und des Rechts der Akademie der Wissenschaften der DDR (Hrsg.), Marxistisch-leninistische Staats- und Rechtstheorie, 3. Aufl., Berlin (Ost) 1980
Maunz	Theodor Maunz, Die innerstaatliche Sicherung des äußeren Friedens durch das Grundgesetz der Bundesrepublik Deutschland, in: Hans Barion/Ernst-Wolfgang Böckenförde/Ernst Forsthoff/Werner Weber (Hrsg.), Epirrhosis. Festgabe für Carl Schmitt, Erster Teilband, Berlin (West) 1968, S. 285 ff.
(Bearbeiter, in:) Maunz/Dürig	Theodor Maunz/Günter Dürig/Roman Herzog/Rupert Scholz/Peter Lerche/Hans-Jürgen Papier/Albrecht Randelzhofer/Eberhard Schmidt-Assmann, Grundgesetz, München, Stand Oktober 1984
(Bearbeiter, in:) Maunz/Schmidt-Bleibtreu/Klein/Ulsamer	Theodor Maunz/Bruno Schmidt-Bleibtreu/Franz Klein/Gerhard Ulsamer, Bundesverfassungsgerichtsgesetz, München, Stand September 1979
Meier, ArchVR Bd. 16	Gert Meier, Der Begriff des bewaffneten Angriffs, ArchVR Bd. 16 (1974/1975), S. 375 ff.

Meissner, Warschauer Pakt	Boris Meissner (Hrsg.), Der Warschauer Pakt, Köln 1962
Meissner, Sowjetunion und Völkerrecht	Boris Meissner, Sowjetunion und Völkerrecht 1917 bis 1962, Köln 1963
Meissner, Breshnew-Doktrin	Boris Meissner, Die "Breshnew-Doktrin", 2. Aufl., Köln 1970
Meissner, ROW 1975	Boris Meissner, Die sowjetische Konzeption des "proletarisch-sozialistischen Internationalismus" und das "sozialistische Völkerrecht", ROW 1975, S. 1 ff.
Menzel, Gutachten	Eberhard Menzel, Gutachten über die Notwendigkeit eines verfassungsändernden Gesetzes zur Errichtung deutscher bewaffneter Streitkräfte im Rahmen der Europäischen Verteidigungsgemeinschaft, in: Der Kampf um den Wehrbeitrag, Erster Halbband, München 1952, S. 280 ff.
Menzel, DÖV 1968	Eberhard Menzel, Der Kieler Entwurf zur Notstandsverfassung, DÖV 1968, S. 297 ff.
Menzel, JIR Bd. 15	Eberhard Menzel, Die militärischen Einsätze der Vereinten Nationen zur Sicherung des Friedens, JIR Bd. 15 (1971), S. 1 ff.
(Bearbeiter, in:) Menzel/Ipsen	Eberhard Menzel/Knut Ipsen, Völkerrecht, 2. Aufl., München 1979
Meyn	Karl-Ulrich Meyn, Das Konzept der kollektiven Sicherheit, in: Klaus-Dieter Schwarz (Hrsg.), Sicherheitspolitik, 3. Aufl., Bad Honnef 1981

Michl	Michl, Nationale Volksarmee der DDR, Berlin (Ost) 1975
Moritz, NZWehrr 1965	Günther Moritz, Völkerrechtliche Probleme der NATO-Integration, NZWehrr 1965, S. 53 ff.
Moritz, NZWehrr 1970	Günther Moritz, Die Begriffe "Krieg" und "bewaffneter Konflikt" in der Gesetzgebung der Bundesrepublik Deutschland, NZWehrr 1970, S. 55 ff.
Mosler	Hermann Mosler, Die auswärtige Gewalt im Verfassungssystem der Bundesrepublik Deutschland, in: Festgabe für Carl Bilfinger zum 75. Geburtstag am 21. Januar 1954, Köln/Berlin 1954, S. 243 ff.
Mössner	Jörg Manfred Mössner, Bundeswehr in blauen Helmen, in: Ingo von Münch (Hrsg.), Staatsrecht - Völkerrecht - Europarecht. Festschrift für Hans-Jürgen Schlochauer, Berlin/New York 1981, S. 97 ff.
Mulert, DAS vom 29.10.1978	Ulrich Mulert, Ein willkommenes Tabu, DAS vom 29.10.1978, S. 8
Müller	Friedrich Müller, Juristische Methodik, 2. Aufl., Berlin (West) 1976
(Bearbeiter, in:) von Münch, Besonderes Verwaltungsrecht	Ingo von Münch (Hrsg.), Besonderes Verwaltungsrecht, 7. Aufl., 1985 Berlin/New York 1982
von Münch, Völkerrecht	Ingo von Münch, Völkerrecht, 2. Aufl., Berlin/New York 1982

(Bearbeiter, in:) von Münch	Ingo von Münch (Hrsg.), Grundgesetz-Kommentar, Band 1, 3. Aufl., München 1985, Band 2, 2. Augl., München 1983, Band 3, 2. Aufl., München 1983
von Münch, NJW 1984	Ingo von Münch, Rechtsfragen der Raketen-stationierung, NJW 1984, S. 577 ff.
NATO Handbuch	NATO Handbüch Brüssel 1982
Natorp, FAZ vom 14.8.1979	Klaus Natorp, Honneckers Afrika-Korps, FAZ vom 14.8.1979, S. 8
Nawrocki, Die Zeit vom 25.5.1978	Joachim Nawrocki, Hoffmanns "Afrikakorps", Die Zeit vom 26.5.1978, S. 6
Nawrocki, Bewaffnete Organe	Joachim Nawrocki, Bewaffnete Organe in der DDR, Berlin (West) 1979
Neugebauer	Gero Neugebauer, Nationale Volksarmee (NVA), in: DDR Handbuch (s. dort), S. 735 ff.
Neumann	Reinhard Neumann, Änderung und Wandlung der Japanischen Verfassung, Köln/Berlin/Bonn/ München 1982
Nölle	Bernd Nölle, Die Verwendung des deutschen Soldaten im Ausland, Diss. Bonn 1973
Nonnenmacher, FAZ vom 29.2.1984	Günther Nonnenmacher, Wird Dornröschen wachgeküßt? Sicherheitspolitische Kooperation und die Westeuropäische Union, FAZ vom 29.2.1984, S. 5

von Nottbeck, IRD 1969	Claus-Peter von Nottbeck, Die auswärtige Gewalt der DDR, IRD 1969, S. 87 ff.
Papadimitriu	Georgios Papadimitriu, Die Stellung der allgemeinen Regeln des Völkerrechts im innerstaatlichen Recht, Berlin (West) 1972
Partsch	Karl Josef Partsch, Selbsterhaltungsrecht, in: Karl Strupp/Hans-Jürgen Schlochauer (Hrsg.), Wörterbuch des Völkerrechts, Dritter Band, 2. Aufl., Berlin (West) 1962, S. 255 ff.
Petzold, StuR 1961	Siegfried Petzold, Die Beschlüsse der Sozialistischen Einheitspartei Deutschlands - das feste Fundament des sozialistischen Rechts in der Deutschen Demokratischen Republik, StuR 1961, S. 658 ff.
Poppe, StuR 1969	Eberhard Poppe, Der Fortschritt ist Verfassung, StuR 1969, S. 500 ff.
Poppe, Staatstheoretische Gedanken	Eberhard Poppe, Staatstheoretische Gedanken zur Verfassung der UdSSR vom 7. Oktober 1978, in: Sitzungsberichte der Akademie der Wissenschaften der DDR, Jahrgang 1978, Nr. 3/G
Poppe, Sozialistisches Recht und Wissenschaft	Eberhard Poppe, Sozialistisches Recht und Wissenschaft, in: Sitzungsberichte der Akademie der Wissenschaften der DDR, Jahrgang 1981, Nr. 9/G
Possony	Stefan T. Possony, Der Casus Belli der NATO, München 1965
Post/Sandvoss	Ulrich Post/Frank Sandvoss, Die Afrikapolitik der DDR, Hamburg 1982

Powik/Zelt, DA 1978	Gerhard Powik/Johannes Zelt, Aktuelle Probleme des proletarischen Internationalismus, DA 1978, H. 2, S. 37 ff
Quilitzsch, DA 1983	Siegmar Quilitzsch, Wichtige Initiativen zur Vertiefung der Zusammenarbeit der sozialistischen Länder im Jahre 1982, DA 1983, H. 1, S. 5 ff.
Rauschning	Dieter Rauschning (Bearb.), Die Gesamtverfassung Deutschlands, Frankfurt am Main/Berlin 1962
Rehm, Wehrwissenschaftliche Rundschau 1982	Walter Rehm, Das Militärwesen in der DDR, Wehrwissenschaftliche Rundschau 1982, S. 27 f.
Reichel	Gerhard Hans Reichel, Die auswärtige Gewalt nach dem Grundgesetz für die Bundesrepublik Deutschland vom 23. Mai 1949, Berlin (West) 1967
Rieder	Bruno Rieder. Die Entscheidung über Krieg und Frieden nach deutschem Verfassungsrecht, Berlin (West) 1984
Riege, StuR 1983	Gerhard Riege, Die Verfassungsproblematik im entwickelten Sozialismus, StuR 1983, S. 771 ff.
Rogge, ArchVR Bd. 2	Heinrich Rogge, Rechtssysteme der internationalen Friedenssicherung, ArchVR Bd. 2 (1950), S. 159 ff.
Rosenthal	Walter Rosenthal, Rechtswesen, in: DDR Handbuch (s. dort), S. 893 ff.
Roßnagel	Alexander Roßnagel, Die Änderungen des Grundgesetzes, Frankfurt am Main 1981
Rudolf	Walter Rudolf, Völkerrecht und deutsches Recht, Tübingen 1967

H. U. Rühmland, Bewaffnete Kräfte — Hans Ullrich Rühmland, Die bewaffneten Kräfte und paramilitärischen Verbände der DDR, Diss. Münster 1982

R. Rühmland, NZWehrr 1981 — Regina Rühmland, Die Wehrverfassung der DDR, NZWehrr 1981, S. 1 ff.

R. Rühmland, DVBl. 1983 — Regina Rühmland, Die Rechtsnatur der Rechtsakte der Deutsche Demokratischen Republik (DDR), DVBl. 1983, S. 261 ff.

U. Rühmland, NVA — Ullrich Rühmland, NVA. Nationale Volksarmee der DDR in Stichworten, 6. Aufl., Bonn 1983

Rumpf — Helmut Rumpf, UNO-Prinzipien im Widerspruch, in: Ingo von Münch (Hrsg.), Staatsrechts - Völkerrecht - Europarecht. Festschrift für Hans-Jürgen Schlochauer, Berlin/New York 1981, S. 577 ff.

Sachau — Manfred Sachau, Wehrhoheit und Auswärtige Gewalt, Berlin (West) 1967

Saländer, Truppenpraxis 1974 — Ferdinand Saländer, Hilfeleistungen der Bundeswehr im Frieden, Truppenpraxis 1974, S. 161 ff.

Salzmann — Joachim Salzmann, Der Gedanke des Rechtsstaats in der Wehrverfassung der Bundesrepublik, Diss. Köln 1961

Sánchez-Gijón, EA 1982 — Antonio Sánchez-Gijón, Spanien vor dem Beitritt zu den Europäischen Gemeinschaften und zum Atlantischen Bündnis, EA 1982, S. 268 ff.

Schaefer — Michael Schaefer, Die Funktionsfähigkeit des Sicherheitsmechanismus der Vereinten Nationen, Berlin/Heidelberg/New York 1981

Schätzel	Walter Schätzel, Zweites Rechtsgutachten betreffend Rechtsfragen einer Wiederaufrüstung Deutschlands, in: Der Kampf um den Wehrbeitrag, Zweiter Halbband, München 1953, S. 620 ff.
Schauer, Wehrwissenschaftliche Rundschau 1981	Hartmut Schauer, Rapid Deployment Force - Eingreiftruppe der Vereinigten Staaten, Wehrwissenschaftliche Rundschau 1981, S. 120 ff.
Scheler/Kießling	Wolfgang Scheler/Gottfried Kießling, Gerechte und ungerechte Kriege in unserer Zeit, Berlin (Ost) 1981
von Schenck, ZaöRV Bd. 29	Dedo von Schenck, Das Problem der Beteiligung der Bundesrepublik Deutschland an Sanktionen der Vereinten Nationen, besonders im Falle Rhodesiens, ZaöRV Bd. 29 (1969), S. 257 ff.
Scheuner, Beitritt	Ulrich Scheuner, Beitritt der Bundesrepublik zur Europäischen Verteidigungsgemeinschaft und Grundgesetz, in: Der Kampf um den Wehrbeitrag, Zweiter Halbband, München 1953, S. 94 ff.
Scheuner, Kollektive Sicherheit	Ulrich Scheuner, Kollektive Sicherheit, in: Karl Strupp/Hans-Jürgen Schlochauer (Hrsg.), Wörterbuch des Völkerrechts, Zweiter Band, 2. Aufl., Berlin (West) 1962, S. 242 ff.
Schmid	Karin Schmid, Die Verfassungssysteme der Bundesrepublik Deutschland und der DDR, Berlin (West) 1982
Schmidt	Helmut Schmidt, Strategie des Gleichgewichts, Stuttgart 1969
Schmidt-Bleibtreu/Klein	Bruno Schmidt-Bleibtreu/Franz Klein, Kommentar zum Grundgesetz für die Bundesrepublik Deutschland, 6. Aufl., Neuwied/Darmstadt 1983

Schreiber, DÖV 1969	Wolfgang Schreiber, Die Befugnisse der Streitkräfte nach Art. 87 a Abs. 3 GG, DÖV 1969, S. 729 ff.
Schüle	Adolf Schüle, Bundeswehr und Grundgesetz, in: Bundeswehr und Recht, Köln/Berlin/Bonn/München 1965, S. 9 ff.
Schuster, DA 1983	Dieter Schuster, Aktuelle Aspekte der Einheit von Außen-, Sicherheits- und Militärpolitik, DA 1982, S. 35 ff.
Schwanitz	Willi Schwanitz, Die hegemoniale Vertragspolitik der Sowjetunion und der DDR, Berlin (West) 1983
Schwarzenberger	Georg Schwarzenberger, A Manual of International Law, 5. Aufl., London 1967
Schweisfurth, Außenpolitik 1968	Theodor Schweisfurth, Moskauer Doktrin und sozialistischer Internationalismus, Außenpolitik 1968, S. 710 ff.
Schweisfurth, Sozialistisches Völkerrecht?	Theodor Schweisfurth, Sozialistisches Völkerrecht?, Berlin/Heidelberg/New York 1979
Schwenk, Wehrstrafrecht	Hans-Günther Schwenck, Wehrstrafrecht im System des Wehrrechts und der gerichtlichen Praxis, Frankfurt am Main 1973
Schwenck, Rechtsordnung	Hans-Günther Schwenck, Rechtsordnung und Bundeswehr, Regensburg 1978
Seemann, Wehrwissenschaftliche Rundschau 1966	Klaus Seemann, Zur Problematik der Ausrüstungshilfe, Wehrwissenschaftliche Rundschau 1966, S. 301 ff.

Seidl-Hohenveldern	Ignaz Seidl-Hohenveldern, Völkerrecht, 5. Aufl., Köln/Berlin (West)/Bonn/ München 1984
Seyersted	Finn Seyersted, United Nations Forces in the Law of Peace and War, Leyden 1966
Shaw	James Alexander Shaw, West German Development Aid, Diss. Pretoria 1971
Siilasvuo, Vereinte Nationen 1982	Ensio Siilasvuo, Der unerfüllbare Auftrag, Vereinte Nationen 1982, S. 185 ff.
Smend	Rudolf Smend, Gutachtliche Äußerung zur Frage der Erforderlichkeit einer Änderung des Grundgesetzes für die Bundesrepublik Deutschland als Voraussetzung des deutschen Wehrbeitrags zur Europäischen Verteidigungsgemeinschaft, in: Der Kampf um den Wehrbeitrag, Erster Halbband, München 1952, S. 148 ff.
Smidt, FAZ vom 8.10.1964	Maximilian Smidt, Eine drittel Milliarde Mark deutscher Militärhilfe für Afrika, FAZ vom 8.10.1964, S. 2
Sozialistische Staatengemeinschaft und Völkerrecht	Autorenkollektiv (Leitung und Gedamtredaktion: Herbert Kröger), Sozialistische Staatengemeinschaft und Völkerrecht, Berlin (Ost) 1979
Spanger, Deutschland Archiv 1984	Hans-Joachim Spanger, Die beiden deutschen Staaten in der Dritten Welt, Deutschland Archiv 1984, S. 30 ff. und 150 ff.
Spröte/Wünsche	Wolfgang Spröte/Harry Wünsche, Die UNO und ihre Spezialorganisationen, Berlin (Ost) 1975

Staatsrecht-Lehrbuch	Akademie für Staats- und Rechtswissenschaft der DDR (Hrsg.), Staatsrecht der DDR, Berlin (Ost) 1977
Statistisches Jahrbuch der DDR 1983	Staatliche Zentralverwaltung für Statistik (Hrsg.), Statistisches Jahrbuch 1983 der Deutschen Demokratischen Republik, Berlin (Ost) 1983
Steinkamm	Eike Steinkamm, Die Wehrstrafgerichtsbarkeit im Grundgesetz der Bundesrepublik Deutschland, Würzburg 1974
Stern, Staatsrecht I	Klaus Stern, Das Staatsrecht der Bundesrepublik Deutschland, Band I, 2. Aufl., München 1984
Stern, Staatsrecht II	Klaus Stern, Das Staatsrecht der Bundesrepublik Deutschland, Band II, München 1980
Stratmann	Jürgen Stratmann, Das grundgesetzliche Verbot friedensstörender Handlungen, Diss. Würzburg 1973
Streitkräfte 1983/1984	Streitkräfte 1983/1984 Die "Military Balance" des Internationalen Instituts für Strategische Studien, London (Übersetzung und Bearbeitung: Wilfried Mletzko), Koblenz 1984
Süsterhenn	Adolf Süsterhenn, Gutachtliche Äußerung zur Frage, ob ein deutscher Wehrbeitrag im Rahmen eines kollektiven Sicherheitssystems eine Änderung des Grundgesetzes erfordert, in: Der Kampf um den Wehrbeitrag, Erster Halbband, München 1952, S. 260 ff.

Szabo, EA 1983	Stephen F. Szabo, Generationswechsel in Europa: Auswirkungen auf das westliche Bündnis, EA 1983, S. 37 ff.
Tiedtke	Stefan Tiedtke, Die Stellung der DDR in der Warschauer Vertragsorganisation, in: Studiengruppe Militärpolitik (Hrsg.), Die Nationale Volksarmee, Reinbek 1976, S. 42 ff.
Tomuschat, VVDStRL 36	Christian Tomuschat, Der Verfassungsstaat im Geflecht der internationalen Beziehungen, VVDStRL H. 36 (1978), S. 7 ff.
Tunkin, Völkerrecht der Gegenwart	Gregorij I. Tunkin, Das Völkerrecht der Gegenwart, Berlin (Ost) 1963
Tunkin, Völkerrechtstheorie	Gregorij I. Tunkin, Völkerrechtstheorie, Berlin (West) 1972
Ulbrichts Grundgesetz	Ulbrichts Grundgesetz Die sozialistische Verfassung der DDR. Mit einem einleitenden Kommentar von Dietrich Müller-Römer, Köln 1968
Uschakow, EA 1968	Alexander Uschakow, Die militärische Intervention in die Tschechoslowakei und das Völkerrecht, EA 1968, S. 773 ff.
Uschakow, EA 1970	Alexander Uschakow, Die neuen Bündnisverträge der Sowjetunion mit der Tschechoslowakei und Rumänien, EA 1970, S. 791 ff.
Verdross/Simma	Alfred Verdross/Bruno Simma, Universelles Völkerrecht, 2. Aufl., Berlin (West) 1981
Verteidigung im Bündnis	Militärgeschichtliches Forschungsamt (Hrsg.), Verteidigung im Bündnis, München 1975

Vertrags-Ploetz	Helmuth K. G. Rönnefarth/ Heinrich Euler (Bearb.), Konferenzen und Verträge Vertrags-Ploetz, Teil II, Vierter Band, 2. Aufl., Würzburg 1959
Völkerrecht-Lehrbuch, T. 1, 1. Aufl.	Arbeitsgemeinschaft für Völkerrecht beim Institut für Internationale Beziehungen an der Akademie für Staats- und Rechtswissenschaft der DDR (Hrsg.), Völkerrecht, Teil 1, 1. Aufl., Berlin (Ost) 1973
Völkerrecht-Lehrbuch	Arbeitsgemeinschaft für Völkerrecht beim Institut für Internationale Beziehungen an der Akademie für Staats- und Rechtswissenschaft der DDR (Hrsg.),
T. 1, 2. Aufl.	Teil 1, 2. Aufl., Berlin (Ost) 1981,
T. 2	Teil 2, 2. Aufl., Berlin (Ost) 1982
Voss	Hans Voss, Nordatlantikpakt, Warschauer Vertrag und die Carta der Vereinten Nationen, Berlin (Ost) 1958
Wagner, EA 1966	Wolfgang Wagner, Deutsche Ausrüstungshilfe in Afrika, EA 1966, S. 221 ff.
Walter	Alfred Walter, Die Zusammenarbeit zwischen der Nationalen Volksarmee und der Sowjetarmee im Lichte des Völkerrechts, Diss. Würzburg 1968
von Wechmar, Vereinte Nationen 1982	Freiherr Rüdiger von Wechmar, Friedenserhaltende Maßnahmen - eine Herausforderung an die Bundesrepublik Deutschland, Vereinte Nationen 1982, S. 10 f.
Weck	Jörg Weck, Wehrverfassung und Wehrrecht der DDR, Köln 1970

Weißbuch 1970	Weißbuch 1970 Zur Sicherheit der Bundesrepublik Deutschland und zur Lage der Bundeswehr Im Auftrage der Bundesregierung herausgegeben vom Bundesminister der Verteidigung, o.O., o.J.
Weißbuch 1971/1972	Weißbuch 1971/1972 (wie oben)
Weißbuch 1973/1974	Weißbuch 1973/1974 (wie oben)
Weißbuch 1979	Weißbuch 1979 (wie oben, außer:) Bonn 1979
Weißbuch 1983	Weißbuch 1983 Zur Sicherheit der Bundesrepublik Deutschland Im Auftrage der Bundesregierung herausgegeben vom Bundesminister der Verteidigung, o.O., o.J.
Wengler, Völkerrecht I	Wilhelm Wengler, Völkerrecht, Band I, Berlin/Göttingen/Heidelberg 1964
Wengler, Das völkerrechtliche Gewaltverbot	Wilhelm Wengler, Das völkerrechtliche Gewaltverbot, Berlin (West) 1967
Willerding, DA 1976	Klaus Willerding, Grundlagen und Inhalt der Beziehungen der DDR zu den befreiten Staaten Asiens und Afrikas, DA 1976, S. 1615 ff.
Willms	Gerd Willms, Parlamentarische Kontrolle und Wehrverfassung, Diss Göttingen 1959
Wolff/Bachof	Hans J. Wolff/Otto Bachof, Verwaltungsrecht I, 9. Aufl., München 1974

Wollert, Truppenpraxis 1969	Ernst Wollert, Ausrüstungs- und Ausbildungshilfe in Afrika, Truppenpraxis 1969, S. 701 ff.
Woopen, NZWehrr 1983	Herbert Woopen, Dürfen die europäischen NATO-Staaten ihre Streitkräfte außerhalb des NATO-Gebiets einsetzen? NZWehrr 1983, S. 201 ff.
Zieger, Warschauer Pakt	Gottfried Zieger, Der Warschauer Pakt, Uelzen 1974
Zieger, Vereinte Nationen	Gottfried Zieger, Die Vereinten Nationen, Hannover 1976

ABKÜRZUNGEN

a.	auch
a.A.	anderer Ansicht
a.a.O.	am angegebenen Ort
Abs.	Absatz
ANC	African National Council
Anl.	Anlage
Anm.	Anmerkung
AöR	Archiv des öffentlichen Rechts
ArchVR	Archiv des Völkerrechts
Art.	Artikel
Aufl.	Auflage
Bd.	Band
Bearb.	Bearbeiter
BGBl.	Bundesgesetzblatt
BT-DS	Verhandlungen des Deutschen Bundestages (Drucksachen)
BT-Prot.	Verhandlungen des Deutschen Bundestages (Stenographische Berichte)
Bulletin	Bulletin des Presse- und Informationsamts der Bundesregierung
BVerfGE	Entscheidungen des Bundesverfassungsgerichts
bzw.	beziehungsweise
CSSR	Ceskoslovenská socialistická republika
DA	Deutsche Außenpolitik
DAS	Deutsches Allgemeines Sonntagsblatt
DDR	Deutsche Demokratische Republik
DDRV 1968	Verfassung der Deutschen Demokratischen Republik vom 6. April 1968

DDRV 1974	DDRV 1968 in der Fassung des Gesetzes zur Ergänzung und Änderung der Verfassung der Deutschen Demokratischen Republik vom 7. Oktober 1974
ders.	derselbe
d.h.	das heißt
DÖV	Die öffentliche Verwaltung
DVBl.	Deutsches Verwaltungsblatt
EA	Europa Archiv
ebd.	ebenda
Erl.	Erläuterung
etc.	et cetera
EuGRZ	Europäische Grundrechtszeitschrift
EVG	Europäische Verteidigungsgemeinschaft
f.	folgende
FAO	Food and Agriculture Organization of the United Nations
FAZ	Frankfurter Allgemeine Zeitung
ff.	fortlaufend folgende
Fn.	Fußnote
GBl.	Gesetzblatt der Deutschen Demokratischen Republik
gem.	gemäß
GG	Grundgesetz für die Bundesrepublik Deutschland
H.	Heft
Hrsg.	Herausgeber
ICJ Reports	International Court of Justice Reports of Judgements, Advisory Opinions and Orders
IFAD	International Fund for Agricultural Development

IGH	Internationaler Gerichtshof
insbes.	inbesondere
IRD	Internationales Recht und Diplomatie
i.S.	im Sinne
i.ü.	im übrigen
JIR	Jahrbuch für internationales Recht
JÖR	Jahrbuch des öffentlichen Rechts der Gegenwart
KP	Kommunistische Partei
KPC	Kommunistische Partei der Tschechoslowakei
KPdSU	Kommunistische Partei der Sowjetunion
Mio.	Millionen
m.w.N.	mit weiteren Nachweisen
NATO	North Atlantic Treaty Organization
NATOV	Nordatlantikvertrag
ND	Neues Deutschland
N.F.	Neue Folge
NJ	Neue Justiz
NJW	Neue Juristische Wochenschrift
Nr.	Nummer
NVA	Nationale Volksarmee
NZWehrr	Neue Zeitschrift für Wehrrecht
o.	oben
o.J.	ohne Jahr
o.O.	ohne Ort
PLO	Palestine Liberation Organization
RDF	Rapid Deployment Force

Rdnr.	Randnummer
ROW	Recht in Ost und West
s.	siehe
S.	Seite
SAR	Search and Rescue
SED	Sozialistische Einheitspartei Deutschlands
sog.	sogenannte(r)
Sp.	Spalte
StuR	Staat und Recht
SVN	Satzung der Vereinten Nationen
SWAPO	South West African People's Organization
T.	Teil
TDM	tausend Deutsche Mark
u.	unten
u.a.	unter anderem; und andere
UdSSR	Union der Sozialistischen Sowjetrepubliken
UN	United Nations
UNDOF	United Nations Disengagement Observer Force
UNEF	United Nations Emergency Forces
UNFICYP	United Nations Force in Cyprus
UNIFIL	United Nations Interim Force in Lebanon
UNO	United Nations Organization
UNTAG	United Nations Transition Assistance Group
UNTSO	United Nations Truce Supervision Organization
usw.	und so weiter
u.U.	unter Umständen
v.	von
vgl.	vergleiche

VMBl.	Ministerialblatt des Bundesministers für Verteidigung
VVDStRL	Veröffentlichungen der Vereinigung der Deutschen Staatsrechslehrer
WEU	Westeuropäische Union
WEUV	Vertrag über wirtschaftliche, soziale und kulturelle Zusammenarbeit und über kollektive Selbstverteidigung (Brüsseler Vertrag)
wob	Woche im Bundestag
WÜRV	Wiener Übereinkommen über das Recht der Verträge
WV	Vertrag über Freundschaft, Zusammenarbeit und gegenseitigen Beistand zwischen der Volksrepublik Albanien, der Volksrepublik Bulgarien, der Ungarischen Volksrepublik, der Deutschen Demokratischen Republik, der Volksrepublik Polen, der Rumänischen Volksrepublik, der Union der Sozialistischen Sowjetrepubliken und der Tschechoslowakischen Republik (Warschauer Pakt)
ZaöRV	Zeitschrift für ausländisches öffentliches Recht und Völkerrecht
z.B.	zum Beispiel
ZDv	Zentrale Dienstvorschrift
zit.	zitiert
ZK	Zentralkomitee
z.T.	zum Teil

EINLEITUNG

I. Erläuterung und Eingrenzung des Gegenstands

Gegenstand der Untersuchung wird die Verwendung der Bundeswehr der Bundesrepublik Deutschland und der Nationalen Volksarmee der DDR außerhalb des territorialen Geltungsbereichs der jeweiligen Verfassungen sein; nicht mitbehandelt werden soll der Fall der klassischen Verteidigung, d.h. die Reaktion auf einen Angriff auf das eigene Gebiet, die ja auch zu - sowohl völkerrechtlich [1)] als auch verfassungsrechtlich [2)] erlaubten - Einsätzen außerhalb des angegriffenen Staats führen kann.
Die Prüfung der einschlägigen Rechtsfragen erfolgt unter verfassungsrechtlichen Gesichtspunkten. Freilich ergibt es sich aus der Natur der Sache, daß völkerrechtliche Kriterien und Probleme immer wieder Erwähnung finden werden, doch bilden sie nicht den Schwerpunkt der Arbeit; auf sie soll nur insoweit eingegangen werden, als sie zum Verständnis der staatsrechtlichen Probleme erforderlich sind. Unter dem Aspekt des nationalen Rechts wird untersucht werden, inwieweit die Verfassungen Aussagen über die angesprochenen Einsätze der Streitkräfte enthalten, welche Möglichkeiten und Grenzen sie aufzeigen. Dabei wird bewußt auf eine weitere detaillierte Darstellung von Bereichen verzichtet, welche bereits mehrfach wissenschaftlich erschlossen sind und deren Aufgreifen an dieser Stelle zu einer rein deskriptiven Faktenschilderung führen müßte; es handelt sich dabei um die

---

1) E. Klein, Selbstverteidigung, S. 1; Partsch, S. 256; Berber, Völkerrecht III, S. 102; Greig, S. 895.

2) Stern, Staatsrecht II, S. 1411 und 1477; Dürig, in: Maunz/Dürig, Art. 87 a, Rdnr. 22 und dort Fn. 5; für die DDR U. Rühmland, NVA, S. 108.

Komplexe Entstehung und Struktur von NVA [1] und Bundeswehr [2], Entstehung und Struktur von NATO [3] und Warschauer Pakt [4], Entstehung der Wehrverfassung in der Bundesrepublik [5] und in der DDR [6], Entstehung des westdeutschen Notstandsrechts [7], Verwendung der Bundeswehr im Innern [8] sowie Befehls- und Kommandogewalt über die Bundeswehr [9].

---

1) Hierzu etwa H. U. Rühmland, Bewaffnete Kräfte, S. 26 ff. und 171 ff.; Hacker, DDR im Warschauer Pakt, S. 193 ff.

2) Verteidigung im Bündnis, S. 25 ff. und 131 ff.; Markus, S. 13 ff. und 47 ff.

3) K. Ipsen, Rechtsgrundlagen, S. 15 ff.; Falge, S. 34 ff.

4) Meissner, Warschauer Pakt, S. 9 ff. und 50 ff.; H. U. Rühmland, Bewaffnete Kräfte, S. 164 ff.; Hacker, Vertragsorganisation, S. 9 ff.; ders., DDR im Warschauer Pakt, S. 187 ff.; Zieger, Warschauer Pakt, S. 8 ff.

5) Korte, S. 37 ff.; Willms, S. 1 ff.; Hahnenfeld, S. 21 ff.; Roßnagel, S. 98 ff.; Sachau, S. 35 ff.

6) Bley, S. 18 ff.; Weck, S. 23 ff.; H. U. Rühmland, Bewaffnete Kräfte, S. 62 ff.; R. Rühmland, NZWehrr 1981, S. 1 ff.

7) Fuchs, S. 15 ff.; Kersting, Bündnisfall, S. 121 ff.; Roßnagel, S. 143 ff.; Herzog, in: Maunz/Dürig, Art. 115 a, Rdnr. 1 ff.

8) Karpinski, S. 17 ff.; Brunkow, Rechtliche Probleme, S. 43 ff.; Nölle, S. 37 ff.

9) Erhardt, passim; Fuchs, S. 216 ff.; Hornung, S. 45 ff.; Salzmann, S. 75 ff.; Schwenck, Rechtsordnung, S. 13 ff.

II. Arbeitsweise und Interpretationsmethoden

1. Außer-rechtliche Einflüsse auf die Diskussion

Jede Beschäftigung mit den Streitkräften, ihrem Zweck, ihren Aufgaben und Befugnissen, ist ideologiegefährdet, denn das spannungsreiche Verhältnis von Macht und Recht findet im Militärischen eine besondere Ausprägung. Kaum ein Staat würde heute eine Militäroperation unternehmen und dabei eingestehen, daß er dabei in erster Linie einen bestimmten politischen Zweck verfolgt, sondern er wird in aller Regel vielmehr danach trachten, sein Handeln zu rechtfertigen und damit kundtun, gerade zur Verteidigung des Rechts beizutragen. Aus diesem Grund muß derjenige, der mit einem derartigen Thema befaßt ist, sich bewußt sein, daß in erheblicher Weise außer-rechtliche Komponenten in seine Arbeit hineinwirken. In verstärktem Maße gilt das für die hier behandelte Problematik: so wird noch immer, abgesehen von der juristischen Zulässigkeit, die Frage der moralischen sowie politischen Vertretbarkeit eines Einsatzes gerade deutscher Einheiten im Ausland aufzuwerfen sein [1] - man stelle sich etwa deutsche Soldaten im Nahen Osten vor, die jüdischen Siedlern den Zugang zu einem bestimmten Areal verwehren oder gar eine illegal errichtete Siedlung räumen sollen.
So entsteht die bezeichnende Situation, daß einerseits möglicherweise rechtlich erlaubte Verwendungen aus politischen Gründen von vorneherein ausgeschlossen werden, andererseits unter Hinweis auf tatsächliche oder vermeintliche Bedrohungen der angeblich notwendige Einsatz der bewaffneten Macht unter Hintanstellung juristischer Bedenken gefordert wird.

---

1) Kaul, Vereinte Nationen 1983, S. 6, leugnet allerdings die Gefahr des Wiederauflebens von Ressentiments bei einer auswärtigen Verwendung der Bundeswehr.

Die vorliegende Arbeit soll sich, wie gesagt, auf die Klärung verfassungsrechtlicher Probleme beschränken. Hierbei kommt es, wie sich zeigen wird, an entscheidenden Stellen auf Verfassungsinterpretation an. Gerade aber weil die Gefahr besteht, sich den einschlägigen Problemen mit einem Vorverständnis zu nähern, sollten die Interpretationsgrundlagen offengelegt werden. Hierbei müssen für die Rechtskreise der Bundesrepublik und der DDR gesonderte Überlegungen angestellt werden.

2. Zur Interpretation des Grundgesetzes

Nach wie vor sind die Grundlagen der Verfassungsinterpretation, die Bedeutung der einzelnen Methoden und die Suche nach einem einheitlichen Kanon allgemein anerkannter Auslegungsregeln aktueller Diskussionsgegenstand [1]. Jeder, der sich mit der Auslegung der Verfassung beschäftigt, wird feststellen, daß zuweilen der interpretatorische Ansatz das Ergebnis determiniert. Dies gilt insbesondere bei naturgemäß weiten und der Präzisierung bedürftigen, gerade für diese Untersuchung einschlägigen Verfassungsbegriffen wie etwa Frieden und Verteidigung. Mit anderen Worten: bei diesem Problemkreis besteht die Möglichkeit, bei entsprechender Auswahl der Interpretationsmethoden das gewünschte Resultat in vertretbarer Form zu erzielen. Diese Feststellung enthält gleichwohl keine Verzichtserklärung auf einen rechtswissenschaftlichen Anspruch. Vielmehr ist es in dieser Situation ein Gebot der Redlichkeit, bei den relevanten Stationen die Methodenwahl sowie diejenigen Ge-

---

1) Zur Lage der Verfassungsinterpretation instruktiv Dreier, S. 13 ff.

sichtspunkte, denen besondere Bedeutung beigemessen wird, kenntlich zu machen.
Es werden grundsätzlich die herkömmlichen Elemente juristischer Methodenlehre Verwendung finden [1], wobei den unmittelbar normbezogenen Vorrang gewährt wird [2], d.h. bevor auf eine "Gesamtschau" mehrerer Vorschriften, auf Prinzipien etc. zurückgegriffen wird, soll versucht werden, den Regelungsgehalt der Norm selbst zu bestimmen. Nachdem das Bundesverfassungsgericht nunmehr die Geltung der subjektiven Auslegungstheorie jedenfalls für die Verfassungsinterpretation nicht mehr ausdrücklich ausschließt [3], stehen auch ihrer Anwendung keine grundsätzlichen Bedenken mehr entgegen.

3. Zur Interpretation der Verfassung der DDR

Die Untersuchung von Rechtsnormen des anderen deutschen Staates erfordert besondere Verfahrensweisen: "Das Recht in der DDR ist politisch relativiert" [4]. Das hat methodologische Konsequenzen, denn "je nach Befund ist das Sachproblem, das die rechtliche Regelung zum Gegenstand hat, in einer angemessenen Kombination von politologischen, juristischen und soziologischen Methoden zu untersuchen" [5]. Zwei Grundvoraus-

---

1) Vgl. die Aufzählung bei Dreier, S. 25.

2) Hierzu Müller, S. 278.

3) BVerfGE 62, S. 45. Bereits bisher hatte das Bundesverfassungsgericht sich zwar als Vertreter der objektiven Theorie bekannt, war i.ü. allerdings mehrfach von den von ihm anerkannten Interpretationsregeln abgewichen, Konrad Hesse, Rdnr. 58. Gegen die objektive Methode schon überzeugend Müller, S. 277.

4) Brunner, S. 8.

5) Brunner, S. 8. Zum Einfluß etwa der sowjetischen (Außen-) Politik auf die sowjetische (Völker-) Rechtswissenschaft Schweisfurth, Sozialistisches Völkerrecht?, S. 33 ff.

setzungen sind bei einer derartigen Auslegung von Rechtsvorschriften zu berücksichtigen: zum einen ist die ideologische Durchdringung von Normen, ihre Aufgabe als Verwirklichung marxistisch-leninistischer Doktrinen zu beachten, zum andern kann bei Betrachtung der DDR-Rechtsordnung nicht ohne weiteres von einer materiellen Rangordnung der Rechtsnormen in westlich-rechtsstaatlichem Sinn ausgegangen werden.

a. Wesen des Rechts

Gemäß sozialistischer Auffassung von Wesen und Funktion des Rechts ist dieses eines von vielen Elementen des über der ökonomischen, materiellen Basis liegenden Überbaus [1]; es ist der Staatswille der herrschenden, im Sozialismus folglich der der Arbeiterklasse [2], ausgedrückt in allgemein verbindlichen Normen, die "vom Staat festgelegt oder sanktioniert und garantiert werden - wenn nötig auch mit staatlichem Zwang - und die als Instrument (Regulator) die Entwicklung der gesellschaftlichen Verhältnisse mit dem Ziel der Errichtung des Sozialismus und Kommunismus fördern und schützen" [3]. Recht gilt somit nur als Mittel, als Klasseninstrument [4]. "Wenn

---

1) Marxistisch-leninistische Staats- und Rechtstheorie, S. 99 ff.; R. Rühmland, DVBl. 1983, S. 261; Brunner, S. 2; Rosenthal, S. 893. Die Lehre vom Überbau gilt auch für das Völkerrecht, Völkerrecht-Lehrbuch, T. 1, 2. Aufl., S. 38 ff.; Sozialistische Staatengemeinschaft und Völkerrecht, S. 40; Schweisfurth, Sozialistisches Völkerrecht?, S. 22 ff., 201 f. und 221 ff.; Schwanitz, S. 11.

2) Marxistisch-leninistische Staats- und Rechtstheorie, S. 103 f., 380 und 390 ff.

3) Marxistisch-leninistische Staats- und Rechtstheorie, S. 406; vgl. auch Poppe, Sozialistisches Recht und Wissenschaft, S. 5 ff.

4) Marxistisch-leninistische Staats- und Rechtstheorie, S. 396 f.; R. Rühmland, DVBl. 1983, S. 261; Rosenthal, S. 893 f.

entsprechend dieser Betrachtung nur das Rechtens sein kann, was dem Willen der Arbeiterklasse und ihrer Partei entspricht, und wenn der Wille dieser Partei auf die Erreichung des sozialistisch-kommunistischen Endzustands gerichtet ist, kann im Bereich der Rechtsordnung auch nur das Bestand und Gültigkeit haben, also "gerecht" sein, was zu diesem Endziel hinzuleiten in der Lage ist"[1]. Der instrumentale Charakter des Rechts, sein Parteilichkeit [2] bedingt damit die Abhängigkeit von politisch-ideologischen Zielvorgaben [3].

Gerade diese Abhängigkeit aber kann im Einzelfall zu miteinander unvereinbaren Erfordernissen führen, dann nämlich, wenn Wortlaut und ursprüngliche Intention des Gesetzes nicht mehr mit veränderten ideologischen Aussagen oder mit dem (planmäßig betriebenen) Wandel gesellschaftlicher Zustände übereinstimmen. Die Auflösung dieses Widerspruchs, zumindest eine flexible Handhabung im Einzelfall, ermöglicht die Theorie der sozialistischen Gesetzlichkeit [4]. Sie erlaubt es, die Elemente "Parteilichkeit des sozialistischen Rechts" einerseits und "strikte Einhaltung der Rechtsnormen" andererseits je nach der konkreten Lage stärker zu akzentuieren, wobei in Zeiten raschen gesellschaftlichen Wandels eher die der jederzeit möglichen ideologischen Strömungsveränderung folgende Parteilichkeit betont wird, während in einer Periode der Konsolidierung und Stabilität, wie sie für die DDR gegenwärtig festzustellen ist, stärker Wert auf die Bindung an bestehende Gesetze gelegt wird.

---

1) Rosenthal, S. 894.

2) R. Rühmland, DVBl. 1983, S. 262; Mampel, Art. 19, Rdnr. 51.

3) Brunner, S. 1 ff.; vgl. auch Petzold, StuR 1961, S. 666.

4) Brunner, S. 2 ff.; Mampel, Art. 19, Rdnr. 53 ff.; DDR Handbuch, S. 966 f.

Nach wie vor unentbehrlich ist die Parteilichkeit als Interpretationsmethode; wegen der häufig generalklauselartig formulierten Normtexte kommt ihr erhebliche Bedeutung zu. Wenn auch andere Auslegungsmethoden nicht unanwendbar werden, so muß doch in erster Linie unter Berücksichtigung des (marxistisch-leninistischen) Sinns und Zwecks interpretiert werden [1].

b. Rang der Normen

Wer eine verfassungsrechtliche Untersuchung beginnt, wird im allgemeinen davon ausgehen, daß in der Normenhierarchie die Verfassung an erster Stelle steht. Doch bei der Untersuchung des Rechts der DDR bildet die Rangbestimmung eine besondere Schwierigkeit. Die Regelungen der Verfassung von 1949 [2] wurden in den fünfziger und sechziger Jahren in zahlreichen Fällen durch einfache Gesetze durchbrochen [3]; auch die Verfassung von 1968 wurde rasch von Realität und Rechtsakten modifiziert [4]. Es ist nicht verwunderlich, daß aufgrund dieser Gegebenheiten die Auffassung vertreten wird, die Rechtsordnung der DDR kenne lediglich eine formelle,

---

1) Vgl. a. Marxistisch-leninistische Staats- und Rechtstheorie, S. 433 ff.

2) Zu Entstehung und Charakter dieser Verfassung Mampel, JÖR N.F. Bd. 13, S. 508 ff.

3) Ulbrichts Grundgesetz, S. 11 ff.; Brunner, S. 20; Mampel, Präambel, Rdnr. 47 ff.; ders., JÖR N.F. Bd. 13, S. 522 ff.

4) Honeckers neue Verfassung, S. 38; Mampel, Präambel, Rdnr. 62.

nicht aber eine materielle Ordnung der Rechtsvorschriften [1], ja sogar, die geringste normative Kraft entfalte die Verfassung [2] bzw. diese sei Richtlinien und Beschlüssen der Partei nachgeordnet [3].
Nun mindert die bereits erwähnte Funktion des sozialistischen Rechts allerdings die Bedeutung der Rangfrage: weil die weiten und unpräzisen Rechtssatzformulierungen erheblichen Interpretationsspielraum bieten, bedarf es bei Veränderungen der politisch-ideologischen Situation keiner Normendurchbrechung oder auch nur -änderung, sondern lediglich einer neuen Auslegung. Insoweit erscheint die Frage durchaus berechtigt, ob eine vertiefte Beschäftigung mit der Verfassung als rechtliches Phänomen überhaupt lohnt. Doch kann der - der gegenwärtigen Lage angepaßten [4] - Verfassung der DDR nicht jede Bedeutung abgesprochen werden. Art. 89 Abs. 3 Satz 1 DRV legt fest, daß die Verfassung oberste Rechtsquelle ist und sämtliche Rechtsnormen mit ihr in Einklang stehen müssen [5]. In Zusammenhang mit dem in Art. 86 DDRV niedergelegten Grundsatz der sozialistischen Gesetzlichkeit, der auch Staatsorgane verpflichtet, bei ihrer gesamten Tätigkeit insbe-

---

1) Brunner, S. 12. Nicht eindeutig R. Rühmland, DVBl. 1983, S. 262, die einerseits davon ausgeht, daß "weder eine unterschiedliche noch eine abgestufte Verbindlichkeit von Rechtsnormen" existiere, kurz danach aber ausführt: "Die Qualität der Rechtsvorschrift, d.h. ihr Rang, wird von der Stellung des rechtssetzenden Organs und den ihm zugewiesenen Aufgaben bestimmt" - möglicherweise ist hiermit der formelle Rang gemeint.

2) Brunner, S. 7.

3) Schmid, S. 51 f.

4) Honeckers neue Verfassung, S. 39.

5) So auch Staatsrecht-Lehrbuch, S. 37; auch Mampel, Art. 49, Rdnr. 12 f., geht wohl von einem tatsächlichen Vorrang der Verfassung aus.

sondere die Verfassung zu beachten [1], wird damit eine Bindung aller staatlichen Tätigkeit an die Verfassung statuiert. Gerade, weil sozialistische Staaten auf Verfassungen bestehen und ihnen eine umfassende Bedeutung zumessen [2], gerade, weil auch die DDR immer wieder nach innen und nach außen den Wert ihrer Verfassung beteuert, sollte man nicht zögern, ihr Handeln daran zu messen.

c. Schwierigkeiten bei der Beschäftigung mit der DDR-Rechtsordnung

Aus der deutlich gewordenen Funktion des Rechts in der DDR als ideologisches Instrument ergibt sich folgendes Dilemma: legt man an den Verfassungstext westlich-rechtsstaatliche Maßstäbe an, so wird man bei Betrachtung gewisser Handlungsweisen und Ereignisse (etwa der Beteiligung an der Besetzung der CSSR 1968) relativ einfach ein Auseinanderfallen von Verfassung und Verfassungswirklichkeit diagnostizieren können. Argumentiert man dagegen systemimmanent, d.h. ideologisch, so läßt sich so gut wie jede Maßnahme rechtfertigen, wenn sie nur zur Erreichung des kommunistischen Endziels geeignet scheint.
Eine verfassungsrechtliche Untersuchung soll das Verhalten eines Staates an denjenigen Regeln messen, die dieser selbst als für sich höchstverbindlich ansieht. Es kann daher nicht zulässig sein, Begriffe - selbst bei gleicher Wortwahl - einen anderen, dem Standpunkt des Bearbeiters entsprechenden

---

1) Staatsrecht-Lehrbuch, S. 473; Mampel, Art. 86, Rdnr. 6; vgl. a. Riege, StuR 1983, S. 778: "So wichtig es ist, das sozialistische Recht und, darin eingeschlossen, die Verfassung als Ausdruck und Mittel der Macht, nicht jedoch als deren Grundlage und Grenze zu erkennen, so geboten erscheint es aber auch, in der Verfassung ein selbst gesetztes Kriterium für den Einsatz und die Funktionsweise der politischen und ökonomischen Macht zu bejahen".

2) Vgl. Poppe, Staatstheoretische Gedanken, S. 7 f.; Riege, StuR 1983, S. 771 ff., insbes. S. 775 ff.

Inhalt zu geben, wenn die hiervon differierende Bedeutung von der behandelten Rechtsordnung offenkundig gemacht worden ist. Wenn also Termini der DDR-Verfassung einen klar umrissenen marxistisch-leninistischen Bedeutungsinhalt haben, muß dieser der Untersuchung zugrunde gelegt werden [1].

Es ist zudem teilweise recht mühsam, mit der einschlägigen rechtswissenschaftlichen Literatur der DDR zu arbeiten. Die Autoren kommen oft zu entscheidenden Aussagen, ohne daß dem eine nachvollziehbare Analyse vorausgeht; "polemische Auseinandersetzung mit dem "Imperialismus" und unkritische Apologetik des sog. realexistierenden Sozialismus" [2] sind nicht selten. Hinzu kommt, daß die bei militärischen Fragen im Grunde verständliche Zurückhaltung von der DDR extensiv geübt und auch auf militärrechtliche und militärpolitische Komplexe ausgedehnt wird. Für viele Bereiche werden tatsächliche Grundlagen nicht genannt, andere Probleme werden ganz verschwiegen - aus diesem Grunde ist man zu Spekualtionen gezwungen, die allerdings der Wissenschaftlichkeit und Verwertbarkeit mancher westlichen Darstellungen erheblichen Abbruch tun [3].

---

1) Zur Methodenproblematik a. Mampel, ROW 1975, S. 139 ff.; Bruns, UNO-Politik, S. 13 f.

2) Bruns, Die Uneinigen, S. 10. Die Lage der Völkerrechtswissenschaft in der DDR beklagt auch Hacker, Situation der Völkerrechtswissenschaft, S. 165 ff., insbesondere S. 168 ff., wobei seine Analyse in weiten Teilen auch für die Staatsrechtswissenschaft Geltung hat, vgl. ebd., S. 165, Fn. 1.

3) Hierzu Rehm, Wehrwissenschaftliche Rundschau 1982, S. 27 f., und Post/Sandvoss, S. 48.

ERSTER TEIL
DIE VERWENDUNG DER BUNDESWEHR IM AUSLAND

1. Abschnitt
Die Beistandsleistung aufgrund bestehender Bündnisverpflichtungen

I. Die Zugehörigkeit der Bundesrepublik Deutschland zu militärischen Bündnissen

Die Bundesrepublik Deutschland ist dem Nordatlantikvertrag [1] am 6. Mai 1955 beigetreten [2] und damit die Verpflichtung eingegangen, angegriffenen Verbündeten nach Maßgabe des Art. 5 Abs. 1 NATOV Beistand zu leisten:

> "Die Parteien vereinbaren, daß ein bewaffneter Angriff gegen eine oder mehrere von ihnen in Europa oder Nordamerika als ein Angriff gegen sie alle angesehen werden wird; sie vereinbaren daher, daß im Falle eines solchen bewaffneten Angriffs jede von ihnen in Ausübung des in Art. 51 der Satzung der Vereinten Nationen anerkannten Rechts der individuellen oder kollektiven Selbstverteidigung der Partei oder den Parteien, die angegriffen werden, Beistand leistet, indem jede von ihnen unverzüglich für sich und im Zusammenwirken mit den anderen Parteien die Maßnahmen, einschließlich der Anwendung von Waffengewalt, trifft, die sie für erforderlich erachtet, um die Sicherheit des nordatlantischen Gebiets wiederherzustellen oder zu erhalten."

Bereits am 23. Oktober 1954 war der Beitritt der Bundesrepu-

---

1) BGBl. 1955 II S. 289.

2) Die Beitrittserklärung (Bekanntmachung vom 9.5.1955, BGBl. 1955 II S. 630) war durch das "Protokoll zum Nordatlantikvertrag über den Beitritt der Bundesrepublik Deutschland", abgedruckt in Handbuch der NATO, S. 743 f., ermöglich worden.

blik zur Westeuropäischen Union erfolgt [1], deren Gründungsvertrag in Art. V eine weniger bedingte Beistandsklausel enthält [2]:

> "Sollte einer der Hohen Vertragsschließenden Teile das Ziel eines bewaffneten Angriffs in Europa werden, so werden ihm die anderen Hohen Vertragsschließenden Teile im Einklang mit den Bestimmungen des Art. 51 der Satzung der Vereinten Nationen alle in ihrer Macht stehende militärische und sonstige Hilfe und Unterstützung leisten."

Die Vernachlässigung, die die WEU bislang gegenüber der NATO erfährt [3], mag für das Verhältnis der beiden Bündnis-Organisationen zueinander gerechtfertigt sein. Diese sind so konzipiert, daß nicht gleichartige militärische Verteidigungssysteme nebeneinander geschaffen werden, und dabei ist gem. Art. IV WEUV der NATO der Vorrang eingeräumt. Es darf an dieser Stelle jedoch nicht übersehen werden, daß die Verpflichtung der einzelnen Mitgliedstaaten gegenüber den weiteren Parteien des WEUV unberührt bleibt: sein Art. IV ändert nämlich nicht die materielle Beistandsverpflichtung nach Art. V [4], sondern verhindert lediglich den "Aufbau einer Parallel-Organisation zu den militärischen NATO-Stäben" [5].

---

1) BGBl. 1955 II S. 258; der Beitritt wurde wirksam am 6. Mai 1955, BGBl. 1955 II S. 630. Zustimmungsgesetz zum Beitritt zu WEU und NATO in BGBl. 1955 II S. 256.

2) BGBl. 1955 II S. 283.

3) Vgl. etwa Fuchs, S. 185; K. Ipsen, AöR Bd. 94, S. 560 f.; seit einiger Zeit fordert allerdings Frankreich nachdrücklich eine Stärkung und Aufwertung der WEU, FAZ vom 2.12.1983. Zum "neu erwachten Interesse an der WEU" (Nonnenmacher, FAZ vom 29.2.1984, S. 5) vgl. a.die Rede von Bundesaußenminister Genscher vor der WEU-Versammlung in Paris, Bulletin 1984, S. 662 f., den Verlauf der letzten Tagung des WEU-Ministerrates, Bulletin 1984, S. 1137 ff., sowie FAZ vom 15.6.1984 und vom 26.10.1984.

4) So jetzt auch Rieder, S. 325 ff.

5) Art. IV Abs. 2 WEUV.

Die aus dem WEUV folgende unbedingte Beistandsverpflichtung der Bundesrepublik ist also von anderer Qualität als die durch Art. 5 und 11 Satz 1 NATOV modifizierte! Die vorliegende Untersuchung setzt jedoch erst an dem Punkt an, da die Bundesrepublik sich entschlossen hat, einem angegriffenen Verbündeten militärische Hilfe zu leisten - ob sie dies auf Grund einer strikten völkerrechtlichen Verpflichtung tut oder aber, weil sie es "in Übereinstimmung mit ihrem verfassungsmäßigen Verfahren" [1] "für erforderlich erachtet" [2], kann somit dahingestellt bleiben.

Im Grunde genommen ist es in diesem Zusammenhang auch unerheblich, in welchem Umfang Bundeswehr-Einheiten den Kommandobehörden der NATO unterstellt sind, d.h. also, wer die Befehls- und Kommandogewalt ausübt [3]. Es kommt nämlich für die Untersuchung der Zulässigkeit eines Auslandseinsatzes zunächst nicht darauf an, wer in welcher Weise darüber entscheidet, sondern ob die Verfassung eine derartige Verwendung überhaupt erlaubt, denn selbst bei der Eingliederung in internationale Strukturen handelt es sich nach wie vor um deutsche Streitkräfte, deren Aufgaben ausschließlich dem Grundgesetz zu entnehmen sind.

---

1) Art. 11 Satz 1 NATOV.

2) Art. 5 Abs. 1 NATOV.

3) Entgegen unrichtigen, zumindest mißverständlichen Äußerungen einiger Autoren (Nölle, S. 54; Falge, S. 52 ff.; Hahnenfeld, S. 87; Martens, S. 171 f.; Albrecht, Militär in der DDR, S. 9 f.; Moritz, NZWehrr 1965, S. 56; Brinkmann, Bundeswehrverwaltung 1983, S. 106; v. Mangoldt/Klein, Art. 65 a, Anm. III 2 a, s. a. NATO Handbuch, S. 31) ist richtigerweise davon auszugehen, daß die Bundeswehr nicht nur in Friedenszeiten, sondern stets letztendlich der vollen und ausschließlichen nationalen Verfügungsgewalt untersteht, K. Ipsen, Rechtsgrundlagen, S. 151; ders., JÖR N.F. Bd. 21, S. 50 f.; ders. Völkerrechtliche Probleme, S. 442 f.; Rieder, S. 323 f.; Stern, Staatsrecht II, S. 1391 f. und 1421 f.; Tomuschat, in: Bonner Kommentar, Zweitbearbeitung Art. 24, Rdnr. 13; Menzel, in: Bonner Kommentar, Art. 115 a, I 3; vgl. a. ZDv 1/50, Nr. 32, VMBl 1962, S. 490. So jetzt auch das BVerfG, EuGRZ 1984, S. 617.

II. Die verfassungsrechtliche Zulässigkeit der Verwendung im Bündnisfall

Die Bundesrepublik kennt, wie die meisten Staaten, eine verfassungsrechtliche Regelung der grundlegenden Strukturen und Aufgaben ihrer Streitkräfte, hat sich also für eine Wehrverfassung entschieden [1]. Über die Verwendung der Bundeswehr zu militärischer Hilfeleistung für angegriffene Allianzpartner - den "Bündnisfall" - sagt das Grundgesetz nichts. Wenn nun die Verfassung insoweit keine Regelung trifft und man des weiteren feststellen kann, daß gegenwärtig zu den verfassungsrechtlichen Grundlagen eines Einsatzes der Streitkräfte im Bündnisfall keine intensive wissenschaftliche Diskussion zu verzeichnen ist [2], so liegt - auch angesichts der im Grundsatz noch weitgehend unumstrittenen Mitgliedschaft der Bundesrepublik in WEU und NATO [3] - der Schluß nahe, daß dieser Komplex keine besonderen Probleme aufwirft. Daß dies nicht zutrifft, wird der weitere Verlauf der Unter-

---

1) Zu dem Begriff etwa Weck, S. 19 ff.; Salzmann, S. 9 ff.; Stern, Staatsrecht II, S. 848 ff.; gegen seine Verwendung spricht sich Schüle, S. 16, aus. Im folgenden soll als Wehrverfassung die Gesamtheit derjenigen Verfassungsvorschriften bezeichnet werden, die militärische Tatbestände regeln, mithin die höchste Stufe des Wehrrechts. Vgl. a. Rauschning, in: v. Münch, Besonderes Verwaltungsrecht, S. 964.

2) Wenngleich in jüngster Zeit eine Belebung der wehrverfassungsrechtlichen Diskussion festzustellen ist, etwa durch die Arbeiten von Fuchs, von Bülow und Rieder.

3) Vgl. Bundesverteidigungsminister Wörner, Rede am 12. Januar 1983 auf der XX. Wehrkundetagung in München, Bulletin 1983, S. 186 f. Als nur "lauwarm" wird die Unterstützung eingeschätzt von Szabo, EA 1983, S. 39 f., und auch die Forderungen nach einem Austritt aus der NATO sind nicht mehr zu überhören, vgl. etwa die Nachweise in FAZ vom 21.11.1983 und vom 12.3.1984. Zur Erörterung "alternativer Strategien" wob 1984, S. 50 f.

suchung zeigen. Es kann nur vermutet werden, daß die geringe Problematisierung des Bündnisfalls in der Rechtswissenschaft [1] auf die (verständliche) Zurückhaltung des Grundgesetzes bei der Befassung mit internationalen Konflikten [2] zurückzuführen ist. Zu einer lediglich peripheren und zuweilen oberflächlichen Beschäftigung mit dem Einsatz zugunsten eines Bündnispartners mag auch die sukzessive Einführung der Wehrverfassung geführt haben: 1954/56 und 1968 standen andere Probleme (Zulässigkeit der Wiederbewaffnung bzw. Streit um die Notstandsgesetze) im Mittelpunkt der politischen wie auch der rechtlichen Auseinandersetzungen.

Dennoch bietet das Grundgesetz ausreichend Ansatzpunkte für die juristische Behandlung des Bündnisfalls: so geht etwa Art. 80 a Abs. 3 GG von der Mitgliedschaft in einem Bündnis aus, und auch die Relevanz der Art. 24 und 26 GG ist bereits auf den ersten Blick erkennbar. Konkrete Aussagen über einen Bundeswehr-Einsatz macht jedoch ausschließlich Art. 87 a GG [3], der als die zentrale Vorschrift über die Verwendung der Bundeswehr [4] folglich Ausgangspunkt der weiteren Überlegungen sein muß.

---

1) Jedenfalls im Sinn der grundsätzlichen Erlaubtheit des Einsatzes.

2) Hierzu Moritz, NZWehrr 1970, S. 55 ff.

3) Art. 35 Abs. 2 und 3 GG kann hier erkennbar außer Betracht bleiben.

4) Daß Art. 87 a GG die grundlegende Verfassungsvorschrift für den militärischen Bereich ist, ist allgemein anerkannt, s. nur Nölle, S. 32 und S. 46; K. Ipsen, in: Bonner Kommentar, Art. 87 a, Rdnr. 8; Hernekamp, in: v. Münch, Art. 87 a, Rdnr. 3.

1. Art. 87 a GG als Grundlage

Soll nun die militärische Unterstützung eines angegriffenen Staates verfassungsrechtlich möglich sein, so muß diese Hilfeleistung entweder (Zulässigkeit nach Art. 87 a Abs. 1 GG) dem Begriff Verteidigung [1] zu subsumieren - wobei für die Begriffsbestimmung die Bedeutung der Legaldefinition in Art. 115 a Abs. 1 Satz 1 GG beleuchtet werden muß - oder aber (Zulässigkeit nach Art. 87 a Abs. 2 GG) anderweitig vom Grundgesetz zugelassen sein.

Die verfassungsrechtliche Prüfung der Zulässigkeit des Bündnisfalls erfordert damit die Beantwortung folgender Fragen:

- Was ist Verteidigung i.S. des Art. 87 a Abs. 1 und 2 GG? Gibt es einen einheitlichen, (dem gesamten Grundgesetz oder zumindest) Art. 87 a Abs. 1 und 2 zugrunde liegenden Verteidigungsbegriff entsprechend der Legaldefinition in Art. 115 a Abs. 1 GG?
- Wenn ja, kann dann ein Angriff auf einen Bündnispartner als unmittelbare Drohung i.S. von Art. 115 a Abs. 1 Satz 1 GG angesehen werden?

---

1) Vereinzelt wird in jüngster Zeit behauptet, daß der Begriff "Verteidigung" in Art. 87 a GG gar kein Rechtsbegriff sei, "da er inhaltlich stets der politischen Vorentscheidung über den Angriff folgen müßte" (Beckert, NZWehrr 1984, S. 15 und 22). Die Behauptung ist offenkundig unsinnig: Abgesehen davon, daß auch der Begriff "Angriff" juristisch definiert werden kann und damit den Verteidigungsbegriff verrechtlicht, ist es gerade für das Verfassungsrecht kennzeichnend, mit rechtlich geordneten Verfahren auf politische Vorgaben zu reagieren.
Wer Art. 87 a GG als Basisnorm anerkennt, muß den dortigen Verteidigungsbegriff sorgfältiger untersuchen, als es etwa Nölle, S. 33 und S. 61, bei seiner Definition tut, auf die er im weiteren Verlauf seiner Arbeit vielfach verweist.

- Wenn nein, welcher Verteidigungs-Begriff gilt dann für Art. 87 a Abs. 1 GG, und wird von diesem der Bündnisfall mit umfaßt?
- Ist letzteres nicht der Fall: Gibt es eine Vorschrift des Grundgesetzes, die gemäß Art. 87 a Abs. 2 GG als ausdrückliche Zulassung des Bündnis-Einsatzes anzusehen ist?

a. Der Verteidigungsbegriff des Art. 87 a Abs. 1 und 2 GG

Soll Verteidigung i.S. des Art. 87 a Abs. 1 GG auch in allen denkbaren Fällen die Abwehr eines Angriffs auf einen verbündeten Staat mitumfassen, so kann der Begriff jedenfalls nicht grundsätzlich mit der Legaldefinition des Verteidigungsfalls nach Art. 115 a Abs. 1 Satz 1 GG identisch sein, denn dessen vollkommen eindeutiger Wortlaut setzt einen engen territorialen Bezug des Angriffs bzw. der Drohung zum Bundesgebiet voraus.

aa. Identität mit der Legaldefinition in Art. 115 a Abs. 1 Satz 1 GG?

Vorweg ist zu sagen, daß es keine Stimme gibt, die ausdrücklich die in Art. 115 a Abs. 1 Satz 1 GG umschriebene Situation [1] als Definition des Begriffs "Verteidigung" in Art. 87 a GG bezeichnet. Diese wird jedoch einerseits z.T. so vorgenommen, daß sie inhaltlich der Begriffsbestimmung in Art. 115 a Abs. 1 Satz 1 GG entspricht, andererseits Art. 115 a Abs. 1 Satz 1 GG so ausgelegt, daß ihm die Voraussetzungen eines Streitkräfte- und damit auch Bündniseinsatzes zu entnehmen sind.

---

1) Daß es sich dabei überhaupt um eine inhaltliche Begriffsbestimmung des Verteidigungsfalls handelt, wird - schwer verständlich - von Gillessen, FAZ vom 3.10.1980, S. 6, bestritten.

So geht Fuchs davon aus, die Wirkungen des Verteidigungsfalls ergäben sich im Innern durch die an seine Feststellungen geknüpften Rechtsfolgen, nach außen jedoch durch "den militärischen Einsatz der Streitkräfte zur Verteidigung" [1]. Die Erfüllung von Bündnisverpflichtungen würde durch Art. 115 a GG nicht unmöglich gemacht: da in der gegenwärtigen weltpolitischen Situation ein Angriff auf einen Bündnispartner [2] (oder etwa auf Schiffe oder Flugzeuge der Bundesrepublik außerhalb des Bundesgebiets [3]) stets auch einen zumindest drohenden Angriff auf die Bundesrepublik darstellten, sei in allen denkbaren Fällen die militärische Beistandsleistung erlaubt [4]. Aus Fuchs' Argumentation ergibt sich insgesamt deutlich, daß er das Einsetzen der Bundeswehr vom Vorliegen des allerdings sehr weit interpretierten Verteidigungsfalls abhängig machen will [5].

Die Verwendung im Bündnisfall mißt auch Rieder [6] an Art. 115 a GG. Er lehnt es ab, die Bedeutung der Norm auf eine ausschließlich nach innen gerichtete Notstandsfunktion zu reduzieren. Bei einem Angriff auf einen Bündnispartner ohne zumindest gleichzeitige Bedrohung des Bundesgebiets könne daher die Bundeswehr nicht eingesetzt werden, was allerdings im NATO-Bündnisfall wegen der weiten Formulierung des Art. 5 Abs. 1 Satz 2 NATOV auch gar nicht notwendig sei; im WEU-

---

1) Fuchs, S. 177.

2) Fuchs, S. 255 ff.

3) Fuchs, S. 257 f.

4) Fuchs, S. 258.

5) S. insbesondere S. 257 ff. und S. 284 f.

6) S. 348 ff.

Bündnisfall allerdings könne wegen der verfassungsrechtlichen Lage die völkerrechtliche Verpflichtung zu militärischer Hilfeleistung nicht erfüllt werden [1].

Auch Menzel sieht in Art. 115 a GG eine wehrrechtliche Bestimmung [2] und mißt ihm folgerichtig einsatzregelnde Bedeutung zu [3]; insbesondere erörterte er in diesem Zusammenhang auch die durch den Bündnisfall entstehenden Probleme [4], wenn auch einzelne Aussagen nicht ganz eindeutig sind. So führt Menzel aus, daß der Einsatz der Streitkräfte offensichtlich auf den Verteidigungsfall beschränkt sei, um unmittelbar danach fortzufahren: "Aber es ist keineswegs so, daß damit der Einsatzfall abschließend geregelt ist. Es sind vielmehr auch Einsätze der deutschen Streitkräfte denkbar, die von Art. 115 a GG nicht gedeckt sind; dies ist z.B. beim Einsatz im Bündnisfall gegeben" [5]. Insgesamt aber, erkennbar auch in den Erläuterungen, zur Überverteidigung und zum Verbot des Angriffskrieges [6], ergibt sich zweifellos, daß Menzel den Einsatz der Bundeswehr mit dem Verteidigungsfall koppeln will und damit jedenfalls eine strenge Trennung der Regelungsbereiche von Art. 87 a und 115 a GG nicht vornimmt.

---

1) Rieder, S. 352.

2) Menzel, in: Bonner Kommentar, Art. 115 a, I 2.

3) Vgl. Menzel, in: Bonner Kommentar, Art. 115 a, I 3 b und Rdnr. 86.

4) Menzel, in: Bonner Kommentar, Art. 115 a, Rdnr. 32 ff. und 85 ff.

5) Menzel, in: Bonner Kommentar, Art. 115 a, Rdnr. 86.

6) Menzel, in: Bonner Kommentar, Art. 115 a, Rdnr. 38, 88 und 91 ff.

Ebenso verfährt Stern: "Der Verteidigungsfall ist die Stunde der Streitkräfte. Ihr Einsatz als Verteidigungsmacht zum Schutze des Landes und seiner Bürger ist nunmehr nach Art. 87 a Abs. 1 Satz 1 und Abs. 2, Art. 26 Abs. 1 GG geboten" [1].

Im übrigen werden bei der Definition des Begriffs "Verteidigung" Art. 87 a Abs. 1 und 2 GG Umschreibungen verwendet, die sich mit der Formulierung in Art. 115 a Abs. 1 Satz 1 GG inhaltlich, in vielen Fällen nahezu wörtlich decken. Verteidigung sei die Abwehr eines Gegners, der die Bundesrepublik von außen her mit Waffengewalt angreift [2], oder es wird von der "Verteidigung der Bundesrepublik" bzw. der "Verteidigung des Landes" gesprochen [3].

bb. Unterscheidung zwischen Verteidigung und Verteidigungsfall?

Mit recht unterschiedlicher Akzentuierung wird ein spezieller, von Art. 115 a Abs. 1 Satz 1 GG losgelöster Verteidigungsbegriff postuliert.

---

1) Staatsrecht II, S. 1430, vgl. a. S. 863. Anders will ihn offenbar Busch, NZWehrr 1981, S. 56, verstehen.

2) Brunkow, NZWehrr 1971, S. 12, Fn. 2; ders., Rechtliche Probleme, S. 32 (wobei Brunkow allerdings unzutreffenderweise davon ausgeht, daß diese Umschreibung dem völkerrechtlichen Begriff entspricht, vgl. dazu u. S. 30 ff.; Dürig, in: Maunz/Dürig, Art. 87 a; Rdnr. 23, vgl. a. Rdnr. 24 und 33; ganz ähnlich v. Mangoldt/Klein, Art. 87 a, Anm. III 3 b bb und V 4 c; so auch zunächst Menzel, DÖV 1968, S. 300, dann aber ohne Begründung für Gleichstellung von Angriff auf die Bundesrepublik mit Angriff auf verbündete Staaten.

3) Schreiber, DÖV 1969, S. 730; Stern, Staatsrecht II, S. 1475.

So zieht Hernekamp zwar sowohl für die Erläuterung des Begriffs "Verteidigung" [1] als auch für die des Verteidigungsfalls [2] eine Resolution der Vereinten Nationen heran. Den Bündnisfall sieht er jedoch nicht vom Verteidigungsfall [3], wohl aber von Art. 87 a GG mitumfaßt: Verteidigung i.S. dieser Vorschrift sei "die Abwehr oder Abschreckung eines äußeren Feindes, der als "Aggressor" jedenfalls i.S.d. UN-Definition vom 14.12.1974 ... die Bundesrepublik angreift (oder angreifen könnte), wobei entsprechend defensiv strukturierte völkerrechtliche Bündnisfälle ... dem gleichstehen".

Mössner zeigt zunächst drei Möglichkeiten zur Bestimmung des Verteidigungsbegriffs in Art. 87 a GG auf: Übernahme der Definition in Art. 115 a Abs. 1 Satz 1 GG, Verwendung eines "völkerrechtlichen" Begriffs in Übereinstimmung mit Art. 24 bis 26 GG und schließlich Konstituierung eines spezifischen Begriffs [4].

Die erste dieser Möglichkeiten lehnt Mössner ab. Neben der Entstehungsgeschichte und einer systematischen [5] spreche auch die teleologische Interpretation gegen die Identität der Begriffsinhalte in Art. 87 a Abs. 2 und Art. 115 a Abs. 1 Satz 1 GG: es fände sich kein Anhaltspunkt für eine Beschränkung der Aufgaben der Bundeswehr auf die unmittelbare Verteidigung des Bundesgebiets, vielmehr sei die deutsche Wiederbewaffnung gerade im Hinblick auf die Eingliederung in Bündnisse erfolgt [6].

---

1) Hernekamp, in: v. Münch, Art. 87 a, Rdnr. 5.

2) Hernekamp, in: v. Münch, Art. 115 b, Rdnr. 5.

3) Hernekamp, in: v. Münch, Art. 115 b, Rdnr. 3.

4) Mössner, S. 101 f.

5) Mössner, S. 102.

6) Mössner, S. 103.

Darüber hinaus unterstützt Mössner die These, Regelungsbereich von Art. 115 a GG sei lediglich die innerstaatliche Rechtsordnung (im Gegensatz zum nach außen gerichteten Einsatz der Streitkräfte). Der entgegenstehenden Auffassung, Verteidigungsfall und Einsatz der Bundeswehr müßten immer synchron erfolgen, sei zu widersprechen, da Art. 115 a GG nur auf den Angriff, nicht aber auf die eigenen Abwehrmaßnahmen abstelle und es somit zu einem Verteidigungsfall kommen könne, ohne daß die Bundeswehr überhaupt zur Verteidigung eingesetzt werde [1].

Auch E. Klein verneint die Identität der Begriffe in den beiden Grundgesetz-Vorschriften: wäre der "Verteidigungsfall" (Art. 115 a Abs. 1 GG) mit dem "Fall der Verteidigung" (Art. 87 a Abs. 1 und 2 GG) gleichzusetzen, so würde der territoriale Bezug den Begriff der Verteidigung bestimmen. Dies aber wäre zunächst politisch bedenklich, da ein Eingreifen zugunsten Verbündeter unmöglich würde [2], und sei auch rechtlich nicht durchführbar, denn der Verteidigungsfall bzw. seine Feststellung seien von rein innerstaatlicher Wirkung [3]. Aus der aufgrund der Feststellung des Verteidigungsfalls - auch bezüglich des Einsatzes der Streitkräfte - nur im Innern erfolgenden Rechtsänderung sei zu folgern, daß Maßnahmen der Verteidigung unabhängig vom Eintritt des Verteidigungsfalls ergriffen werden könnten [4]. Der Begriff der Verteidigung i.S. von Art. 87 a GG sei allerdings nicht unter ausschließlicher Bezugnahme auf Art. 26 GG, d.h. als Antimodell zu den dort verbotenen Handlungsweisen, zu bestimmen. Denn von einem

---

1) Mössner, S. 102 f.

2) E. Klein, ZaöRV Bd. 34, S. 437; ähnlich Beckert, NZWehrr 1984, S. 15 f.

3) E. Klein, ZaöRV Bd. 34, S. 437.

4) E. Klein, ZaöRV Bd. 34, S. 438.

territorialen Bezug könne nur für Bündnisfälle, nicht bei der Teilnahme an militärischen Operationen irgendwo auf dem Erdball abstrahiert werden, auch wenn es sich hierbei nicht um von der Verfassung verbotene Angriffskriege handele [1].

Mehrfach hat sich Knut Ipsen mit dem Verhältnis von Art. 115 a GG und Art. 87 a GG auseinandergesetzt; dabei hat er eine inhaltliche Übereinstimmung von Verteidigung und Verteidigungsfall stets abgelehnt.
Zunächst geht er davon aus, daß der Wortlaut von Art. 115 a Abs. 1 Satz 1 GG den Bündnisfall offensichtlich nicht mitumfasse. Darüber hinaus ergebe sich schon aus der Verschiedenheit der Worte "Verteidigung" und "Verteidigungsfall" eine divergierende Bedeutung [2]. Die militärische Unterstützung verbündeter Staaten könne auch wegen des in Art. 11 NATOV festgelegten Vorrangs nationalen Verfassungsrechts nicht aufgrund einer an der Fiktion von Art. 5 NATOV orientierten teleologisch - erweiternden Auslegung von Art. 115 a Abs. 1 Satz 1 GG erlaubt werden [3]. Weiterhin scheide eine extensive Auslegung des Begriffs Verteidigungsfall aufgrund systematischer Interpretation aus [4]: trotz der Anerkennung der Bündnisverpflichtungen in Art. 80 a Abs. 3 GG könne eine eindeutige verfassungsrechtliche Definition des Verteidigungsfalls nicht auf die Hilfeleistung im Rahmen eines Bündnisses ausgeweitet werden.

---

1) E. Klein, ZaöRV Bd. 34, S. 438 ff.

2) K. Ipsen, Einsatz, S. 617; ähnlich auch v. Bülow, S. 15 f.

3) K. Ipsen, DÖV 1971, S. 583 f.

4) K. Ipsen, DÖV 1971, S. 584; s. a. ders., Einsatz, S. 617.

Weiter weisen nach Ansicht K. Ipsens die Vorarbeiten darauf hin, daß der Zweck von Art. 115 a Abs. 1 GG nach innen gerichtet sei [1]. Die Entwürfe der Bundesregierung hätten nämlich statt des Begriffs "Verteidigungsfall" die Wendung "Zustand äußerer Gefahr" enthalten, dessen Feststellung habe, "wie sich aus den Art. 115 b - 115 l ergibt, weittragende Folgen für die innerstaatliche Rechtsordnung" [2]. Diese Inhaltsbestimmung habe sich durch die Ersetzung des Begriffs "Zustand der äußeren Gefahr" durch "Verteidigungsfall" nicht geändert, so daß die Norm die "Abwehr der äußeren Gefahr durch der Lage nach erforderliche Rechtsänderungen der innerstaatlichen Rechtsordnung" bezwecke [3]. Damit sei "Verteidigungsfall" ein Tatbestandsmerkmal geworden, dessen Erfüllung das Wirksamwerden der verschiedenen Notstandsgesetze ermögliche [4].

Schließlich sei zur Regelung der Verwendung der Bundeswehr zur Verteidigung Art. 115 a Abs. 1 Satz 1 GG auch deshalb nicht geeignet, weil er einen außerhalb des Bundesgebiets - etwa auf einen Flottenverband diesseits der Hoheitsgewässer - erfolgenden Angriff nicht erfasse, der wegen einer entsprechenden Erklärung des Aggressors auch nicht als unmittelbare Drohung i.S. dieser Vorschrift angesehen werden

---

1) Allerdings einmal "nahezu ausschließlich" (K. Ipsen, DÖV 1971, S. 586), bzw. "in erster Linie" (ders., JÖR N.F. Bd. 21, S. 23), ein andermal "ausschließlich" (ders., Rechtsgrundlagen, S. 191) bzw. "allein" (ders., Einsatz, S. 618).

2) BT-DS V/1879, S. 24.

3) K. Ipsen, JÖR N.F. Bd. 21, S. 24; praktisch wortgleich ders., DÖV 1971, S. 585 und 586, sowie Einsatz, S. 618.

4) K. Ipsen, DÖV 1971, S. 585, und ihm insoweit folgend Kersting, Bündnisfall, S. 127.

könne [1]. Neben dieser Verengung gegenüber dem völkerrechtlich Erlaubten - der individuellen und kollektiven Selbstverteidigung - enthalte Art. 115 a Abs. 1 Satz 1 GG eine zweifach bedenkliche Erweiterung: wegen der Einbeziehung des unmittelbar drohenden Angriffs bestünde zum einen ein erhebliches Prognoseproblem [2], zum anderen die Gefahr, durch einen nach dieser Norm erlaubten Präventivschlag Art. 26 GG sowie völkerrechtliche Regeln zu verletzen [3].

Im weiteren spielt der völkerrechtliche Ansatz eine bedeutende Rolle bei der Argumentation K. Ipsens: Verteidigung i.S. des Art. 87 a Abs. 1 und 2 GG sei die Außenfunktion der Bundeswehr, d.h. die Reaktion der Bundesrepublik auf eine äußere Gefahr durch den Einsatz ihrer Streitkräfte. Der Inhalt dieses Begriffs "Verteidigung" sei auslegungsbedürftig. Bei der Verwendung nach außen handele die Bundesrepublik nicht mehr ausschließlich im Bereich nationalen Rechts, sondern als völkerrechtlich berechtigter und verpflichteter Teilnehmer an internationalen Beziehungen. "Folglich ist der verfassungsrechtliche Begriff "Verteidigung" inhaltlich nicht aus dem Grundgesetz, sondern in erster Linie unter Rückgriff auf die völkerrechtlichen Regeln über die Anwendung bewaffneter Gewalt zwischen Völkerrechtssubjekten zu bestimmen" [4]. Diese

---

1) K. Ipsen, DÖV 1971, S. 584; ders., JÖR N.F. Bd. 21, S. 23; dasselbe Beispiel nennt Beckert, NZWehrr 1984, S. 15.

2) K. Ipsen, DÖV 1971, S. 584; vgl. a. ders., Einsatz, S. 618.

3) K. Ipsen, DÖV 1971, S. 584 f.; ders., Einsatz, S. 617 f.

4) K. Ipsen, Einsatz, S. 616. In DÖV 1971, S. 586,spricht Ipsen davon, daß der Begriff "Verteidigung" seinen rechtlichen Inhalt allein aus dem Völkerrecht erhalten könne - dies scheint auch, unbeschadet der aus dem Zitat möglicherweise zu entnehmenden Relativierung ("in erster Linie"), die endgültige Auffassung Ipsens zu sein, vgl. Einsatz, S. 617 und 619. Dem Ipsen'schen Ansatz folgt Busch, NZWehrr 1981, S. 56 f.; auch Bruns, Frankfurter Hefte 1979, H. 6, S. 4, stimmt ihm - ohne eigene Begründung - zu.

Auslegungsmethode sieht K. Ipsen durch die gem. Art. 25 GG ermöglichte Inkorporation der allgemeinen Regeln des Völkerrechts gerechtfertigt: zu diesen gehöre das allgemeine Gewaltverbot - verfassungsrechtlich abgesichert durch Art. 26 Abs. 1 GG -, aber auch aufgrund von Gewohnheitsrecht und von Art. 51 SVN das Recht zur individuellen und kollektiven Selbstverteidigung. Diese Völkerrechtssätze begrenzten nun, unbeschadet ihres Rangs in der staatlichen Normenhierarchie, den Inhalt gleichlautender Verfassungsbegriffe, mithin auch den der Verteidigung in Art. 87 a Abs. 1 und 2 GG [1]. Im Ergebnis ist daher, da das Grundgesetz keine Verengung des verfassungsrechtlichen gegenüber dem völkerrechtlichen Begriff habe vornehmen wollen [2], nach K. Ipsen Verteidigung im Sinne dieser Vorschrift auch dann zulässig, wenn der vertragliche Bündnisfall eingetreten ist und die Reaktion sich im Rahmen des durch die Aggressions-Definition konkretisierten Art. 51 SVN hält, so daß auch die Beachtung des Art. 26 Abs. 1 GG gewährleistet ist [3].

In den wesentlichen Punkten ganz auf der Linie K. Ipsens bewegt sich Kersting: Er unterstützt die inhaltliche Ableitung des Verteidigungsbegriffs aus völkerrechtlichen Kriterien [4] und verneint eine Regelungswirkung des Art. 115 a GG hinsichtlich des Einsatzes der Streitkräfte [5].

---

1) K. Ipsen, Einsatz, S. 616 f.

2) K. Ipsen, Einsatz, S. 617 ff.

3) K. Ipsen, DÖV 1971, S. 586; s. a. ders., JÖR N.F. Bd. 21, S. 25; ders., in Bonner Kommentar, Art. 87 a, Rdnr. 29.

4) Kersting, Bündnisfall, S. 196.

5) Kersting, NZWehrr 1982, S. 86 ff.; ders., Bündnisfall, S. 197.

Diese verschiedenen, sich teilweise deckenden Argumente gegen eine Kongruenz der Begriffe in Art. 115 a Abs. 1 Satz 1 GG und Art. 87 a Abs. 1 und Abs. 2 GG lassen sich wie folgt zusammenfassen:

- Der Begriff "Verteidigung" in Art. 87 a Abs. 1 und 2 GG sei anhand völkerrechtlicher Elemente zu bestimmen; damit eng zusammen hängt die These,
- Art. 115 a GG wirke, wie sich insbesondere aus der Entstehungsgeschichte der Vorschrift ergebe, nur nach innen, d.h. sein Regelungsbereich umfasse Auslandseinsätze der Bundeswehr nicht.
- Der unterschiedliche Wortlaut (Verteidigung - Verteidigungsfall) dokumentiere die unterschiedliche Bedeutung der Begriffe.
- Bei Übernahme der Legaldefinition in Art. 115 a Abs. 1 Satz 1 GG zur Begriffsbestimmung in Art. 87 a Abs. 1 und 2 GG könnten die Streitkräfte für einen Präventivschlag eingesetzt werden, was - abgesehen von den Einschätzungsschwierigkeiten bezüglich der Voraussetzungen - gegen das völkerrechtliche Gewaltverbot verstoße.
- Die Bundesrepublik sei nun einmal Mitglied defensiver Militärbündnisse, so daß das Grundgesetz, zumal unter Berücksichtigung der in Art. 80 a Abs. 3 GG anerkannten Bündnisverpflichtungen, militärische Hilfeleistungen nicht unmöglich machen wolle.
- Schließlich ergebe eine teleologische Interpretation keinen Anhaltspunkt für die Beschränkung der Streitkräfte lediglich auf die territoriale Verteidigung.

cc. Bewertung der Standpunkte

Der Topos Verteidigung - isoliert, in engem Zusammenhang mit anderen Begriffen (Ausschuß für Verteidigung, Bundesminister für Verteidigung) oder als Teil des zusammengesetzten Substantivs Verteidigungsfall - findet sich in zahlreichen Vorschriften des Grundgesetzes [1]. Nun bietet einerseits auch "ein durch eine Definition festgelegter Sprachgebrauch des Gesetzes ... nicht immer Gewähr dafür, daß der betreffende Ausdruck an jeder Stelle des Gesetzes in diesem Sinne zu verstehen ist" [2]. Andererseits entspricht es offensichtlich juristischem Verständnis und üblicher Gesetzgebungstechnik, in einer Legaldefinition - hier der des Art. 115 a Abs. 1 Satz 1 GG - die für jeden Fall maßgebliche Bestimmung des Begriffsinhalts zu sehen [3]. Wer von diesem Grundsatz abweichen will, muß triftige Gründe vorbringen, die einer eingehenden Prüfung standhalten. Im folgenden soll sich daher zunächst mit denjenigen Auffassungen auseinandergesetzt werden, die einer Unterscheidung von Verteidigung und Verteidigungsfall das Wort reden.

---

1) Art. 12 Abs. 3 Satz 1, Abs. 4 Satz 1, Abs. 5 Satz 1, Abs. 6 Satz 1 und 2; Art. 17 a Abs. 2; Art. 45 a Abs. 1, Abs. 2 Satz 1, Abs. 3; Art. 53 a Abs. 2 Satz 1; Art. 65 a; Art. 73 Nr. 1; Art. 80 a Abs. 1 Satz 1; Art. 87 a Abs. 1 Satz 1, Abs. 2, Abs. 3 Satz 1 und 2; Art. 87 b Abs. 2 Satz 1; Art. 96 Abs. 2 Satz 2; in der Überschrift des Abschnitts X a und dort in Art. 115 a Abs. 1 Satz 1, Abs. 5 Satz 1; Art. 115 b; Art. 115 c Abs. 1 Satz 1, Abs. 2-4; Art. 115 d Abs. 1; Art. 115 e Satz 1; Art. 115 f Satz 1; Art. 115 h Abs. 1 Satz 1-3, Abs. 3; Art. 115 k Abs. 2, Abs. 3 Satz 1 und 2 und Art. 115 l.

2) Larenz, S. 307.

3) Vgl. Mössner, S. 101, und Ulsamer, in: Maunz/Schmidt-Bleibtreu/Klein/Ulsamer, § 80, Rdnr. 17.

α. Argumente gegen einen einheitlichen Verteidigungsbegriff

(1) Zum Rückgriff auf das Völkerrecht

Zunächst erscheint die Verknüpfung des grundgesetzlichen Verteidigungsbegriffs mit völkerrechtlichen Norminhalten nicht ohne Überzeugungskraft. Doch muß sich sofort die Frage stellen, wie die Übernahme der völkerrechtlichen Begriffssubstanz in die innerstaatliche Regelung methodisch begründet werden kann. Es handelt sich bei Völkerrecht und staatlichem Recht um voneinander unabhängige, autonome Rechtsordnungen [1)] mit jeweils eigenständigem Geltungsgrund, Rechtsetzungsverfahren und Anwendungsbereich. Unbestritten ist die tatsächliche wechselseitige Durchdringung der beiden Komplexe ebenso wie die dem zugrundeliegende Tatsache, daß ein Sachverhalt beide Rechtsbereiche tangieren kann - die juristische Behandlung erfolgt dann im Lichte der im Einzelfall betroffenen Rechtsordnung.
Der Hinweis auf Art. 25 GG als Verbindungsglied zwischen Staats- und Völkerrecht hilft an dieser Stelle nicht weiter, denn diese generelle Transformationsnorm [2)] vermag nur <u>Rechtsnormen</u> Geltung im innerstaatlichen Bereich zu verschaffen [3)]. Vorliegend geht es aber um das Problem der Definition eines Tatbestandsmerkmals, der Bestimmung eines Begriffs. Begriffe als solche aber - genauer: ihre Bedeutung - werden von Art. 25 GG nicht transformiert: niemand würde die völkerrechtliche Definition für das Rechtssubjekt "Staat" auf den verfassungsrechtlichen Terminus in Art. 32 Abs. 1 GG übertragen, denn das hätte zur Folge, daß diese Vorschrift nicht mehr zusätz-

---

1) Tomuschat, VVDStRL 36, S. 14 f.; Rudolf, S. 146; Maunz, in: Maunz/Dürig, Art. 25, Rdnr. 4 und 12.

2) Rudolf, S. 262 ff.

3) Zur Rangfrage Bleckmann, S. 293 ff.; Papadimitriu, S. 85 ff.; Stern, Staatsrecht I, S. 493 f.; Tomuschat, VVDStRL 36, S. 50 und dort Fn. 188, jeweils m.w.N.

lich andere Völkerrechtssubjekte - wie internatiomale Organisationen, anerkannte Kriegsführende und Exilregierungen - erfassen würde [1].

Wenn also Art. 25 GG nicht einschlägig ist, dann muß derjenige, der wie K. Ipsen, Mössner und Hernekamp die Inhaltsbestimmung einer Verfassungsnorm anhand des Völkerrechts vornimmt, dieses Verfahren methodisch begründen. Zum einen ist es denkbar, für einen innerstaatlichen Rechtsbegriff eine völkerrechtliche Definition zu übernehmen - etwa, weil man sie für besonders gelungen hält - oder ihn im Lichte völkerrechtlicher Normen und Institute zu interpretieren. In diesem Falle bleibt die inhaltliche Bestimmung eine ausschließlich staatsrechtliche (deren Ergebnis sich in das Verfassungsgefüge einordnen lassen muß), und völkerrechtliche Elemente werden lediglich als Hilfsmittel verwendet - so, wie man etwa eine Norm zur schärferen Herausarbeitung ihrer Bedeutung mit der einer fremden Rechtsordnung vergleicht.
Zum anderen ist ein Verfahren denkbar, das dem Ipsen'schen Ansatz zugrunde liegt: danach ist der Inhalt eines <u>verfassungsrechtlichen</u> Begriffs (Verteidigung) <u>nicht dem Grundgesetz</u>, sondern völkerrechtlichen Normen über die Anwendung bewaffneter Gewalt zwischen Völkerrechtssubjekten zu entnehmen [2]. Hier wird auf eine eigene verfassungsrechtliche Bestimmung ausdrücklich verzichtet und der im Grundgesetz verwendete Begriff in einer Art dynamischen Verweisung der jeweils geltenden völkerrechtlichen Definition entnommen, d.h. <u>was</u> Verteidigung im Sinne des Grundgesetzes ist, bestimmt nicht mehr die Verfassung selbst [3].

---

1) Mosler, S. 252 und 256; Maunz, in: Maunz/Dürig, Art. 32, Rdnr. 14; Menzel, in: Bonner Kommentar, Art. 32, II 2.

2) K. Ipsen, Einsatz, S. 616.

3) Vgl. Menzel, in: Bonner Kommentar, Art. 26, II 4 c, der einem Begriff des Grundgesetzes "naturgemäß ... einen variablen, d.h. von der jeweiligen Völkerrechtslage abhängigen Sinn" zusprechen will!

Bereits die erste der beiden Methoden stößt auf Bedenken. Gewiß sind Völkerrechtsfreundlichkeit und Bereitschaft zu internationaler Zusammenarbeit Charakteristika des Grundgesetzes, die im Rahmen der herkömmlichen Interpretationsmethoden zu berücksichtigen sind. Ein bei der Interpretation von Verfassungsnormen vorrangig oder gar ausschließlich anzuwendender Grundsatz der "völkerrechtsfreundlichen Auslegung" dergestalt, daß Begriffen des Völkerrechts bei der Anwendung innerstaatlicher Vorschriften ein Höchstmaß an Wirksamkeit einzuräumen sei, existiert jedoch nicht [1)] - anderenfalls müßte angesichts der immer dichter werdenden internationalen Verflechtung und der Vielzahl völkerrechtlicher Verträge dieser Auslegungsgrundsatz für ungezählte Begriffe im Grundgesetz gelten. So muß es als willkürlich erscheinen, wenn die Bedeutung von "Verteidigung" i.S. des Art. 87 a Abs. 1 und 2 GG aufgrund der Beschlüsse internationaler Organisationen oder völkerrechtlicher Auffassungen ermittelt wird, ohne zunächst eine Auslegung anhand des Grundgesetzes selbst vorzunehmen.

Das gilt in gleichem Maße für die Vorgehensweise K. Ipsens; hinzu treten weitere Umstände, die seine Theorie als unvertretbar erscheinen lassen. Zunächst sei noch einmal wiederholt: Es geht hier nicht um die Bildung staatlicher <u>Normen</u> durch Verweisung auf gleichlautende des Völkerrechts [2)]. Es ist allerdings nicht ausgeschlossen, daß auch in Regeln des Völkerrechts verwendete <u>Begriffe</u> vom Landesrecht rezipiert werden [3)], doch kann der damit gemeinte Inhalt nur

---

1) Stern, Staatsrecht I, S. 475; a. A. Bleckmann, S. 241, 291 und 298 f.

2) Hierzu Wengler, Völkerrecht I, S. 79.

3) Wengler, Völkerrecht I, S. 86.

dann Bestandteil des innerstaatlichen Rechts werden, wenn, erstens, sein Sinngehalt fest umrissen ist und, zweitens, der staatsrechtliche Gesetzgeber deutlich macht, daß er zur Übernahme bereit ist - die bloße Übereinstimmung der Worte kann dazu nicht genügen [1).]
Beide geforderten Voraussetzungen liegen nicht vor. Die Generalversammlung der Vereinten Nationen hat zwar in der am 14.12.1974 verabschiedeten Resolution 3314 (XXIX) eine Definition des Begriffs "Aggression" vorgenommen [2)], die aber weder Rechtssatzqualität hat noch die SVN authentisch interpretieren kann [3)]. Was das Völkerrecht unter Aggression versteht, ist also bisher, mit Ausnahme eines unproblematischen Kernbereichs, nicht verbindlich festzustellen - wie aber und warum sollte man einen unklaren Begriffsinhalt eines Rechtskreises in einen anderen übernehmen? Hinzu kommt, daß es um den Topos "Verteidigung" geht: selbst wenn völkerrechtlich eindeutig festgelegt wäre, was Aggression bzw. Angriff [4)] ist, so kann dennoch nicht davon ausgegangen werden, daß alles, was diesem Begriff nicht unterfällt, als Verteidigung zu qualifizieren ist. Eine derartige formelhafte Abgrenzung kann die Einordnung militärischer Verwendungen nicht bewältigen, die eindeutig der Aggressions-Definition nicht zu subsumieren sind und gleichzeitig offensichtlich nicht der unmittelbaren Landesverteidigung dienen, etwa die Ausbil-

---

1) Vgl. auch Maunz, S. 288 f.,und Seidl-Hohenveldern, Rdnr. 1319.

2) Abgedruckt etwa bei Bruha, S. 399 ff. Deutscher Text etwa in Friedensdokumente, S. 70 ff., in EA 1975, S. D 318 ff., und in Zieger, Vereinte Nationen, S. 315 ff. Zur Aggressionsdefinition vgl. i.ü. Bruha, passim, und Meier, ArchVR Bd. 16, S. 375 ff.

3) Bruha, S. 277 ff. K. Ipsen selbst will offensichtlich nur für die Bundesrepublik völkerrechtlich verbindliche Begriffsbestimmungen zur Auslegung des Grundgesetzes heranziehen, Einsatz, S. 628.

4) Die Frage, ob zwischen "aggression" und "armed attack" ein Unterschied besteht, kann hier dahingestellt bleiben, dazu Kersting, Bündnisfall, S. 62 ff.; K. Ipsen, Rechtsgrundlagen, S. 38 f.

dungshilfe an Drittstaaten in Friedenszeiten, die uneigennützige Beteiligung an internationalen Streitkräften oder das Einsetzen zur Bekämpfung von Unruhen im Inneren. Der Rekurs auf einen völkerrechtlichen Begriffsinhalt erweist sich damit gerade in problematischen und umstrittenen Fällen als wenig hilfreich.
Es kann darüber hinaus auch nicht von einer generellen Bereitschaft des Grundgesetzes ausgegangen werden, Sinngehalte des Völkerrechts zu übernehmen. Anderenfalls würde es die Kompetenz-Kompetenz bei der Definition mehrdeutiger verfassungsrechtlicher Begriffe aufgeben und einer anderen Rechtsordnung überantworten. Dieses Verfahren geht selbst über eine grundsätzlich völkerrechtsfreundliche Interpretation des Grundgesetzes weit hinaus. "Welche Wirkung das Völkerrecht sonst auf die Verfassung auslöst, kann aber nur durch den Verfassungsgeber und damit den Staat entschieden werden" [1].

Neben diesen allgemeinen Erwägungen ergeben sich aus der konkreten (Bündnis-) Situation Gründe, die gegen eine Rezeption von Völkerrechtsbegriffen sprechen. Zunächst müßte ein Verfahren verwundern, das für den (völkerrechtlichen) Bündnisfall der NATO den einzelnen Mitgliedstaaten die autonome Entscheidung darüber beläßt, ob ein Angriff i.S. des Art. 5 NATOV erfolgt ist oder nicht [2], für den verfassungsrechtlichen Verteidigungs-Begriff aber auf eine völkerrechtliche Definition zurückgreift.

---

1) Diskussionsbeitrag Achterberg, VVDStRL 36, S. 154.

2) K. Ipsen, Rechtsgrundlage, S. 43; Rieder, S. 319 ff.; überhaupt unterliegt die gesamte Durchführung des NATOV gemäß seinem Art. 11 dem Vorbehalt nationalstaatlicher Verfassungskonformität.

Schließlich verlangt kaum ein Tatbestand so nach einer originär verfassungsrechtlichen Regelung wie der der Verteidigung [1]. Ob es bei dieser existenziellen Frage Völkerrecht tatsächlich leisten kann, Verfassungsbegriffe zu begrenzen [2], erscheint unrealistisch [3]. Damit soll nicht einer Ver- oder Mißachtung des Völkerrechts das Wort geredet werden. Bisher aber ist bei derart sensiblen Problemen das Völkerrecht noch nicht in der Lage, eindeutige Rechtssätze festzulegen, geschweige denn, sie durchzusetzen. Bevor man also zunächst auf das Völkerrecht verweist, um dann die dortigen Begriffe und Regelungen als auslegungsbedürftig zu erkennen und zu behandeln, sollte man doch eher versuchen, aus dem Grundgesetz selbst die Normsubstanz zu ermitteln.

(2) Zur ausschließlichen Bedeutung der Verteidigungsfall-Definition für innerstaatliche Rechtsänderungen

Art. 115 a GG hat zwei Funktionen: zum einen definiert er, was das Grundgesetz unter Verteidigungsfall versteht, zum anderen legt er fest, wie der Verteidigungsfall festgestellt und verkündet wird. Die Regelung der Feststellung bzw. Verkündung hat dabei Bedeutung als Festlegung einer Tatbestandsvoraussetzung für das Wirksamwerden von Notstandsnormen [4], d.h. deren Regelungen treten nicht be-

---

1) Vgl. Stern, Staatsrecht II, S. 1392; Maunz, S. 285; Tomuschat, VVDStRL 36, S. 40 f.: keine Auslieferung der Nation an den Mehrheitswillen eines Weltgesetzgebers.

2) K. Ipsen, Einsatz, S. 617.

3) Selbst Vertreter einer dezidiert völkerrechtsfreundlichen Haltung räumen ein, daß der Verfassungsgeber in der Lage sein muß, "zumindest im Notstand vom allgemeinen Völkerrecht abweichen zu können", Bleckmann, S. 294.

4) Versteyl, in: v. Münch, Art. 115 a, Rdnr. 37; Menzel, in: Bonner Kommentar, Art. 115 a, Rdnr. 71 ff.

reits dann in Kraft, wenn die in Art. 115 a Abs. 1 Satz 1 umschriebene Lage objektiv gegeben, sondern erst dann, wenn sie förmlich festgestellt und verkündet ist [1] (wobei in Extremsituationen Feststellung und Verkündung fingiert werden, Art. 115 a Abs. 4 GG). Diese sinnvolle Konstruktion berücksichtigt, daß es durchaus Situationen geben kann, die zwar als (drohender) Angriff auf die Bundesrepublik zu werten sind, gleichwohl aber nicht die umfassende und einschneidende Umstellung gemäß den Notstandsregeln erfordern.

Die Tatsache nun, daß sich <u>an</u> die Feststellung des Verteidigungsfalls weitgehende innerstaatliche Rechtsfolgen knüpfen [2], besagt nicht zwingend, daß es einen besonderen, nur diese innerstaatlichen Maßnahmen betreffenden Verteidigungsbegriff gibt. Der grundgesetzlich definierte Verteidigungsfall ist vielmehr Ausgangspunkt sowohl für nach innen wie auch für nach außen gerichtete Reaktionen: In einer Situation, die Voraussetzung für die Erfüllung der (Haupt-) Aufgabe der Bundeswehr - Verteidigung nach außen - ist, kann die dann eventuell in vielerlei Hinsicht schwierige und unnormale Lage im inneren unter Bezugnahme auf diesen Extremfall geregelt werden, als <u>Folge</u> also des Zustands, der durch die Notwendigkeit der äußeren Verteidigung gegeben ist.
Auch die Vorarbeiten, obgleich von den Befürwortern der nur "nach innen" gerichteten Wirkungen des Verteidigungsfalls zur Stützung ihrer Argumentation herangezogen [3], sprechen eher gegen eine derart beschränkte Funktion des Begriffs. Zutreffend ist, daß der Regierungsentwurf zunächst nicht das Wort "Verteidigungsfall", sondern die Um-

---

1) Stern, Staatsrecht II, S. 1401 f.; Fuchs, S. 111 und 119 ff.

2) Vgl. auch die Formulierung der Begründung des Regierungsentwurfs zu Art. 115 a, BT-DS V/1879, S. 24.

3) Etwa K. Ipsen, Einsatz, S. 618 f.

schreibung "Zustand äußerer Gefahr" verwendete [1]. Art. 115 a GG ist aber eine "Weiterentwicklung des Art. 59 a GG" [2]. Dieser wiederum, unter Verwendung des Begriffs "Verteidigungsfall", konnte als Regelung der Entscheidung über den Kriegseintritt [3] nicht Wirkung nur für interne Rechtsänderungen erzeugen. Die insbesondere von K. Ipsen [4] vertretene Auffassung, der Normzweck der Nachfolgeregel Art. 115 a GG sei ein anderer, eben nur nach innen gerichteter, überzeugt aus den genannten Gründen nicht: die Anknüpfung bestimmter innerstaatlicher Rechtsumstellungen an ein bestimmtes Tatbestandsmerkmal spricht nicht gegen die Gültigkeit seiner Legaldefinition auch für andere Bereiche bzw. die Anknüpfung weiterer Rechtsfolgen an dieselbe Voraussetzung [5].

(3) Zum unterschiedlichen Wortlaut "Verteidigung"/"Verteidigungsfall"

Bereits aus dem Wort-Unterschied zwischen "Verteidigung" (Art. 87 a GG) und "Verteidigungsfall" (Art. 115 a GG) die fehlende inhaltliche Übereinstimmung herzuleiten, erscheint wenig überzeugend. Geregelte Materie ist ohne Zweifel die

---

1) BT-DS V/1879, S. 3 ff.

2) Menzel, in: Bonner Kommentar, Art. 115 a, I 2; vgl. die Begründung des Regierungsentwurfs, BT-DS V/1879, S. 22.

3) v. Mangoldt/Klein, Art. 59 a, Anm. III 3; s.a. den Zweiten Schriftlichen Bericht des Ausschusses für Rechtswesen und Verfassungsrecht zu Art. 59 a, BT-DS II/2150, S. 4: "Zu Art. 59 a ... Bei Abs. 1 ist vor allem an den Fall gedacht, daß über den Eintritt einer Bündnisverpflichtung zu entscheiden ist".

4) S. nur DÖV 1971, S. 585.

5) So auch Rieger, S. 299 und 308.
Auch die Argumentation des BVerfG in EuGRZ 1984, S. 620, spricht gegen eine bloß interne Wirkung des Art. 115 a GG.

Verteidigung; eine nach grammatikalischen Regeln erfolgende Auflösung der determinativen Zusammensetzung Verteidigungsfall ergibt, daß auf das im Nominativ stehende Grundwort (Fall) das im Genitiv stehende Bestimmungswort (Verteidigung) folgt: Fall der Verteidigung [1]. Anderenfalls müßte man konsequenterweise auch davon ausgehen, daß die "Regierung des Bundes" bzw. "des Landes" (Art. 55 Abs. 1 GG) etwas anderes sei als die "Bundesregierung" (Art. 35 Abs. 3 Satz 1, 62 GG) bzw. eine "Landesregierung" (Art. 35 Abs. 3 Satz 1 GG) oder "Bundesgesetz (e)" (Art. 4 Abs. 3 Satz 2, 21 Abs. 3 GG) etwas anderes als "Gesetze des Bundes" (Art. 56 GG). Ist also unter diesem Blickwinkel der Verteidigungsfall dasselbe wie der Fall der Verteidigung, so bleibt es bei dem Grundsatz, daß man "demselben Ausdruck ... nicht ohne Not zwei verschiedene Begriffe unterlegen" sollte [2].

(4) Zur Gefahr des Präventivschlags

Die Verteidigungsaufgabe der Bundeswehr würde auch die Abwehr eines drohenden Angriffs auf die Bundesrepublik umfassen, wenn die Legaldefinition in Art. 115 a Abs. 1 GG auf Art. 87 a GG zu übertragen wäre - ein für die Verantwortlichen sicherlich schwieriges Prognoseproblem. Dies ist aber keineswegs eine auf diese Konstellation beschränkte Schwierigkeit. Auf irgend eine Weise muß nämlich der Terminus "Verteidigung" immer bestimmt werden, und stets wird man es damit mit ihrerseits ausfüllungsbedürftigen Begriffen wie "Abwehr", "Angriff" etc. zu tun haben. Ist der Abschuß

---

1) Vgl. speziell für die Rechtssprache Begriffe wie etwa Wiederholungsfall, Zweifelsfall etc.

2) Ulsamer, in: Maunz/Schmidt-Bleibtreu/Klein/Ulsamer, § 80, Rdnr. 17; diesen Grundsatz bemüht interessanterweise - wenngleich für ein anderes Problem - auch K. Ipsen, DÖV 1971, S. 584.

einer Rakete, bevor sie in den eigenen Luftraum eingedrungen ist, Zurückschlagen eines Angriffs oder Reaktion auf einen erst drohenden Angriff? Das Grundgesetz selbst setzt durch seine charakteristische Friedensfreundlichkeit [1)], insbesondere durch Art. 26 Abs. 1 Satz 1 GG [2)] der Inhaltsbestimmung für die unmittelbare Drohung enge Grenzen, so daß diese Tatbestandsvoraussetzung nur bei offenen Drohungen besonderer Intensität, die jederzeit in eine Angriffshandlung umschlagen können oder sie direkt vorbereiten, vorliegt [3)].

Präventive Verteidigung in dieser Form ist auch nicht völkerrechtlich untersagt. Aus den gleichen Gründen, die selbst Befürworter der Unterscheidung zwischen Verteidigung und Verteidigungsfall an einem strikten völkerrechtlichen Verbot zweifeln lassen [4)], erkennen herrschende Lehre des Völkerrechts und wohl auch die Staatenpraxis ein Präventivverteidigungsrecht an, wenn einem Staat nicht zuzumuten ist, den ersten Schlag des Gegners abzuwarten [5)]. Im übrigen muß die Reaktion bei unmittelbar drohender Gefahr nicht unbedingt zu direkter militärischer Konfrontation führen, sondern kann etwa in demonstrativer Alarmbereitschaft, Sicherung der Grenzen und ähnlichen Maßnahmen bestehen.

---

1) Sachau, S. 185 f. Zum Friedensgebot des Grundgesetzes a.u. S. 43.

2) Der ja nicht nur, wie zuweilen geäußert, Angriffskriege verbietet, sondern bereits jede Handlung, die das friedliche Zusammenleben der Völker stört, vgl. Maunz, S. 289.

3) Stern, Staatsrecht II, S. 1400 f.

4) K. Ipsen, Einsatz, S. 618.

5) Wengler, Das völkerrechtliche Gewaltverbot, S. 5 f.; Thode, in: Menzel/Ipsen, S. 454 m.w.N.; Stern, Staatsrecht II, S. 855; a. A. Kersting, Bündnisfall, S. 96 ff.

(5) Zur Bedeutung der Mitgliedschaft der Bundesrepublik in Militärbündnissen

"Unter dem Einfluß der machtpolitischen und ideologischen Gegensätze in der Welt ist ein großer Teil der Völkerrechtler bewußt oder unbewußt darum bemüht, in erster Linie bestimmten politischen Standpunkten bei der Neugestaltung des Völkerrechts oder in konkreten Streitfällen eine Begründung zu geben, ohne daß hier noch wissenschaftliche Überzeugungen eine große Rolle spielen" [1]. Diese Warnung Wenglers ist nach wie vor aktuell und behält ihre Gültigkeit, wenn man Verfassungsrechtler und Verfassungsrecht für Völkerrechtler und Völkerrecht setzt, wobei die Gefahr unbewußter Einräumung eines Primats des politisch Wünschenswerten gegenüber dem Recht die größere scheint.
Die Argumentation, die Geltung der Definition in Art. 115 a Abs. 1 Satz 1 GG für Art. 87 a GG sei auszuschließen, weil gewisse Schlußfolgerungen mit der Bündniszugehörigkeit und Bündnispflichten nicht zu vereinbaren seien [2] bzw. weil die Mitgliedschaft im Bündnis "natürlich" das Einsetzen der Bundeswehr unabhängig von einem Angriff auf das Bundesgebiet erfordere [3], ist keine juristische. Wenn die Bundesrepublik die Eingliederung in Militärbündnisse als notwendig erkannt hat, so muß sie als Rechtsstaat für die sich daraus ergebenden Konsequenzen die Rechtsgrundlage schaffen; dies kann weder durch einen Verweis auf die tatsächlichen oder völkerrechtlichen Gegebenheiten noch durch eine extensiv faktisch-politische Notwendigkeiten berücksichtigende Interpretation bestehender Rechtsnormen ersetzt werden.

---

1) Wengler, Völkerrecht I, S. 141.

2) K. Ipsen, DÖV 1971, S. 583; Kersting, Bündnisfall, S. 2 f. und 192.

3) Menzel, in: Bonner Kommentar, Art. 115 a, Rdnr. 87.

(6) Zur teleologischen Interpretation

Bei der Untersuchung dieses Arguments zeigt sich, welche Bedeutung dem verwendeten Ansatz zukommt: eine teleologische Interpretation des Art. 87 a GG, die zu dem Schluß kommt, eine Beschränkung der Bundeswehr auf die Verteidigung des Bundesgebiets sei nicht anzunehmen, ist so lange ohne Wert, als sie nicht zum Ergebnis führt, gerade das Einsetzen der Streitkräfte auch im Bündnisfall sei beabsichtigt. Es ist aber - jedenfalls in dieser apodiktischen Form - nicht zutreffend, daß die Auseinandersetzung um die deutsche Wiederbewaffnung "gerade nicht unter nationalen Aspekten", sondern mit Blick auf die Integration in Militärallianzen erfolgt sei [1]. Zum einen spielte bei den seinerzeitigen Diskussionen die Zulässigkeit der Abstellung nationaler deutscher Verbände eine ganz erhebliche Rolle [2]. Zum anderen: gegenwärtig jedenfalls sind Bestand und Aufgaben der Bundeswehr unabhängig von der Eingliederung in ein Bündnis [3], so daß der Verteidigungsbegriff des Art. 87 a Abs. 1 und 2 GG ohne Rücksicht auf die konkrete Bündnissituation zu bestimmen ist.

(7) Ergebnis

Die Kritik der vertretenen Auffassungen ergibt, daß keine überzeugenden Argumente für eine differenzierende Inhalts-

---

1) So Mössner, S. 103.

2) S. etwa Süsterhenn, S. 265 ff., und v. Mangoldt, Änderung des Grundgesetzes I, S. 271 ff., insbesondere S. 276; vgl. auch Stern, Staatsrecht II, S. 857: "Damit war die Grundlage für eine bewaffnete deutsche Truppe gelegt, ohne daß jedoch feststand, in welcher Form - national oder supranational - sie aufgestellt werden sollte."

3) So auch Gillessen, FAZ vom 3.10.1980, S. 6.

bestimmung der Verteidigungsbegriffe in Art. 87 a und Art. 115 a GG vorgebracht werden.

β) Argumente für einen einheitlichen Verteidigungsbegriff

Daß Art. 115 a Abs. 1 GG mit der Definition, was das Grundgesetz unter Verteidigung versteht, eine Tatbestandsvoraussetzung für verschiedene Rechtsfolgen enthält, ist bereits aufgezeigt worden: liegt sie vor, so kann nach außen die Bundeswehr eingesetzt werden; nach innen treten die an die (darüber hinaus erforderliche) Feststellung und Verkündigung geknüpften Notstandsregelungen in Kraft. Das aber bedeutet, daß in der in Art. 115 a Abs. 1 Satz 1 GG umschriebenen Lage die Bundeswehr nicht automatisch ihre Verteidigungsaufnahme wahrnehmen muß, sie <u>darf</u> es aber. Aus diesem Grunde ist Art. 115 a Abs. 1 Satz 1 GG eine einsatzregelnde Norm nur insoweit, als er die Definition der Situation enthält, die unabdingbare Voraussetzung für nach außen gerichtete Aktionen ist; von der zusätzlichen Feststellung bzw. Verkündigung ist also diese Verwendung der Streitkräfte nicht abhängig [1]. Von daher ist es auch gar nicht notwendig, wie Fuchs [2] zu versuchen, die Möglichkeit des Bündniseinsatzes nach <u>Feststellung</u> des Verteidigungsfalls zu konstruieren [3].

Im übrigen aber ist die Tatsache, daß Verteidigung die in Art. 115 a Abs. 1 Satz 1 GG geschilderte Lage ist, Grundlage eines in sich widerspruchsfreien und wohldurchdachten Systems des Grundgesetzes, das der extremen Situation gerecht wird: die Verfassung definiert, was sie unter Vertei-

---

1) Unzutreffend daher auch Rieder, S. 334.

2) S. 255 ff.

3) Davon zu unterscheiden ist die Frage, ob die militärische Unterstützung für Verbündete Verteidigung des Bundesgebiets ist, dazu unten S. 44, Fn. 3.

digung versteht - die innerstaatlich erforderlichen Anpassungen werden von der Feststellung abhängig gemacht (die Rechtsordnung spricht dann zumeist - verkürzt - vom "Verteidigungsfall"), die erforderliche Reaktion nach außen wird ermöglicht. Ist die Situation des Art. 115 a Abs. 1 Satz 1 GG nicht gegeben, benötigt die Bundeswehr eine besondere Einsatzermächtigung, Art. 87 a Abs. 2 GG. Gerade weil der enge Verteidigungsbegriff des Art. 115 a Abs. 1 Satz 1 GG auch für Art. 87 a GG gilt, erhält dessen Abs. 2 Bedeutung als Forderung nach einer speziellen Regelung für weitergehende Zuständigkeiten der Bundeswehr.

Die an der Landesverteidigung orientierte Definition entspricht darüber hinaus der hinsichtlich der zwischenstaatlichen Gewaltanwendung defensiven Struktur des Grundgesetzes. Es ist ein Wesensmerkmal der deutschen Verfassung, daß sie in weitestgehend möglichem Maß internationale Rechts- und sonstige Streitigkeiten unter Ausschluß militärischer Gewaltanwendung beilegen will [1] (Friedensgebot des Grundgesetzes [2]). Aus dieser Grundposition ergibt sich zwangsläufig eine außerordentlich restriktive Handhabung des Militärpotentials. Selbst wer die direkte Geltung der Begriffsbestimmung in Art. 115 a Abs. 1 Satz 1 GG für Art. 87 a GG leugnet, müßte doch eher in dieser Umschreibung den Ausgangspunkt für die Definition des Verteidigungs-Begriffs in Art. 87 a GG sehen als im Rückgriff auf eine außerhalb des Staatsrechts liegende Rechtsordnung. Dann aber liegt es doch nahe, zur unmittelbaren Übertragung des Begriffsinhalts zu kommen. Die systematische Konsistenz findet so ihre materiel-

---

1) Vgl. Stern, Staatsrecht II, S. 863 f.; Martens, S. 61; Lutz/Rittberger, S. 92 f. und 104 ff. Ausdruck dieses Gedankens ist auch Art. 24 Abs. 3 GG.

2) Hierzu a. v. Münch, NJW 1984, S. 580; Mahnke, Deutschland-Archiv 1973, S. 723 f., jeweils m.w.N.

le Entsprechung: grundsätzlich ist die Verwendung der Bundeswehr nur zur eng umgrenzten Aufgabe der nationalen Verteidigung zulässig. Wenn sie darüber hinaus in dem relativ schmalen Bereich zwischen ihrer ursprünglichen Verteidigungsaufgabe und der durch Art. 26 Abs. 1 Satz 1 GG markierten Grenze eingesetzt werden soll, so wird durch die hohe Anforderung der verfassungsmäßigen Zulassung gewährleistet, daß die Prüfung der Einsatzermächtigung auf Grund des notwendigen breiten parlamentarischen Konsenses [1] mit größter Sorgfalt erfolgt und mit dem Grundgesetz unvereinbare militärische Aktionen so gut wie sicher unterbunden werden. Die verfassungsrechtliche Lösung steht schließlich in vollem Übereinklang mit dem Völkerrecht, das zwar ein Mehr an Verteidigung erlauben würde, einer innerstaatlichen Beschränkung des Selbstverteidigungsrechts aber nicht entgegensteht.

b. Die Konsequenzen für den Bündnisfall

Ist somit Verteidigung i.S. von Art. 87 a GG nur der in Art. 115 a Abs. 1 Satz 1 definierte Fall (einschließlich der zur effektiven Wahrnehmung erforderlichen Vorbereitungen und Übungen [2]), so ist militärisches Eingreifen der Bundeswehr zur Unterstützung eines angegriffenen Bündnispartners nur dann nach Art. 87 a Abs. 1 GG zulässig, wenn dieser Angriff zugleich eine unmittelbare Bedrohung der Bundesrepublik Deutschland darstellt [3]. Daß dies im Falle kriegerischer Auseinandersetzungen, deren Opfer verbündete

---

1) Art. 79 Abs. 2 GG.

2) Dies ergibt sich bereits aus der Formulierung "... stellt Streitkräfte ... auf" in Art. 87 a Abs. 1 Satz 1 GG.

3) Daß wegen des eindeutigen Wortlauts ein Angriff auf einen Bündnispartner für sich allein noch keinen Angriff auf die Bundesrepublik darstellt, ist unbestreitbar, Herzog, in: Maunz/Dürig, Art. 115 a, Rdnr. 24; Versteyl, in: v. Münch, Art. 115 a, Rdnr. 11.

Staaten sind, durchaus möglich und wahrscheinlich ist, liegt auf der Hand. Doch ist diese Konstellation keineswegs die einzig denkbare [1]. Insbesondere unter Berücksichtigung des Randes der NATO sind Konflikte vorstellbar, die - nicht zuletzt wegen ihrer Nichtzugehörigkeit zum Ost-West-Gegensatz - die Bundesrepublik höchstens mittelbar gefährden: Auseinandersetzungen zwischen Griechenland und der Türkei [2], ein Angriff Argentiniens auf britisches Territorium innerhalb des NATO-Bereichs, sogenannte Fischereikriege, eine Aggression des Iran gegen die Türkei [3]. Will die Bundesrepublik in diesen nicht unter Art. 115 a Abs. 1 Satz 1 GG zu subsumierenden Fällen [4] Unterstützung durch Entsendung von Streitkräften gewähren, so muß das Grundgesetz diese Verwendung der Bundeswehr, da kein Fall der Verteidigung vorliegt, gemäß Art. 87 a Abs. 2 GG ausdrücklich zulassen.

2. Die Notwendigkeit einer verfassungsrechtlichen Ermächtigung

a. Der territoriale Geltungsbereich des Art. 87 a Abs. 2 GG

Eine verfassungsrechtliche Genehmigung für die Verwendung im Ausland "außer zur Verteidigung" wäre nur dann nicht not-

---

1) So aber Fuchs, S. 255 ff.

2) Auch ein bündnisinterner Angriff wird vom NATOV mitumfaßt, Kersting, Bündnisfall, S. 102 ff.; vgl. aber auch unten S. 54 ff.

3) Vgl. auch das Beispiel bei Menzel, in: Bonner Kommentar, Art. 115 a, Rdnr. 39.

4) Vgl. auch Mössner, S. 104.

wendig, wenn der Regelungsvorbehalt des Art. 87 a Abs. 2 GG lediglich für den Einsatz im Inneren gälte [1]. Hiergegen hat E. Klein [2] nachgewiesen, daß der insoweit eindeutige Wortlaut jeden Einsatz, auch den im Ausland, umfaßt [3], so daß man nicht umhin kommt, sich auf die Suche nach einer entsprechenden Norm zu begeben [4]. Ein nicht als Landesverteidigung zu qualifizierender Tätigkeitsbereich, in welchem die Bundeswehr ohne ausdrückliche Zulassung operieren dürfte, existiert somit nicht. Zulassung kann hier nur Ermächtigung heißen [5], denn Zweck dieses Verfassungsvorbehalts ist die antezipierte Einsatzbestimmung durch den Verfassungsgeber [6].

---

1) So Hofer, NZWehrr 1973, S. 9; v. Bülow, S. 51 und 59 (wobei er den Regelungsvorbehalt als 2. Alternative des Art. 87 a Abs. 2 GG beszeichnet); Hamann/Lenz, Art. 87 a, Erl. A 2; v. Mangoldt/Klein, Art. 87 a, Anm. V 4 a; K. Ipsen, in: Bonner Kommentar, Art. 87 a, Rdnr. 27 ff. (die dort zitierte BT-DS V/2873 enthält allerdings keine Beschränkung auf den internen Einsatz); ders., Einsatz, nicht ganz eindeutig: einerseits geht er, wie sich aus den Nachweisen S. 615, Fn. 6, ergibt, von einer auf die Verwendung im Inneren beschränkten Wirkung des Art. 87 a Abs. 2 aus, andererseits prüft er anhand dieser Vorschrift S. 624 f. auch externe Einsatzmöglichkeiten.

2) ZaöRV 1974, S. 432.

3) Im Ergebnis ebenso Nölle, S. 49; Dürig, in: Maunz/Dürig, Art. 87 a, Rdnr. 32 ("... 1. Jede bewaffnete Verwendung der Bundeswehr ..."); Hernekamp, in: v. Münch, Art. 87 a, Rdnr. 13 ff.; Klückmann, NJW 1979, S. 2286.

4) Dieser Aufgabe sind freilich diejenigen enthoben, die sich, wie die in o. Fn. 1 Genannten, auf die kaum haltbare These von der Geltung des Regelungsvorbehalts ausschließlich für den Inneneinsatz zurückziehen.

5) So auch Dürig, in: Maunz/Dürig, Art. 87 a, Rdnr. 22 und 26.

6) Bedenklich Nölle, S. 50 ff.

b. Das Erfordernis der Ausdrücklichkeit

Durch das Erfordernis der Ausdrücklichkeit wird eine Begründung von Ermächtigungen aus der Natur der Sache unzulässig [1]. Dies ist eine Folge der Entscheidung der Bundesrepublik für eine detaillierte Regelung des Notstandsrechts [2]; daher kann auch die Ableitung einer Zulassung im Wege der Analogie oder kraft Sachzusammenhangs nicht statthaft sein.

Nun enthält das Grundgesetz keine Bestimmung, die sich mit militärischer Hilfeleistung oder anderen Auslandsaktionen in dem Sinne befaßt, daß sie einen entsprechenden Auftrag expressis verbis erteilt oder daß der Verfassungstext in sonstiger Weise eine derartige Verwendung direkt anspricht [3]. Eine ausdrückliche und bewußte Entscheidung der Verfassung für einen bestimmten Einsatz ist jedoch dann erfolgt, wenn allenfalls eine Auslegung des Wortsinns vorgenommen werden muß: wenn etwa "die Streitkräfte" ermächtigt werden, so spricht die Erläuterung, daß es sich hierbei nur um deutsche, genauer gesagt um solche der

---

1) So, jeweils unter Hinweis auf den Ausschußbericht BT-DS V/2873, S. 13, Schreiber, DÖV 1969, S. 731; K. Ipsen, Einsatz, S. 615; ders., in: Bonner Kommentar, Art. 87 a, Rdnr. 35; v. Mangoldt/Klein, Art. 87 a, Anm. V 3.

2) Gleichwohl gilt es z.T. als noch offene Frage, ob nicht auch und "gerade bei grenzüberschreitenden Sachverhalten" auf ungeschriebene Notstandsbefugnisse zurückgegriffen werden kann, Bernhardt, DÖV 1977, S. 458; vgl. hierzu auch Roßnagel, S. 14 ff. und 182 ff. und - insbesondere zur Frage, ob Art. 20 Abs. 4 GG Legalitätsreserve für jeden Fall des Notstands sein kann - Krenzler, passim.

3) Wenn Nölle, S. 52, meint, durch das Erfordernis der Ausdrücklichkeit komme "lediglich zum Ausdruck, daß die Begriffe in Art. 30 und Art. 87 a Abs. 2 insofern verschieden sind, als Art. 87 a Abs. 2 enger ist", so macht er es sich etwas zu einfach.

Bundeswehr, handelt, nicht gegen eine ausdrückliche Zulassung. Eine nähere Untersuchung ist somit trotz des Gebots der Ausdrücklichkeit dort erlaubt, wo der Wortlaut einer Verfassungsnorm auf eine Ermächtigung hindeutet; die geforderte Ausdrücklichkeit ist dann gegeben, wenn eine Vorschrift des Grundgesetzes die Billigung eines Hilfseinsatzes enthält.

Nach dem eindeutigen Wortlaut des Art. 87 a Abs. 2 GG muß die Ermächtigung im Grundgesetz enthalten, mithin von einer staatsrechtlich besonderen Qualität sein. Es bedarf dieses Hinweises auf die eigentlich selbstverständliche Rechtslage deshalb, weil zuweilen Art. 5 und 6 NATOV als Zulassung gewertet werden [1]; diese aber besagen (in Zusammenhang mit Art. 51 SVN) nur, daß es der Bundesrepublik völkerrechtlich erlaubt ist, einen Angriff auf Bündnispartner als gegen sich selbst gerichtet anzusehen. Die bündnisvertragsrechtlichen Normen sind jedoch in keinem Fall geeignet, Regelungen über eine Einsatzermächtigung zu treffen: die entsprechenden Vereinbarungen des NATOV mögen zwar bestimmte Pflichten für die Bundesrepublik statuieren und damit einer Transformation in innerstaatliches Recht zugänglich sein [2], doch erhielten sie damit nur den Rang eines einfachen Bundesgesetzes [3] und können damit nicht dem Erfordernis einer grundgesetzlichen Zulassung entsprechen [4].

---

1) So etwa Falge, S. 24 f.; bei der dort gebrauchten Argumentation ist es unerheblich, daß die Rechtslage vor 1968 behandelt wird.

2) Dazu Rudolf, S. 205 ff.

3) Rudolf, S. 212; Bleckmann, S. 277 f.

4) Vgl. a. Stern, Staatsrecht II, S. 1392.

c. Mögliche Ermächtigungsgrundlagen

Als Ermächtigungsnorm, wie sie in Art. 87 a Abs. 2 GG verlangt wird, kommen Art. 80 a Abs. 3 Satz 1, Art. 96 Abs. 2 Satz 1, Art. 32 Abs. 1 und Art. 24 Abs. 2 GG in Betracht.

aa. Art. 80 a Abs. 3 Satz 1 GG

Die Verbindung zwischen Art. 80 a Abs. 3 GG [1] und der Bündnissituation der Bundesrepublik ist offensichtlich; durchweg wird auf die Berücksichtigung von NATO-Struktur und -Planung verwiesen oder die Vorschrift gar als "NATO-Klausel" bzw. "Bündnis-Klausel" bezeichnet [2].
Aus dieser Berücksichtigung der Bündnissituation will Menzel [3] die verfassungsrechtliche Anerkennung aller Allianzverpflichtungen herleiten, was konsequenterweise die Bedeutung von Art. 80 a Abs. 3 GG als Ermächtigung zu militärischer Hilfeleistung mit einschließt [4]. Diese Auslegung stößt jedoch auf unüberwindbare Bedenken. Die Vorschrift enthält Regelungen über einen - bedingten [5] - Kompetenzverlust des Bundestags zugunsten der Bundesregierung [6], nicht aber Bestimmungen über die Verwendung

---

1) Zur Entstehungsgeschichte K. Ipsen, AöR Bd. 94, S. 555 ff.

2) K. Ipsen, AöR Bd. 94, S. 554 ff.; Stern, Staatsrecht II, S. 1448; Hernekamp, in: v. Münch, Art. 80 a, Rdnr. 21; Hamann/Lenz, Art. 80 a, Erl. B 9; Lenz, Art. 80 a, Rdnr. 28; Herzog, in: Maunz/Dürig, Art. 80 a, Rdnr. 57.

3) In: Bonner Kommentar, Art. 115 a, Rdnr. 32; nicht ganz eindeutig, aber wohl ähnlich Lenz, Art. 80 a, Rdnr. 22

4) So wird Menzel auch von K. Ipsen, DÖV 1971, S. 584, verstanden.

5) Vgl. Art. 80 a Abs. 3 Satz 2 GG.

6) Hernekamp, in: v. Münch, Art. 80 a, Rdnr. 21.

der Streitkräfte: da Art. 80 a Abs. 1 GG keine Einsatzermächtigung enthält, Art. 80 a Abs. 3 Satz 1 GG aber Notstandsmaßnahmen nur in geringerem Maße als Abs. 1 ermöglicht [1], kann Art. 80 a Abs. 3 Satz 1 GG nicht Ermächtigungsgrundlage für einen Bundeswehr-Einsatz im Bündnisfall sein. Sein Normzweck ist die Erhöhung der Verteidigungsbereitschaft [2], nicht Zulassung des Truppeneinsatzes.

Da Art. 80 a GG Bedeutung nur in Verbindung mit denjenigen Rechtsvorschriften gewinnt, die er zum Leben erweckt, wird in dem Fall eine neue Beurteilung erfolgen, wo eine (noch zu schaffende) grundgesetzliche Ermächtigung die Verwendung der Bundeswehr im Bündnisfall zusätzlich von einer Feststellung nach Art. 80 a GG abhängig machte. Unter diesen Umständen würde auch die vieldiskutierte Problematik der Umgehung des Parlaments akut [3].

Als Ergebnis bleibt festzuhalten, daß Art. 80 a Abs. 3 Satz 1 GG nicht als ausdrückliche Zulassung i.S.v. Art. 87 a Abs. 2 GG gewertet werden kann.

bb. Art. 96 Abs. 2 Satz 2 GG

Regelungsinhalt des Art. 96 Abs. 2 GG ist die Errichtung von Wehrstrafgerichten. Obwohl sein Satz 2 als einzige

---

1) K. Ipsen, AöR Bd. 94, S. 570 f.

2) Stern, Staatsrecht II, S. 1450; Herzog, in: Maunz/Dürig, Art. 80 a, Rdnr. 52.

3) Vgl. nur K. Ipsen, AöR Bd. 94, S. 573 f.; Herzog, in: Maunz/Dürig, Art. 80 a, Rdnr. 65.

Vorschrift des Grundgesetzes die mögliche Entsendung deutscher Soldaten ins Ausland unmittelbar erwähnt, ist er - soweit ersichtlich - bisher noch nicht einmal als Indiz für die Zulässigkeit des Bündniseinsatzes erörtert worden.

Daß Art. 96 Abs. 2 Satz 2 GG jedenfalls nicht die von Art. 87 a Abs. 2 GG geforderte Ermächtigung sein kann, ergibt sich aus dem Wortlaut [1], der die Entsendung ins Ausland bereits voraussetzt, und aus der systematischen Stellung der Norm in Abschnitt IX "Die Rechtsprechung". Bei der Erwähnung der im Ausland dienstlich [2] tätigen Angehörigen der Streitkräfte hatte man sicher diejenigen Soldaten im Auge, die sich etwa anläßlich gemeinsamer Manöver auf dem Territorium verbündeter Staaten aufhalten [3]. Ähnlich wie im Fall des Art. 80 a Abs. 3 Satz 1 GG gilt auch hier, daß die Möglichkeit der Übereinstimmung von Verfassungsnormen mit gewissen Bündnispflichten und -gegebenheiten (wobei zu bedenken ist, daß die Entsendung ins Ausland ja auch zur Verteidigung der Bundesrepublik selbst i.S. ihrer Vorbereitung dienen kann) noch nicht bedeutet, daß diese gleichzeitig eine Ermächtigung für den eigentlichen Bündnisfall bilden.

---

1) Obwohl die Vorschrift auch so gelesen werden kann, daß Voraussetzungen der Tätigkeit von Wehrstrafgerichten sowohl die Feststellung des Verteidigungsfalls als auch die Entsendung ins Ausland sind, ist davon auszugehen, daß die Jurisdiktion der Wehrstrafgerichte sich auch außerhalb des Verteidigungsfalls auf im Ausland eingesetzte Truppen erstreckt, Steinkamm, S. 240 f.; Herzog, in: Maunz/Dürig, Art. 96, Rdnr. 21 f.; Schmidt-Bleibtreu/Klein, Art. 96, Rdnr. 2.

2) Steinkamm, S. 242.

3) Zur Entstehungsgeschichte des Art. 96 Abs. 2 GG Steinkamm, S. 238 ff.

cc. Art. 32 Abs. 1 GG

Im Schriftum ist vor Einfügung des Art. 87 a ins Grundgesetz einerseits die Auffassung vertreten worden, die Zuweisung der auswärtigen Gewalt an den Bund durch Art. 32 Abs. 1 GG umfasse grundsätzlich auch die Ermächtigung zur Gewaltanwendung gegenüber anderen Staaten [1], andererseits die Ansicht, sie befähige nur zur Entscheidung über die zwischenstaatlichen Angelegenheiten "im Rahmen des allgemeinen Friedensrechts" [2]. In der Regel wurde und wird allerdings auf eine derartige Unterscheidung nicht eingegangen, sondern bei der Begriffsbestimmung allgemeiner von der umfassenden Gestaltung der Beziehungen zu anderen Völkerrechtssubjekten gesprochen [3]. Völlig unzutreffend ist es allerdings, daß Art. 32 Abs. 1 GG nur eine interne Abgrenzung für das Verhältnis Bund/Länder darstelle [4], denn er enthält darüber hinaus auch die Befugnis der zuständigen Organe zur konkreten Ausgestaltung ("Pflege") der auswärtigen Beziehungen; spezielle Regelungen finden sich etwa in Art. 59 Abs. 1 und Art. 115 a Abs. 5 GG. Selbst wenn aber der Komplex militärischer Gewaltanwendung ein Teilbereich der auswärtigen Beziehungen sein sollte [5], so existiert auch für ihn eine Spezialregelung, nämlich Art. 87 a Abs. 1 und 2 GG. Und wenn dort eine ausdrückliche Ermächtigung gefordert wird, so kann

---

1) Sachau, passim, insbes. S. 85 ff. und 169.

2) Reichel, S. 27 f.

3) Mosler, S. 246 f. und S. 253 ff.; Rojahn, in: v. Münch, Art. 32, Rdnr. 2.

4) So aber Nölle , S. 43.

5) Wofür angesichts der Argumentation von Sachau (o. Fn. 1) viel spricht; vgl. auch Kersting, NZWehrr 1982, S. 86.

diese, wenn man einen Zirkelschluß vermeiden will, nicht unter Rückgriff auf die lex generalis gefunden werden.

dd. Art. 24 Abs. 2 GG

Daß Art. 24 Abs. 2 GG überhaupt Ermächtigung sein kann, ergibt sich bereits aus seinem Wortlaut, der in klassischer Formulierung ein bestimmtes Verhalten ermöglicht [1]. Eine Verwendung der Bundeswehr wird Art. 24 Abs. 2 GG jedoch nur dann zulassen, wenn

- die NATO bzw. WEU ein "System gegenseitiger kollektiver Sicherheit" ist,
- das der "Wahrung des Friedens" dient, und wenn
- die Mitgliedschaft in diesem Bündnis nur unter der Prämisse der Bereitschaft zu militärischer Unterstützung der übrigen Mitgliedstaaten möglich ist.

Die Tatsache, daß diese Fragen untersucht werden müssen, steht nicht im Widerspruch zur verlangten Ausdrücklichkeit der Zulassung eines Bundeswehr-Einsatzes, sollen doch lediglich der Sinngehalt von Art. 24 Abs. 2 GG herausgearbeitet und die notwendigen Schlußfolgerungen verdeutlicht werden. Wenn etwa der Begriff "gegenseitig" so zu verstehen wäre, daß die Bundesrepublik Deutschland nach einem gem. Art. 24 Abs. 2 GG erfolgten Beitritt zur Hilfeleistung verpflichtet wäre, so könnte hier die erforderliche Zulassung ausgesprochen sein.

---

1) Tomuschat, in: Bonner Kommentar, Zweitbearbeitung Art. 24, Rdnr. 4; vgl. auch Mössner, S. 100 ("... Einsatz der Bundeswehr nach Art. 24 Abs. 2 GG ...") und S. 105.

α) NATO und WEU als Systeme gegenseitiger kollektiver Sicherheit?

Nach wie vor ist umstritten, was die Wesensmerkmale eines kollektiven Sicherheitssystems sind, genauer gesagt, welches Ziel ein Sicherheitssystem verfolgen muß, um als kollektives i.S.v. Art. 24 Abs. 2 GG zu gelten. Zur Debatte stehen nach herkömmlicher Unterscheidung zwei Grundkonzeptionen [1]; bei genauer Betrachtung umfaßt die zweite allerdings zwei eigentlich selbständige Varianten.

(1) Modelle kollektiver Sicherheit

Wesentlich für ein kollektives Sicherheitssystem kann zum einen der Grundsatz sein, daß seine Mitglieder sich gegenseitig des Verzichts auf Angriffshandlungen versichern, widrigenfalls der Aggressor mit Sanktionen der übrigen Partner rechnen muß. Bei einem derartigen System handelt es sich also bei den potentiellen Angreifern, Angegriffenen und Hilfeleistenden jeweils um Mitglieder des Bündnisses. Angriffe, die von außerhalb dieses Sicherheitssystems stehenden Staaten ausgehen, werden von diesem Bündnis für "Frieden im engeren Kreis" [2] - besser wäre die Bezeichnung "Frieden im Inneren des Kreises" - nicht erfaßt.
Zum anderen kann auch ein Vertragswerk gemeint sein, dessen Partner sich entweder zusätzlich oder gar ausschließlich Schutz gegen den Angriff eines außerhalb ihres Sicherheitssystems stehenden Staates zusichern.

---

1) Vgl. Maunz, in: Maunz/Dürig, Art. 24, Rdnr. 24 f.

2) Maunz, in: Maunz/Dürig, Art. 24, Rdnr. 25.

Offensichtlich unterfallen weder NATO noch WEU der ersten Konstruktion [1]. Die Organisationen könnten nach Wortlaut und ursprünglicher Intention ihrer Gründungsverträge zwar auch Systeme zur Sicherung des Friedens gegen Angriffe von außen sowie gleichzeitig "im Inneren des Kreises" sein [2], sie sind jedoch "in erster Linie auf reaktive Friedenssicherung nach außen, nicht dagegen auf präventive Friedenssicherung durch bündnisinterne Kontrolle des potentiellen Friedensstörers abgestellt" [3].

---

1) Zur Qualifizierung der EVG als System kollektiver Sicherheit Grewe, AöR Bd. 78, S. 243 ff.

2) "Der Beitritt der Bundesrepublik Deutschland zu militärischen und wirtschaftlichen Bündnissen aus Gründen unserer Sicherheit und um einen Beitrag zur europäischen Gemeinschaft zu leisten, diente dem Interesse aller Beteiligten, weil er nicht nur der Sicherheit f ü r Deutschland, sondern - vornehmlich in den Augen der kleineren Staaten - auch der Sicherheit v o r Deutschland galt", Schmidt, S. 148; vgl. auch die Erklärung des kanadischen Außenministers Lester Pearson vom 29. September 1954 auf der Londoner Neunmächtekonferenz, Anl. IV der Schlußakte, abgedruckt in Berber, Dokumentensammlung I, S. 786: "Diese Alternativmethode und die damit verbundenen Alternativvereinbarungen müssen die Assoziierung Deutschlands nicht nur mit der Verteidigung Europas und dem Westen vorsehen, sondern auch - und dies ist meiner Auffassung nach ebenso wichtig - mit der Entwicklung der atlantischen Gemeinschaft; eine Assoziierung, die so durchgeführt werden muß, daß die Furcht, die das Erbe einer unglücklichen Vergangenheit ist, durch eine neue und bessere Hoffnung auf die Zukunft abgelöst wird."

3) K. Ipsen, JöR N.F. Bd. 21, S. 12; zu weitgehend aber Rojahn, in: v. Münch, Art. 24, Rdnr. 50, nach dem die NATO allein nach außen fixiert sei - dagegen spricht schon die Beistandspflicht auch bei bündnisinternen Angriffen, s. S. 45, Fn. 2.

(2) Rückgriff auf den völkerrechtlichen Begriff?

Bei der Beantwortung der Frage, ob die beiden anderen Möglichkeiten oder eine von ihnen ein kollektives Sicherheitssystem i.S. von Art. 24 Abs. 2 GG darstellt, kann eine Beschäftigung mit dem völkerrechtlichen Begriff der kollektiven Sicherheit hilfreich sein, falls dieser seinerseits eindeutig fixiert und durch den Verfassungsgeber übernommen ist [1]. Indiz für dieses Vorgehen ist der Hinweis des Abgeordneten Schmid in der 6. Sitzung des Hauptausschusses des Parlamentarischen Rates am 19. November 1948, unter "kollektiver Sicherheit" sei ein ganz bestimmter völkerrechtlicher Begriff zu verstehen [2]. Das aber ist nicht der Fall. Wenn auch überwiegend das kollektive Sicherheitssystem als Gegenmodell zum gegen einen bestimmten Staat oder eine bestimmte Staatengruppe gerichteten Bündnis betrachtet wird [3], so wird doch z.T. kollektive Sicherheit mit kollektiver Selbstverteidigung als institutionalisierter Form legalisierter Gewaltanwendung gleichgesetzt [4]. Weiterhin besteht keine Übereinstimmung dahingehend, ob der Schutz des kollektiven

---

1) Zu diesen Voraussetzungen oben S. 32 f.

2) Parlamentarischer Rat, Verhandlungen des Hauptausschusses, Bonn 1948/49, S. 71. S. dazu a. Forsthoff, S. 335.

3) Forsthoff, S. 336; Schätzel, S. 642 f.; Bindschedler, S. 68. Kimminich, S. 237; Meyn, S. 112; Delbrück, Collective Security, S. 105 f.; Berber, Völkerrecht III, S. 124; Thode, in: Menzel/Ipsen, S. 461.

4) Schwarzenberger, S. 187; Hagemann, ArchVR Bd. 2, S. 398, sieht die NATO als kollektives Sicherheitssystem "unterster Stufe" an. Scheuner, Kollektive Sicherheit, S. 242 f. nimmt an, daß dann, wenn die Beistandspflicht nur gegen außerhalb des Vertragssystems Stehende existiert, lediglich "in der Regel" nur eine Organisation der kollektiven Selbstverteidigung vorliegt. Vgl. a. Delbrück, Collective Security, S. 113.

Sicherheitssystems <u>nur</u> gegen Mitgliedstaaten [1] oder darüber hinaus auch gegen Nichtmitglieder [2] wirkt. Schließlich sind weitere Elemente nicht geklärt, etwa, ob das System universal angelegt sein muß [3] oder nicht [4], so daß man die Existenz eines völkerrechtlich eindeutigen Begriffs "System gegenseitiger kollektiver Sicherheit" verneinen muß [5]. Damit ist nicht erkennbar, was der Abgeordnete Schmid unter dem "Bestimmten" verstanden hat [6]. Daß darüber hinaus im Parlamentarischen Rat uneinheitliche Vorstellungen über den Begriffsinhalt herrschten, belegt der abgelehnte Antrag des Abgeordneten Renner, in einem Zusatz u.a. festzulegen, daß "... dieses System nicht der Vorbereitung eines Krieges dient und keine militärischen Hilfeleistungen irgendwelcher Art von der Republik oder ihren Angehörigen gefordert oder erwartet werden" [7]. Es

---

1) Kraus, S. 544; Kimminich, S. 237; Delbrück, Collective Security, S. 105 f.; Meyn, S. 112: jedenfalls primär.

2) Bindschedler, S. 68; Berber, Völkerrecht III, S. 123; Thode, in: Menzel/Ipsen, S. 461.

3) Schätzel, S. 642; Kimminich, S. 237.

4) Grewe, AöR Bd. 78, S. 244. Zur Diskussion über den Begriff der kollektiven Sicherheit in der Zwischenkriegszeit vgl. Bourquin/Cassin/Toynbee.

5) Zum einzigen allgemein anerkannten völkerrechtlichen System kollektiver Sicherheit, den Vereinten Nationen, ist zweierlei zu bemerken: erstens waren auch sie - aus einem Kriegsbündnis entstanden -, wie sich aus Art. 107 SVN ergibt, zunächst gegen Nicht-Mitglieder, nämlich die Feindstaaten des 2. Weltkriegs gerichtet, und zweitens sollte bei den Diskussionen um die zutreffende völkerrechtliche Definition die relative Unwirksamkeit des militärischen Friedenssicherungsmechanismus der Vereinten Nationen, zumindest die Nichtübereinstimmung mit dem Idealtypus kollektiver Sicherheit, berücksichtigt werden, vgl. hierzu Meyn, S. 118 und 125.

6) So auch Meyn, S. 127, Fn. 1; Smend, S. 150; Rogge, ArchVR Bd. 2, S. 179; v. Mangoldt/Klein, Art. 84, Anm. IV 3.

7) Parlamentarischer Rat, Verhandlungen des Hauptausschusses, Bonn 1948/49, S. 71.

ist also nicht erkennbar, daß der Verfassungsgesetzgeber den vom Abgeordneten Schmid gemeinten oder überhaupt einen völkerrechtlichen Topos übernehmen wollte, dessen Bedeutung darüber hinaus ja auch alles andere als fest umrissen gewesen wäre. Es gilt damit, einen eigenständigen Inhalt des verfassungsrechtlichen Begriffs "System gegenseitiger kollektiver Sicherheit" zu entwickeln.

(3) Der verfassungsrechtliche Begriff

Für die Qualifizierung von WEU und NATO als Bündnisse i.S.d. Art. 24 Abs. 2 GG sprechen Gründe, die auf zwei von der Verfassung vorgegebenen, eng miteinander zusammenhängenden Komponenten beruhen - Verteidigung und Frieden.

Das Grundgesetz ächtet, wie sich ohne weiteres aus dem Wortlaut des Art. 26 GG sowie weiterer Vorschriften ergibt [1], nur den Angriffs-, nicht auch den Verteidigungskrieg [2]. Folglich kann Selbstverteidigung - und zwar wegen der erkannten Unfähigkeit der Bundesrepublik, Verteidigung individuell zu leisten [3], auch kollektive - nicht gegen das grundgesetzliche Friedensgebot verstoßen. Erst recht kein Verstoß ist also die (vorbereitende) Eingliederung in ein kollektives Selbstverteidigungsbündnis, jedenfalls so lange nicht, als dessen streng defensiver Charakter gewahrt bleibt - diesen beizubehalten ist allerdings

---

1) Vgl. Stern, Staatsrecht I, S. 509, und Maunz, S. 296.

2) Vgl. dagegen Art. 9 der japanischen Verfassung vom 3.11.1946, abgedruckt bei Neumann, S. 187; zur Bedeutung des Kriegsverzichts Neumann, S. 71 ff., insbesondere S. 74 f.

3) Delbrück, Regionale Zusammenschlüsse, S. 464 und 473. Stern, Staatsrecht I, S. 511, Fn 207, ordnet Defensivbündnisse ohne weiteres Art. 24 Abs. 2 GG zu.

die Bundesrepublik verpflichtet [1], und zwar nicht nur durch ihr eigenes Verhalten, sondern gegebenenfalls durch entschiedene Einwirkung auf die Bündnispartner [2].

Neben diesen Aspekt - Verteidigung - tritt ein weiterer: der des Friedens.
Unzweifelhaft darf wegen des Friedensgebots des Grundgesetzes und seiner bedingungslosen Absage an jeden Angriffskrieg keine Eingliederung in eine Angriffs-Allianz erfolgen [3]; darüber hinaus ist gem. Art. 26 Abs. 1 Satz 1 GG ein Betritt zu einem bestimmten System dann verboten, wenn er eine Störung des friedlichen Zusammenlebens der Völker darstellen würde - dem entspricht die Wendung "zur Wahrung des Friedens" in Art. 24 Abs. 2 GG [4]. "Frieden" im Sinne des Grundgesetzes aber kann lediglich Abwesenheit von Krieg, genauer gesagt: von militärischen Auseinandersetzungen bedeuten [5], denn alleine dieses Kriterium ist rechtlich (einigermaßen) faßbar. Wer bereits (zumal ohne Berücksichtigung der Motive) "Verweigerung der Zusammenarbeit mit anderen Nationen auf rechtlichem, wirtschaftlichem usw. Gebiet" [6] als Friedensstörung qualifiziert, der entkleidet

---

1) Hernekamp, in: v. Münch, Art. 26, Rdnr. 24

2) Vgl. aber unten S. 122 f.

3) Bleckmann, S. 231; Stratmann, S. 11, v. Mangoldt/Klein, Art. 24, Anm. IV 3 a.

4) Maunz, in: Maunz/Dürig, Art. 24, Rdnr. 25; v. Mangoldt/Klein, Art. 24, Anm. IV; vgl. auch Stratmann, S. 11.

5) So auch Hernekamp, in: v. Münch, Art. 26, Rdnr. 6.

6) So Menzel, in: Bonner Kommentar, Erstbearbeitung Art. 26, Erl. II 3; ihm folgend v. Mangoldt/Klein, Art. 26, Anm. III 3 b; vgl. auch Lutz/Rittberger, S. 109. Zu den Problemen der Definition eines positiven Friedensbegriffs Frank, in: Alternativkommentar, Art. 26, Rdnr. 10 ff.

den Begriff jeder Präzision und schränkt darüber hinaus den politischen Gestaltungsraum der auswärtigen Gewalt unerträglich ein [1].

Der Beitritt zu einem kollektiven Sicherheitssystem muß also den Zweck [2] haben, den Frieden in diesem Sinne zu wahren. Die Mittel, die zur Zweckerfüllung dienen, haben demnach, ähnlich wie die zur Verteidigung erforderlichen [3], rein instrumentalen Charakter [4]. Dann müssen also unter Abwägung aller Umstände diejenigen Mittel gewählt werden, die in einer konkreten Situation am ehesten (absolute Sicherheit kann es in diesem Bereich nicht geben) geeignet erscheinen, den angestrebten Zweck zu erreichen; ändern sich die Umstände oder Einschätzungen, so stehen die Instrumente selbstverständlich zur Disposition.

---

1) Andernfalls wäre etwa die Ablehnung der Unterhaltung wirtschaftlicher Beziehungen, möglicherweise noch in von diesem gewünschten Art und Umfang, zu jedem beliebigen Staat der Erde eine friedensstörende Handlung i.S. des Grundgesetzes!

2) v. Mangoldt/Klein, Art. 24, Anm. IV 4.

3) Dazu Lutz/Rittberger, S. 109.

4) In diesem Sinne zu verstehen sind auch Stern, Staatsrecht I, S. 376 f., und Maunz, in: Maunz/Dürig, Art. 24 Rdnr. 25: "Es wäre ein Verstoß gegen die Regeln der Verfassungsauslegung, wollte man einer Vorschrift, die wie Art. 24 Abs. 2 auf lange Sicht fundamentale Entscheidungen der Außen- und Wehrpolitik präjudiziert, ein bestimmtes politisches Konzept entnehmen. Das Grundgesetz hat ebenso, wie es keine bestimmte Wirtschaftsform festlegte, die Organe des Bundes auf kein bestimmtes außen- und wehrpolitisches Konzept verpflichtet, wenn man von dem Wiedervereinigungsgebot und dem Verbot des Angriffskrieges absieht. Innerhalb dieses weit gesteckten Rahmens soll Art. 24 Abs. 2 wesentliche politische Entscheidungen nicht hemmen, sondern ermöglichen." Ähnlich Frank, in: Alternativkommentar, Art. 26, Rdnr. 34 ff.

Die europäische Entwicklung nach dem Zweiten Weltkrieg hat gezeigt, daß der Bundesrepublik Deutschland durch die Bündnisse, denen sie angehört, eine Verwicklung in kriegerische Auseinandersetzungen erspart worden ist. Damit ist weder gesagt, daß diese Eingliederung die einzig zulässige Möglichkeit gewesen ist, noch daß in Zukunft nicht kumulativ oder alternativ andere Mittel zur Friedenssicherung in Frage kommen können. Gegenwärtig jedenfalls und auf absehbare Zeit wird durch WEU und NATO Friedenswahrung geleistet [1]. Die Beantwortung der Frage, ob die Existenz der Bündnisse und insbesondere die Einbeziehung der Bundesrepublik auf östlicher Seite tatsächlich subjektiv als Bedrohung und Friedensgefährdung angesehen wird oder dies - insbesondere auch aus innenpolitischen Gesichtspunkten - aus propagandistisch-ideologischen Gründen nur vorgeschoben wird, kann angesichts der tatsächlich defensiven Absichten des Westens im Bereich von NATO und WEU dahingestellt bleiben [2]. Die Bündnisse sind daher kollektive Sicherheitssysteme im Sinne des Grundgesetzes [3].

---

1) S. a. v. Bülow, S. 79.

2) S. a. v. Münch, NJW 1984, S. 581.

3) So auch im Ergebnis, wenn auch z.T. ohne Begründung, Schüle, S. 22 und dort Fn. 34; Nölle, S. 59; Schwenk, Wehrstrafrecht, S. 33; Steinkamm, S. 96; Korte, S. 36; v. Bülow, S. 80; Bleckmann, S. 230; Stern, Staatsrecht I, S. 546; Hahn, Sp. 1634; Maunz, in: Maunz/Dürig, Art. 24, Rdrn. 23; Menzel, in: Bonner Kommentar, Art. 115 a, Rdnr. 34 (bejahend für WEU, verneinend für NATO); wohl auch Hernekamp, in: v. Münch, Art. 65 a, Rdnr. 28; Kaufmann, S. 42 und 54; Scheuner, Beitritt, S. 144; Gillessen, FAZ v. 3.10.1980, S. 6. Das BVerfG hat die Frage offengelassen, EuGRZ 1984, S. 617.

β) Die verfassungsrechtliche Ermächtigung zur Beistandsleistung

Dieses Zwischenergebnis gibt allerdings für die Ausgangsfrage nach einer Zulassung für den Einsatz deutscher Truppen zugunsten eines verbündeten Staates noch keine endgültige Antwort. Soll Art. 24 Abs. 2 GG diese Ermächtigungsvorschrift sein, so muß er außer dem aufgezeigten Norminhalt darüber hinaus ausdrücklich den Hilfseinsatz erlauben. Vielfach wird darauf aufmerksam gemacht, daß die Zugehörigkeit zu einem Sicherheitssystem auch ohne die Verpflichtung zu militärischem Engagement denkbar sei [1]. Wenn jedoch die Eingliederung in ein auch auf militärischer Abschreckung beruhendes Bündnissystem als Mittel zur Verwirklichung der friedens- und sicherheitspolitischen Vorgaben des Grundgesetzes zulässig ist, so kann die Einfügung des Begriffs "gegenseitig" in Art. 24 Abs. 2 GG nur bedeuten, daß der Bundesrepublik ein eigener Beitrag möglich und auch sie Schutzgewährender und Garant sein soll [2]. Es mag zutreffen, daß unter gewissen Umständen die Mitwirkung der Bundesrepublik in anderen Leistungen oder Verhaltensweisen als militärischem Beistand bzw. der Bereitschaft hierzu bestehen kann [3]. Angesichts der gegenwärtigen Lage ist es jedoch ausgeschlossen, daß ein Mitgliedstaat, der die verfassungsrechtlich festgeschriebene Wehrhoheit besitzt und

---

1) Smend, S. 150; Menzel, Gutachten, S. 284; Lutz/Rittberger, S. 89; in gewissem Sinne auch v. Mangoldt, Änderung des Grundgesetzes II, S. 89, denn wenn sich ein Angehöriger eines Systems gegenseitiger kollektiver Sicherheit "zum mindesten aber zur Selbstverteidigung ... bereitfinden muß", heißt das, daß die Verteidigung der Bündnispartner nicht Essentiale ist; nicht ganz eindeutig auch v. Mangoldt/Klein, Art. 24, Anm. IV 3 d.

2) Vgl. v. Mangoldt/Klein, Art. 24, Anm. IV 3 d.

3) S. das Beispiel bei Lutz/Rittberger, S. 103.

über eine gut ausgerüstete und ausgebildete Armee verfügt, Beistandsleistungen ohne militärische Verpflichtungen erbringen könnte. Durch das Erfordernis der Gegenseitigkeit wird demnach nicht nur ein abstraktes Tatbestandsmerkmal eines kollektiven Sicherheitssystems in Art. 24 Abs. 2 GG aufgenommen, sondern die konkrete Ermächtigung erteilt, den Bündnispflichten nachzukommen [1]. Das Grundgesetz zieht damit eine Konsequenz aus der Tatsache, daß Verwirklichung der eigenen Vorstellung von Verteidigung und Frieden nur unter der Voraussetzung der Bereitschaft zu gegenseitigen Hilfszusagen möglich ist.

Damit steht fest, daß die Verwendung der Bundeswehr im Bündnisfall zulässig ist, damit auch die vorbereitende gegenseitige Unterstützung, wie etwa Manöver oder Ausbildungshilfe im Ausland. Die Hilfeleistung selbst muß sich natürlich im Rahmen des Art. 26 GG halten: unverhältnismäßige Reaktionen sowie Maßnahmen gegenüber provozierten Angriffen dürfen von der Bundesrepublik nicht unterstützt werden [2].

---

1) So auch Scheuner, Gutachten, S. 144 f.; Kaufmann, S. 55; a. A. Forsthoff, S. 335.

2) Hernekamp, in: v. Münch, Art. 26, Rdnr. 24; Maunz, in: Maunz/Dürig, Art. 24, Rdnr. 25 und ders., ebda., Art. 26, Rdnr. 27.

III. Ausweitung des NATO-Gebiets?

Zwei grundsätzlich verschiedene Sachverhalte können mit den Schlagworten "Ausweitung des NATO-Gebiets" oder auch "Ausweitung der NATO-Interessen" [1)] umschrieben werden. Zum einen handelt es sich um die Möglichkeit des Beitritts weiterer Staaten zum Nordatlantik-Vertrag, zum anderen um die Entsendung von Kontingenten in Regionen außerhalb des von Art. 6 NATOV festgelegten Gebiets, wenn nach der Einschätzung der Mitgliedstaaten dort wegen der Beeinträchtigung "vitaler Interessen" ein gemeinsames militärisches Vorgehen notwendig wird.

Im erstgenannten Fall ist eine Mitwirkung der Bundesrepublik erforderlich, wenn gemäß Art. 10 Satz 1 NATOV eine Einladung an den betroffenen Staat ergehen soll. Wenn es sich hierbei um einen außereuropäischen Kandidaten handelt, müßten zuvor Art. 10 Satz 1, 5 Abs. 1 und 6 NATOV geändert werden. Aus verfassungsrechtlicher Sicht ergeben sich hierfür keine grundsätzlichen Bedenken: Die Aufnahme neuer Partner in ein kollektives Sicherheitssystem wird sicherlich den Intentionen des Grundgesetzes gerecht. Vom Einzelfall wird es allerdings abhängen, ob die Erweiterung des Bündnisses samt der Auswirkungen den Anforderungen des grundgesetzlichen Friedensgebots gerecht wird [2)].

Zur zweiten Möglichkeit ist zunächst festzustellen, daß es sich aufgrund der gegenwärtig geltenden Vertragsbestimmungen

---

1) Vgl. Burrows, Integration 1983, S. 68, und die Äußerungen des amerikanischen Botschafters in der Bundesrepublik, Burns, FAZ vom 21.10.1982.

2) Im Ergebnis ebenso v. Bülow, S. 178 ff. S. a. oben S. 60 f.

gerade nicht um einen NATO-Bündnisfall handeln würde, wenn Truppen der Mitgliedstaaten in nicht von Art. 6 NATOV erfaßtem Gebiet eingreifen würden [1]; insoweit werden in der Diskussion oft unkorrekte Termini gebraucht [2]. Es ist auch nicht möglich, bei einer multilateralen Militäraktion außerhalb des Bündnisfalls von der Bildung eines ad hoc-Sicherheitssystems auszugehen, denn Art. 24 Abs. 2 GG verlangt einen institutionellen Rahmen, innerhalb dessen bereits vor Ergreifung von Zwangsmaßnahmen Friedenssicherung geleistet werden soll. Einsätze der Bundeswehr außerhalb des NATO-Bereichs, auch im Verbund mit den Streitkräften weiterer NATO-Mitglieder, sind daher nicht Maßnahmen im Rahmen eines kollektiven Sicherheitssystems und werden daher im Zusammenhang mit der militärischen Unterstützung von Drittländern [3], bzw. der Verwendung zur Interessenwahrung [4] behandelt.

---

1) Vgl. a. die Ausführungen des ehemaligen Generalsekretärs der NATO, Luns, FAZ vom 30.5.1984.

2) Auch innere Unruhen in Ostblock-Ländern (hierzu Possony, S. 31 ff.) gehen die NATO nur insoweit etwas an, als sie die Reaktion insbesondere der Sowjetunion und die Folgen für die Sicherheit des Bündnisses in ihre Überlegungen miteinbeziehen muß. Sollte Possony S. 34 mit den aufzustellenden "erforderlichen Hilfskräften" militärische Eingreiftruppen meinen, so ist diese Haltung nicht vom NATOV gedeckt.

3) S. unten S. 104 ff.

4) S. unten S. 115 ff.

2. Abschnitt
Die Verwendung der Bundeswehr im Rahmen von UNO-Aktionen

Die Frage der Beteiligung westdeutscher Soldaten an Missionen der UNO ist keineswegs eine bloß hypothetische: während sie bis zum Beitritt der Bundesrepublik grundsätzlich offengelassen werden konnte [1], wurde sie danach Gegenstand sowohl gelegentlich (wenn auch nicht allzu heftig) aufflammender innenpolitischer Auseinandersetzungen als auch der Beziehungen zwischen der Bundesrepublik und der Weltorganisation [2]. Daß die Forderung an die Bundesrepublik, sich mit Truppenkontingenten an friedenssichernden Maßnahmen zu beteiligen, auch in Zukunft nicht verstummen wird, steht zu erwarten; akut könnte sie etwa im Fall einer Entsendung von UNO-Einheiten nach Namibia werden [3].

Gegenüber der bisher untersuchten Verwendung der Bundeswehr zur Hilfe im Rahmen von Bündnisverpflichtungen weist diejenige als UNO-Kontingent Unterschiede auf. Eine ungeprüfte Übernahme der bisher gefundenen Ergebnisse, lediglich erweitert um die Untersuchung, ob die UNO ein "System kollek-

---

1) v. Schenck, ZaöRV Bd. 29, S. 263.

2) Die Welt vom 11.4.1978 und vom 26.9.1978; FAZ vom 29.3.2979; vgl. auch v. Wechmar, Vereinte Nationen 1982, S. 10, und Bruns, Die Uneinigen, S. 74.

3) Vgl. auch Fleck, Vereinte Nationen 1979, S. 99, und Mulert, DAS vom 29.10.1978, S. 8. Nach Kaul, Vereinte Nationen 1983, S. 2, "gehen Mitgliedstaaten der Vereinten Nationen und internationale Öffentlichkeit offenbar wie selbstverständlich davon aus, daß die Bundesrepublik Deutschland im Falle der UNTAG erstmals durch ein substantielles Kontingent bei einer friedenssichernden Operation der UN dauerhaft personell vertreten sein wird".

tiver Sicherheit" im Sinne von Art. 24 Abs. 2 GG sei, verbietet sich, denn im vorliegenden Abschnitt spielt die Problematisierung insbesondere des Begriffs "Einsatz" im Sinne des Art. 87 a Abs. 2 GG eine bedeutende Rolle.

Ein (wohl eher) hypothetischer Fall soll zunächst vom Untersuchungsgegenstand abgegrenzt werden: Es ist denkbar, daß die UNO in einer Situation Truppen einsetzen will, die - neben weiteren Auswirkungen - auch die unmittelbare Drohung eines Angriffs auf das Bundesgebiet im Sinne von Art. 115 a Abs. 1 GG darstellt [1]. Nach dem hier vertretenen einheitlichen Verteidigungsbegriff für alle Anwendungsfälle verfassungsrechtlicher Normen würden Bundeswehr-Kräfte in einem solchen Fall zur Verteidigung nach Art. 87 a GG eingesetzt, wenn sie der UNO zur Verfügung gestellt würden. Daß sie daneben noch eine andere Funktion, nämlich die der Friedenssicherung nach den Vorschriften der UN-Charta wahrnähmen, kann an der Zulässigkeit nichts ändern.

Eine kurze Schilderung verschiedener UNO-Aktionen, bei denen Truppen von Mitgliedstaaten eingesetzt wurden, soll die Dimension der möglichen Verwendung im Rahmen friedenssichernder Maßnahmen deutlich machen. Nach der Klärung des verfassungsrechtlichen Einsatz-Begriffs wird sein Vergleich mit der UN-Praxis zeigen, inwieweit die Bundeswehr an derartigen Missionen beteiligt werden kann.

---

1) Zur Möglichkeit des vom Sicherheitsrat veranlaßten einschreitens von Nachbarstaaten gegen den Friedensstörer Menzel, JIR Bd. 15, S. 26.

I. Die bisherigen Einsätze von UNO-Truppen [1)]

1. Die Grundlagen der Friedenssicherung durch die UNO

Innerhalb des Friedenssicherungssystems der Vereinten Nationen spielt der Sicherheitsrat die hervorragende Rolle: nach Art. 24 Abs. 1 SVN ist er als Träger der Hauptverantwortung für die Wahrung des Weltfriedens verpflichtet, Friedensgefährdungen entgegenzuwirken. Gemäß den Vorschriften des Kapitels VI der Charta der Vereinten Nationen kann er zur friedlichen Streitbeilegung Untersuchungen durchführen sowie Aufforderungen und Empfehlungen abgeben [2)]. Daneben eröffnet die SVN dem Sicherheitsrat aber auch die Möglichkeit zu eigenen, militärischen Maßnahmen zur Wahrung oder Wiederherstellung des Weltfriedens. Die Konzeption des Art. VII der UN-Charta fußt auf einer Feststellung der Friedensgefährdung durch den Sicherheitsrat nach Art. 39 SVN; außer friedlichen Sanktionsmaßnahmen gemäß Art. 41 SVN kann er auch militärische nach Maßgabe des Art. 42 SVN ergreifen [3)].
Ein militärisches Engagement der Bundeswehr würde jedoch wahrscheinlich außerhalb des Anwendungsbereichs dieser Vor-

---

1) Eine ausführliche und systematische Darstellung und Untersuchung bisheriger friedenssichernder Maßnahmen der Vereinten Nationen findet sich bei Higgins: Band 1 erfaßt die Aktionen im Nahen Osten 1946-1967, Band 2 die in Asien im gleichen Zeitraum, Band 3 die Operation im Kongo und Band 4 die Maßnahmen in Europa 1964-1979. Kürzere Übersichten finden sich etwa bei Fleck, Vereinte Nationen 1974, S. 163; Menzel, JIR Bd. 15, S. 31 ff.; Verdross/ Simma, S. 150 f.

2) Vgl. Art. 33 Abs. 1, 34, 36 Abs. 1, 37 Abs. 2 und 38 SVN.

3) Ausführliche Darstellung und Analyse der Friedenssicherungskonzeption der Vereinten Nationen etwa bei Schaefer, S. 27 ff.; Franke, ArchVR Bd. 18, S. 149 ff., und James, EA 1969, S. 149 ff.; zur Entstehung der einschlägigen Vorschriften Menzel, JIR Bd. 15, S. 11 ff.

schrift erfolgen, denn wegen der weitgehenden Paralysierung des ursprünglich vorgesehenen UN-Sicherheitssystems und der gleichwohl offenbaren Notwendigkeit eines Tätigwerdens der Vereinten Nationen sind die bisherigen militärischen Aktionen nicht auf Art. 42 SVN gestützt worden [1]: "Angesichts der zahlreichen bewaffneten Auseinandersetzungen sah sich der Sicherheitsrat gezwungen, Ersatzlösungen zu entwickeln, die in der Charta in dieser Form nicht vorgesehen sind" [2]. Für die vorliegende Untersuchung können jedoch die innerorganisationsrechtlichen Fragen des Einsatzes von UNO-Truppen außer Betracht bleiben, da es für die Erörterung der verfassungsrechtlichen Zulässigkeit einer Verwendung von Bundeswehr-Kontingenten nicht darauf ankommt, auf welche Rechtsgrundlagen die Organe der Vereinten Nationen militärisches Vorgehen stützen [3].

2. Der tatsächliche Ablauf bisheriger Einsätze

Dagegen entscheidet die tatsächliche Qualifizierung der Mission darüber, welche Gesichtspunkte bei der Untersuchung der verfassungsrechtlichen Möglichkeiten Berücksichtigung finden müssen.

---

1) Fleck, Vereinte Nationen 1974, S. 162; Berber III, S. 109; Menzel, JIR Bd. 15, S. 31; Franke, ArchVR Bd. 18, S. 159.

2) Thode, in: Menzel/Ipsen, S. 466.

3) Auf die Problematik der völkerrechtlichen Rechtsgrundlagen der verschiedenen Peace-Keeping-Einsätze gehen durchweg die Autoren ein, auf die unten bei der Darstellung der Aktionen verwiesen ist.

a. Korea [1]

Im Fall Koreas empfahl der Sicherheitsrat am 27. Juni 1950, Süd-Korea zur Abwehr des nord-koreanischen Angriffs und zwecks Wiederherstellung des internationalen Friedens Hilfe zu leisten. Aufgrund einer weiteren Sicherheitsrats-Empfehlung [2] vom 7. Juli 1950 wurden die Truppen der hilfeleistenden Staaten einem Vereinigten Kommando unter Führung der Vereinigten Staaten untergeordnet; von der Gesamtstärke der Truppen - 740 000 Mann - stellten die USA bei der Armee 50,32 %, bei der Marine 85,89 % und bei der Luftwaffe 93,98 % [3]. Das Vereinigte Kommando durfte die Flagge der UNO neben den Nationalflaggen führen. Noch im Jahre 1950 griffen auf Seiten Nord-Koreas rotchinesische Truppenverbände in die Kämpfe ein; eine Ausweitung des Konflikts durch ein mögliches Engagement der UdSSR drohte, als der Oberbefehlshaber General Mac Arthur drängte, chinesisches Territorium zu bombardieren. Nach heftigen und verlustreichen Kämpfen [4] sowie langwierigen Verhandlungen wurde zwischen Nord-Korea und den Vereinten Nationen am 27. Juli 1953 der Waffenstillstand von Panmunjon abge-

---

1) Ausführliche Schilderung und Analyse etwa bei Attia, S. 113 ff.; Higgins, Bd. 2, S. 151 ff.; Seyersted, S. 32 ff.; Bowett, United Nations Forces, S. 29 ff.; Menzel, JIR Bd. 15, S. 52 ff.; Schaefer, S. 118 ff.

2) Zu den Sicherheitsratsempfehlungen Bowett, United Nations Forces, S. 30 f.

3) Menzel, JIR Bd. 15, S. 59.

4) "Die Zahl der Kriegsopfer der amerikanischen Armee (Gefallene, Verwundete und Vermißte) betrug rd. 141 000 Mann, der anderen 15 Staaten auf der Seite der Vereinten Nationen rd. 14 000. Die gegnerischen Verluste wurden auf 1,5 bis 2 Mio. geschätzt. Die Zahl der getöteten und verwundeten Zivilisten in Korea ist ebensowenig genau zu ermitteln, wie der verursachte Schaden", Menzel, JIR Bd. 15, S. 64.

schlossen [1].

Die rechtliche Qualifizierung der im Korea-Krieg verwendeten Truppen und ihres Einsatzes war von Anfang an umstritten; überwiegend findet sich die Auffassung, daß die gegen Nord-Korea kämpfenden Verbände keine Organe der Vereinten Nationen gewesen seien [2]. Gleichwohl können Initiative und Mitwirkung der Vereinten Nationen nicht vernachlässigt werden, so daß der Korea-Konflikt zumindest im weiteren Sinne ein Fall ist, "in dem die Vereinten Nationen ... militärische Gemeinschaftssanktionen anwendeten" [3].

b. Kongo [4]

Militärische Aktionen größeren Umfangs erfolgten gleichfalls während des Kongo-Konflikts. Im Jahre 1960 kam es wenige Tage nach der Proklamation der Unabhängigkeit zu Meutereien kongolesischer Truppen, zur Sezession verschiedener Landesteile (wobei der Loslösung der wirtschaftlich eminent wichtigen Provinz Katanga größte Bedeutung zukam) und zum Ausbruch

---

1) Abgedruckt in Friedensdokumente, S. 386 ff., und Vertrags-Ploetz, S. 433 ff.

2) Bothe, Streitkräfte, S. 68; Thode, in: Menzel/Ipsen, S. 466; Bindschedler-Robert, S. 308; Menzel, JIR Bd. 15, S. 52 ff.

3) Schaefer, S. 129; vgl. auch Thode, in: Menzel/Ipsen, der S. 466 von einer "Beteiligung der Vereinten Nationen an einer militärischen Aktion" spricht; Fleck, Vereinte Nationen 1974, S. 162,und Bowett, United Nations Forces, S. 45 ff.

4) Ausführliche Schilderung und Analyse etwa bei Higgins, Bd. 3; Zieger, Vereinte Nationen, S. 147 ff.; Bothe, Streitkräfte, S. 106 ff.; Schaefer, S. 150 ff.; Bowett, United Nations Forces, S. 152 ff.; Seyersted, S. 60 ff.

von Stammesfehden. Die kongolesische Zentralregierung ersuchte die Vereinten Nationen in dieser Lage zunächst um Entsendung von Militärberatern und später von Truppen. Am 14. Juli 1960 landete das erste UNO-Kontingent. Die nächsten Jahre brachten dem Kongo eine Folge von Wirren und mit äußerster Grausamkeit geführter militärischer Auseinandersetzungen. Den schließlich auf annähernd 19 000 Mann angewachsenen UNO-Truppen gelang es erst im Januar 1963, den gesamten Kongo unter ihre Kontrolle zu bringen; sie verließen das Land am 30. Juni 1964, dem vierten Jahrestag der Unabhängigkeit.

Auch das Tätigwerden der Vereinten Nationen im Kongo-Konflikt entsprach nicht dem in der Satzung vorgesehenen Modell [1], eher handelte es sich "um die Hilfeleistung für einen im Dekolonialisierungsprozeß entstandenen Staat, der sich noch nicht ausreichend stabilisiert hat. Diese Nicht-Stabilität und die hierdurch für andere Staaten eröffnete Möglichkeit zur Ausnutzung eines solchen Machtvakuums hat jene friedensbedrohende Situation entstehen lassen, die zum Anlaß des Einsatzes der Vereinten Nationen wurde" [2].

---

1) Insbesondere handelte es sich, entgegen der Auffassung von Bothe, Streitkräfte, S. 122, nicht um eine im Ergebnis auf Art. 42 SVN gestützte Aktion, IGH, ICJ Reports 1962, S. 177.

2) Menzel, JIR Bd. 15, S. 98.

c. Sonstige Einsätze [1)]

Neben diesen Aktionen mit kriegsähnlichem Charakter setzten und setzen die Vereinten Nationen Truppen zu friedenssichernden Maßnahmen ein, bei welchen Kampfhandlungen nicht im Vordergrund stehen [2)].
Jüngstes, wenngleich wenig glückliches Beispiel ist die Tätigkeit der Interimstruppe der Vereinten Nationen im Libanon (UNIFIL) [3)], deren Mandat trotz ihrer Wirkungslosigkeit immer weiter verlängert wird [4)]. Erfolgreiche Arbeit leisteten dagegen im Nahen Osten die Organe der Vereinten Nationen zur Überwachung des Waffenstillstands (UNTSO) und die Beobachtertruppe der Vereinten Nationen für die Truppenentflechtung (UNDOF) [5)]. Erwähnt sei weiterhin die Tätigkeit von UNEF I und II im Sinai und die der UNO-Truppen auf Zypern (UNFICYP) [6)].

Die Aufgabe dieser Verbände besteht nach der von Bowett [7)]

---

1) Vgl. die Nachweise oben S. 68, Fn. 1.

2) Zur Kategorisierung friedenssichernder Maßnahmen der Vereinten Nationen Schaefer, S. 404 ff. Speziell zu den Beobachter-Gruppen Bowett, United Nations Forces, S. 61 ff.

3) Hierzu Kaul, Vereinte Nationen 1983, S. 1; Siilasvuo, Vereinte Nationen 1982, S. 185 ff.; Süddeutsche Zeitung vom 22./23. Januar 1983.

4) Vereinte Nationen 1984, S. 71.

5) Siilasvuo, Vereinte Nationen 1982, S. 188. Zu UNTSO und UNDOF Schaefer, S. 291 ff.

6) Zu UNEF I Attia, S. 285 ff.; Higgins, Bd. 1, S. 218 ff.; Schaefer, S. 209 ff.; Bowett, United Nations Forces, S. 90 ff.; Menzel, JIR Bd. 15, S. 65 ff.; zu UNEF II Schaefer, S. 240 ff.; James, EA 1969, S. 149 ff.; zu UNFICYP Higgins, Bd. 4, S. 770 ff.; Seyersted, S. 79 ff.; Menzel, JIR Bd. 15, S. 109 ff.

7) Peaceful Settlement, S. 200 ff.

vorgenommenen und weitgehend akzeptierten Unterteilung [1] in "observation", "interposition" und "maintenance of law and order" und reichen im Einzelfall von Materialtransporten über Beobachtungsaufgaben bis zum begrenzten Kampfeinsatz [2].

3. Die bisherige Beteiligung der Bundesrepublik Deutschland

Die Bundesrepublik hat, neben der finanziellen Beteiligung an verschiedenen UN-Maßnahmen [3], 1973 mit Flugzeugen der Bundeswehr senegalesische Einheiten der UNEF zu ihrem Einsatzort gebracht [4], ähnliche Transportleistungen erfolgten 1974 [5]. Im April 1978 hat die Bundeswehr für Einheiten der UNIFIL Kraftfahrzeuge, Motorräder, Zelte und eine Fernsprechausrüstung geliefert und die Friedenstruppen am Einsatzort in die Bedienung des Materials eingewiesen [6];

---

1) Siehe Verdross/Simma, S. 152; Schaefer, S. 404 ff. (der allerdings S. 404, Fn. 185, eine unrichtige Quelle angibt); mit geringer Abweichung auch Fleck, Vereinte Nationen 1974, S. 163, jeweils mit konkreten Beispielen. Zur Konzeption der Friedenstruppen instruktiv Kaul, Vereinte Nationen 1983, S. 2 ff.

2) Vgl. das Beispiel von Fleck, Vereinte Nationen 1974, S. 163 unten; nach einem Bericht der Süddeutschen Zeitung vom 22./23. Januar 1983 verloren alleine bis Januar 1983 89 Mitglieder der UNIFIL ihr Leben, 119 wurden verwundet.

3) BT-DS 8/1408, S. 5; E. Klein, ZaöRV Bd. 34, S. 429; Fleck, Vereinte Nationen 1974, S. 161; ders., Vereinte Nationen 1979, S. 99; Kaul, Vereinte Nationen 1983, S. 1; Mulert, DAS vom 29.10.1978, S. 8.

4) Bulletin 1973, S. 1676.

5) Fleck, Vereinte Nationen 1974, S. 161; Kersting, NZWehrr 1983, S. 68.

6) Bundeswehr-aktuell vom 17.4.1978.

"hierbei sollen Bundeswehrsoldaten die Embleme der UN-Peace-Keeping-Forces (Blauhelm und Armbinden) getragen haben" [1].

---

1) Mössner, S. 97.

II. Die Vereinbarkeit von UNO-Einsätzen mit dem verfassungsrechtlichen Regelungsvorbehalt

Die bisherige Schilderung läßt die Bandbreite der potentiellen Aufgaben und Verwendungen von UNO-Truppen erkennen. Wenn es, wie etwa bei den Operationen im Kongo-Konflikt, zu umfangreichen Kampfhandlungen kommt, so kann nicht in Frage stehen, daß es sich bei einer Beteiligung der Bundeswehr um einen Einsatz im Sinne des Art. 87 a GG handeln würde, wird doch hierbei eine Aufgabe wahrgenommen, die in ihrer wesentlichen Funktion - dem militärischen Gefecht - ebenso wie die Hilfeleistung für angegriffene Verbündete ausschließlich von Streitkräften wahrgenommen werden kann [1]. Weniger eindeutig ist freilich die Einordnung etwa von Transport-, Beobachtungs- oder Minenräumdiensten und ähnlicher technischer und logistischer Aufgaben. Selbst wenn einige von ihnen unter völkerrechtlichen Gesichtspunkten "nicht als Einsatz im Sinne herkömmlicher militärischer Begriffsbestimmungen zu verstehen" wären [2], so entbindet dies dennoch nicht von der Untersuchung der verfassungsrechtlichen Frage, ob es sich dabei nicht um Einsätze im Sinne des Art. 87 a GG handeln könnte.

---

1) Dies meint wohl a. Mössner, S.108.

2) Fleck, Vereinte Nationen 1974, S. 162. Fleck zitiert zwar aus einer Dienstvorschrift des Bundesministers der Verteidigung (s. u., S. 80, Fn. 1), aus dem Zusammenhang seiner Ausführungen (vgl. nur die Überschrift des betreffenden Abschnitts) ergibt sich jedoch, daß er die völkerrechtlichen Voraussetzungen und Begriffe analysiert.

1. Notwendigkeit einer verfassungsrechtlichen Ermächtigung auch für die Beteiligung an friedenssichernden Maßnahmen

a. UNO-Einheiten als Streitkräfte im Sinne des Grundgesetzes

Eine verfassungsrechtliche Ermächtigung ist nämlich zum einen nur dann entbehrlich, wenn die Unterstellung von Bundeswehr-Einheiten unter ein UN-Oberkommando und ihre Tätigkeit als Truppe der Vereinten Nationen nicht vom Regelungsbereich des Grundgesetzes erfaßt würden. So geht etwa Nölle davon aus, die Verwendung von Soldaten im Rahmen von UNO-Aktionen sei keine staatliche Tätigkeit [1], da diese Kontingente "aus dem staatlichen Regierungs- und Verwaltungsapparat" ausgegliedert würden [2]. Abgesehen davon, daß, weil eine entsprechende Abgrenzung praktisch nicht vorgenommen werden könnte, bereits die Eingliederung in UNO-Verbände nicht vom Einsatz-Begriff getrennt werden kann (und folglich an diesem gemessen werden muß [3]), verlieren die überstellten Streitkräfte - anders als dies bei der gescheiterten EVG geplant war [4] -

1) Nölle, S. 54, Fn. 1.

2) Nölle, S. 115 f.; auch Mulert, DAS vom 29.10.1978, S. 8, geht davon aus, daß durch eine "Freistellung" die "Verfassungsklippe" umgangen werden könne. Die von Nölle, S. 114 ff., vorgenommene Untersuchung der verfassungsrechtlichen Zulässigkeitsfragen ist dann allerdings überflüssig, sie läßt sich auch nur dadurch erklären, daß Nölle verkannt hat, daß bei konsequenter Weiterführung seines Ansatzes die "ausgegliederten" Truppen nicht mehr Streitkräfte im Sinne des Grundgesetzes (Bundeswehr) sind.

3) Vgl. E. Klein, ZaöRV Bd. 35, S. 434.

4) Vgl. Bothe, Streitkräfte, S. 82.

nicht ihre nationale Identität. Vielmehr erhalten, worauf E. Klein zutreffend hinweist, die für die UNO vorgesehenen Einheiten zwar die Qualität eines Organs der Vereinten Nationen, verlieren damit aber nicht ihre Eigenschaft als Streitkräfte im Sinne des Grundgesetzes [1]; es ist auch gar nicht erkennbar (und wird etwa von Nölle nicht einmal angedeutet), auf welchen staatsrechtlichen Grundlagen eine umfassende "Ausgliederung" von Bundeswehr-Einheiten aus der Rechtsordnung des Grundgesetzes erfolgen sollte. Die Entscheidung über die Verwendung von Bundeswehrkräften als Bestandteil einer UN-Friedenstruppe ist daher an der Verfassung zu messen [2].

b. UNO-Einsatz als "Verteidigung"?

Zum anderen kann dann auf eine verfassungsrechtliche Ermächtigung verzichtet werden, wenn die Beteiligung an UNO-Operationen "zur Verteidigung" im Sinne des Grundgesetzes erfolgen würde. Dieser Position kann nach der hier entwickelten Auffassung einer an Art. 115 a GG angelehnten Bestimmung des verfassungsrechtlichen Verteidigungsbegriffs nicht zugestimmt werden; die erheblich weitergehenden Ansichten überzeugen aus den dargelegten Gründen [3] auch für die Teilnahme von Bundeswehr-Soldaten an UNO-Aktionen nicht. Freilich klingt für gerade diesen Fall die "interpretatorische Ausschöpfung" des Art. 87 a GG durch K. Ipsen [4] zunächst bestechend: Als weiteste Ausnahme vom Gewaltverbot sei nach dem Friedenssicherungssystem der Vereinten

---

1) E. Klein, ZaöRV Bd. 34, S. 433 f.

2) So auch Kersting, NZWehrr 1983, S. 68.

3) Vgl. o. S. 30 ff.

4) Einsatz, S. 624 f.; auch insoweit wieder ganz K. Ipsen folgend Kersting, NZWehrr 1983, S. 71 f., Busch, NZWehrr 1981, S. 58, und Schwenck, Rechtsordnung, S. 18.

Nationen im Konfliktfall die individuelle Selbstverteidigung ultima ratio - werde diese vom Grundgesetz erlaubt, so erst recht die üblicherweise vorgeschaltete internationale Friedenssicherung, auch diejenige durch UNO-Truppen. Doch kann diese Auslegung dann nicht greifen, wenn die unzulässige Verknüpfung der staatsrechtlichen mit der völkerrechtlichen Ebene aufgelöst wird: Die Tatsache der partiellen Übereinstimmung einer verfassungsrechtlichen Vorschrift mit dem Recht einer internationalen Organisation kann nicht per se bedeuten, daß Voraussetzungen und Tragweite der Verfassungsregel von einem nach den Regeln dieser Organisation vorgesehenen Verfahrensablauf abhängig sind. Bei der gebotenen Unterscheidung der beiden Rechtskreise ließe sich korrekt allenfalls argumentieren, daß vor Maßnahmen der Selbstverteidigung die Beteiligung an gegen die Bedrohung gerade der Bundesrepublik gerichteten internationalen Maßnahmen noch Verteidigung im Sinne des Grundgesetzes sei [1]. Wenn sich die Verfassungsordnung aber dazu entschließt, die Aufgabe der Bundeswehr zuvörderst in der Abwehr von Angriffen auf das eigene Land zu bestimmen, so kann die Satzung der Vereinten Nationen in diesem Stadium nicht die Verwendung deutscher Streitkräfte aus anderen, nicht der Verteidigung dienenden Interessen zulassen. Vielmehr ist die Intention des Art. 87 a GG eindeutig: Hauptaufgabe der Bundeswehr ist die (natürlich auch völkerrechtlich zulässige) Verteidigung der Bundesrepublik; jeder andere Einsatz, ob innerhalb oder außerhalb des Bundesgebietes, bedarf der besonderen Zulassung.

---

1) Siehe oben S. 58 f.

c. Der Einsatzbegriff des Art. 87 a Abs. 2 GG

Wie so viele der bei dieser Untersuchung verwendeten Begriffe ist auch der des "Einsetzens" alles andere als eindeutig. Die Wehrverfassung selbst enthält keine Definition, lediglich eine Dienstvorschrift des Bundesverteidigungsministeriums erläutert als Einsatz "die Vorbereitung und Durchführung von Gefechts- und Kampfeinsätzen oder entsprechender Aufgaben" [1]. Diese Umschreibung, selbst wenn sie den Begriff in Art. 87 a Abs. 2 GG mit umfassen wollte, kann freilich die Verfassungsnorm nicht verbindlich auslegen [2], abgesehen von dem Umstand, daß der Inhalt der Dienstvorschrift seinerseits klärungsbedürftig ist: zum einen müßte erläutert werden, was alles unter "Vorbereitung" zu verstehen ist, zum anderen wäre darzulegen, wann eine "entsprechende Aufgabe" vorliegt, und schließlich enthält auch die Erläuterung gerade den Begriff, der einer Klärung zugeführt werden soll.

Die Präzisierung des Einsatzbegriffs wird durch die Vielzahl bisheriger Definitionsversuche sowie deren oftmals fehlende Stringenz erschwert. Diejenigen Autoren, die die Geltung des Art. 87 a Abs. 2 GG lediglich für die interne Verwendung der Bundeswehr anerkennen [3], können für die hier zu klärenden Fragen unberücksichtigt bleiben; da auch im übrigen der Schwerpunkt der Diskussion bei der Bedeutung des Einsatzbegriffs für ein Tätigwerden der Streitkräfte im Landesinneren liegt, ist darüber hinaus ein weiterer Teil der verwendeten Abgrenzungsmerkmale (wie etwa "Eingriffsverwaltung", "Wahrnehmung polizeilicher Befugnisse" etc. [4]) für diesen Zweck nur eingeschränkt tauglich.

---

1) ZDv 1/50, VMBl. 1962, S. 490.

2) Vgl. auch v. Mangoldt/Klein, Art. 87 a, Anm. V 5 a.

3) Vgl. oben S. 35 ff.

4) Beckert, NZWehrr 1984, S. 11.

Die Abgrenzung des verfassungsrechtlichen Einsatz-Begriffs gegenüber sonstigen Verwendungsmöglichkeiten für die Bundeswehr geschieht nicht immer nach klaren Kriterien. Nur auf den ersten Blick ist etwa die Bewaffnung ein eindeutiges Merkmal: unter Hinweis auf die Tatsache, daß ein Großteil der im Rahmen friedenssichernder Aktionen der Vereinten Nationen anfallenden Aufgaben von unbewaffneten Soldaten ausgeführt werden kann [1], wird das Waffentragen als entscheidender Bestandteil des Einsatzbegriffs angesehen. Konsequenz dieser Auffassung ist, daß bei Verwendung unbewaffneter Bundeswehrangehöriger das Fehlen einer Zulassung im Sinne von Art. 87 a Abs. 2 GG nicht zur Unzulässigkeit der Teilnahme an UN-Missionen führt [2]. Dürig [3] stellt im Grundsatz gleichfalls auf die Differenzierung bewaffnet/unbewaffnet ab, erläutert aber zusätzlich: "Das Gebrauchmachen von der Waffe ist die weitestgehende Äußerung hoheitlichen Zwanges" [4]. Noch deutlicher E. Klein, der zwar auch auf die Bewaffnung als Definitionskriteriums zurückgreift, es dabei aber ausdrück-

---

1) Vgl. die Zusammenstellung bei Fleck, Vereinte Nationen 1974, S. 163.

2) Fleck, Vereinte Nationen 1974, S. 161; ders., Vereinte Nationen 1979, S. 99; ähnlich Kaul, Vereinte Nationen 1983, S. 2. Auch Hernekamp, in: v. Münch, Art. 87 a, Rdnr. 12, mißt der Bewaffnung konstitutive Bedeutung zu und ändert damit die in der Vorauflage geäußerte Auffassung.

3) In: Maunz/ Dürig, Art. 87 a, Rdnr. 32 und 36.

4) A.a.O., Rdnr. 32

lich nicht "auf die Waffe im technischen Sinn", sondern auf deren Funktion als "deutlichster Ausdruck hoheitlicher Gewalt" ankommen läßt [1].
Diese Auffassung ist quasi Bindeglied oder Vorstufe zu derjenigen, die es - zum Teil in Anlehnung an den Bericht des Rechtsausschusses zum Gesetzesentwurf zur Einfügung u.a. des Art. 87 a GG [2] - unabhängig von der Bewaffnung für entscheidend erachtet, ob die Bundeswehr als Vollzugsorgan Verwendung findet [3], bzw. ob sie - allgemeiner - hoheitlich oder nicht hoheitlich tätig wird [4]. Wenn weiterhin Einsatz als "militärische Ausübung hoheitlicher Befugnisse" definiert wird [5], so ist es von hier aus nicht mehr weit zur Unterscheidung anhand einer Zuordnung der jeweiligen konkreten Handlung zum Militärischen mit der Folge, daß militärische Verwendungen Einsätze im Sinne des Grundgesetzes, nichtmilitärische dagegen dem Regelungsvorbehalt des Art. 87 a Abs. 2 GG nicht unterworfen sind [6].

Mössner zieht mehrere Abgrenzungskriterien heran und geht von einer Begriffsbedeutung aus, die "sowohl von der Art der Verwendung (bewaffnet, hoheitlich), als auch durch die besondere Situation (Verteidigung, Notstand, Katastrophe) geprägt" sei; bereits beim Vorliegen eines dieser Merkmale soll ein Einsatz gegeben sein [7].

---

1) ZaöRV Bd. 34, S. 435 und dort Fn. 26.

2) BT-DS V/2873, S. 13.

3) Stern, Staatsrecht II. S. 864.

4) Arndt, DVBl. 1968, S. 730 f.; ähnlich Beckert, NZWehrr 1984, S. 11 f.

5) Beckert, Bundeswehrverwaltung 1983, S. 217.

6) Nölle, S. 52 f.; unverständlich allerdings seine Ausführungen S. 180.

7) Mössner, S. 107.

Undeutlich ist die Haltung von K. Ipsen zum Inhalt des Einsatzbegriffs. Abgesehen von den Unklarheiten bezüglich des territorialen Geltungsbereichs von Art. 87 a Abs. 2 GG [1] bezeichnet er einmal "leistende Hilfsaktionen" wie Unfall- und Transporthilfen als nicht dem Regelungsvorbehalt unterfallend [2], wenig später derartige Verwendungen ausdrücklich als Fälle des Einsetzens nach Art. 87 a Abs. 2 GG [3]. Insbesondere von denjenigen, die nach dem Gesichtspunkt hoheitlich/nichthoheitlich unterscheiden, werden im übrigen Katastrophen-, Organisations-, Ernte- und ähnliche Hilfen durchweg (etwa unter der Bezeichnung "rein technische Verwendungen") ebenso wie repräsentative Funktionen vom Einsetzen im Sinne des Grundgesetzes abgegrenzt [4].

Von den vorgestellten Definitionen und Abgrenzungen kann im Ergebnis am ehesten die Orientierung am Begriff des Militärischen überzeugen.
Was das Abstellen auf die Bewaffnung während einer bestimmten Tätigkeit betrifft, so erscheint diese Abgrenzung formalistisch und realitätsfern. Wie wollte man auch im Einzelfall die Differenzierung vornehmen: Ist der Pilot eines Kampfflugzeuges oder eines Bombers bewaffnet? Ist derjenige Flugzeugführer unbewaffnet (und damit nicht im Einsatz), der Soldaten zum Einsatzort bringt? Sind Funker oder Angehörige des Stabes bewaffnet? Beim Dienst im Inland mag man noch darauf abstellen können, ob die Gesamt-

---

1) Vgl. oben S. 46, Fn. 1.

2) K. Ipsen, Einsatz, S. 615 f. und dort Fn. 7, 8 und 11.

3) A.a.O., S. 624.

4) Vgl. etwa Mössner, S. 106; Arndt, DVBl. 1968, S. 730 f.; Stern, Staatsrecht II, S. 1477; Hernekamp, in: v. Münch, Art. 87 a, Rdnr. 12.

verwendung der Truppen als mit oder ohne Waffen erfolgend qualifiziert werden kann, doch ist diese Betrachtungsweise bei Einsätzen in multinationalen Verbänden nicht statthaft, denn die Prüfung der verfassungsrechtlichen Zulässigkeit kann sich naturgemäß nur auf die deutschen Kontingente erstrecken. Wer das Waffentragen der beteiligten Soldaten für die einzelne Verwendung zum entscheidenden Abgrenzungskriterium macht, der muß konsequenterweise auch Aufklärungs- und Kommunikationshilfe sowie den Transport von Soldaten und Kriegsmaterial durch Angehörige der Bundeswehr in jedwedem Konflikt als nicht dem Verfassungsvorbehalt des Art. 87 a Abs. 2 GG unterworfen ansehen. Wegen der Untauglichkeit dieses Unterscheidungsmerkmals kann es nicht verwundern, daß es sich, entgegen der Auffassung Flecks [1)], nicht durchgesetzt hat; die Orientierung am Kriterium der Bewaffnung wird vielmehr oftmals ausdrücklich abgelehnt [2)].

Auch die Abgrenzung nach hoheitlichem/nichthoheitlichem Handeln hält einer näheren Nachprüfung nicht stand. Mag man nun unter hoheitlichem allgemein öffentlich-rechtliches [3)] oder speziell einseitiges öffentlich-rechtliches Handeln [4)] verstehen, fest steht, daß hoheitliche Maßnahmen solche auf dem Gebiet des öffentlichen Rechts sind [5)]. Die Bundeswehr aber, obgleich nicht der Verwaltung zuge-

---

1) Vereinte Nationen 1979, S. 99.

2) Etwa Beckert, Bundeswehrverwaltung 1983, S. 218; Kersting, NZWehrr 1983, S. 69; Stern, Staatsrecht II, S. 1476; v. Bülow, S. 61. S. a. K. Ipsen, in: Bonner Kommentar, Art. 87 a, Rdnr. 33 f.

3) Bull, S. 45 f.

4) Erichsen/Martens, in: dies.; S. 167.

5) Vgl. auch Wolff/Bachof, S. 110 ff.

hörig [1], ist Teil der Exekutive [2]. Daß sie in dieser Eigenschaft überhaupt nicht öffentlich-rechtlich, also verwaltungs-privatrechtlich oder fiskalisch handeln kann [3], ist nicht ersichtlich. An dieser Beurteilung ändern auch die oftmals vom Einsatzbegriff ausgeklammerten Beispiele angeblich nicht-hoheitlichen Handelns [4] nichts. Richtig ist lediglich, daß derartige Verwendungen nicht im Rahmen der Primäraufgabe der Streitkräfte erfolgen; soll aber etwa die Begrüßung eines Staatsgastes oder die Amtshilfe in Katastrophenfällen nicht als dem öffentlich-rechtlichen Rechtskreis zugehörig eingeordnet werden?

Zu einem brauchbaren Ansatz für die Verwendung im Ausland gelangt man dagegen, wenn man sich an Sinn und Zweck des Zulassungserfordernisses orientiert: der Ausgliederung der Bundeswehr aus dem staatlichen Ermessensspielraum und damit der Verrechtlichung der Inanspruchnahme der Streitkräfte als Machtfaktor. Folglich betrifft der Verfassungsvorbehalt des Art. 87 a Abs. 2 GG und somit auch sein Einsatzbegriff die Bundeswehr als <u>militärisches</u> Element [5]:

---

1) Stern, Staatsrecht II, S. 851 ff.; vgl. aber Lehnguth, S. 50 ff.; Rauschning, in: v. Münch, Besonderes Verwaltungsrecht, S. 826.

2) Stern, Staatsrecht II, S. 853 f.; Dürig, in: Maunz/Dürig, Art. 87 a, Rdnr. 11; Salzmann, S. 73 ff., insbesondere 77 f.; siehe auch die Nachweise bei Lehnguth, S. 16, Fn. 54.

3) Im Gegensatz zu der neben den Streitkräften aufgrund besonderer Vorschriften (Art. 87 b GG) errichteten Bundeswehrverwaltung.

4) S. o. S. 83 , bei Fn. 4.

5) Zum Begriff des Militärischen etwa Erhardt, S. 15. "Militärisch" ist kein Gegensatz zu "bewaffnet", vielmehr ist jede bewaffnete, nach außen gerichtete Aktion der Streitkräfte auch eine militärische, nicht aber umgekehrt.

"Eingesetzt" werden die Streitkräfte dann, wenn sie für militärisches Vorgehen verwendet werden [1]. Die Beteiligung von Bundeswehr-Einheiten an UNO-Kontingenten bedarf also dann einer grundgesetzlichen Zulassung, wenn deren Aktionen als militärisches Vorgehen einzustufen sind.

d. Qualifizierung der UNO-Aktionen

Gelegentlich wird diskutiert, ob es sich bei den UNO-Verbänden um militärische oder eher um Polizeikräfte handele [2]. Es ist aber bereits zweifelhaft, ob in diesem Bereich eine materielle Unterscheidung zwischen Militär- oder Polizeieinsätzen stattfinden kann; wollte man sie vornehmen, so wird man unter Berücksichtigung der bisherigen Aktionen die Peace-Keeping-Maßnahmen der Vereinten Nationen - und erst recht, sollte es je dazu kommen, die Zwangsmaßnahmen nach Art. 42 SVN [3] - angesichts ihrer Konzeption und der Behandlung in Literatur und Weltöffentlichkeit nur als militärisches Einschreiten qualifizieren können. Hinzu kommt, daß die UNO-Truppen bewußt gerade aus nationalen Militärverbänden zusammengesetzt werden [4] und daher eine Einheit bilden sollen, deren Maßnahmen und Strukturen militärische sind [5].

---

1) Außer bei Nölle (vgl. o. S. 82), der ebenfalls dieses Abgrenzungsmerkmal wählt, finden sich Ansätze eines Abstellens auf die militärische Bedeutung der jeweiligen Truppenverwendung bei Beckert, Bundeswehrverwaltung 1983, S. 217; Klein, ZaöRV Bd. 34, S. 436 f.; Mössner, S. 106, und K. Ipsen, Einsatz, S. 616.

2) Vgl. Bowett, United Nations Forces, S. 328 ff.

3) Vgl. dessen Wortlaut.

4) Siehe auch Bowett, United Nations Forces, S. 330.

5) So im Ergebnis auch E. Klein, ZaöRV Bd. 34, S. 436 f.; Mössner, S. 109 f.

Die Beteiligung an von Streitkräften getragenen Operationen der Vereinten Nationen ist deshalb Einsatz im Sinne des Art. 87 a Abs. 2 GG und verlangt daher eine verfassungsrechtliche Zulassung.

e. Die Haltung der Bundesregierung

Von offizieller Seite wird den friedenssichernden Maßnahmen der Vereinten Nationen "besondere Bedeutung" zugemessen und die bisherige Unterstützung durch die Bundesrepublik [1] als Aktivposten der UN-Politik reklamiert [2]. Gleichwohl glaubt man, wegen einer fehlenden ausdrücklichen Zulassung nicht zur personellen Beteiligung an Friedenstruppen in der Lage zu sein [3]. Diese verfassungsrechtlichen Bedenken sind jedoch unbegründet.

2. Art. 24 Abs. 2 GG als Ermächtigung

Auch für den Fall der Beteiligung an UNO-Einheiten hält das Grundgesetz nämlich eine Ermächtigung bereit.

---

1) Vgl. oben S. 74 f.

2) BT-DS 8/1408, S. 5; Weißbuch 1979, S. 92.

3) BT-DS 8/2115, S. 6; siehe auch Bruns, Die Uneinigen, S. 74, und Klückmann, NJW 1979, S. 2286. Unmittelbar nach dem UNO-Beitritt schien auch eine andere Haltung denkbar: "Die Bundesregierung wird ihre Verpflichtungen aus der Charta der Vereinten Nationen erfüllen und, wenn Umstände es notwendig machen, die Vereinten Nationen bei friedenssichernden Maßnahmen unterstützen", Weißbuch 1973/1974, S. 5. Typisch für die spätere Haltung dagegen die Ausführungen des damaligen Verteidigungsministers Hans Apel in einem Interview des Hessischen Rundfunks, abgedruckt in Information für die Truppe 1978, H. 9, S. 81: " ... Wir könnten jeder UNO-Truppe Soldaten ohne Waffen zur Verfügung stellen, ... für Nachschubaufgaben, für fliegerische Aufgaben, aber wir sind aufgrund der Verfassungslage nicht in der Lage, die Bundeswehr außer zu Verteidigung unseres eigenen Landes einzusetzen ..."

Bei der Betrachtung der Vereinten Nationen wird unbestritten sein, daß sie ein System gegenseitiger kollektiver Sicherheit gem. Art. 24 Abs. 2 GG verwirklichen wollen. Wer, wie die Bundesrepublik Deutschland, einem derartigen Sicherheitssystem ohne Vorbehalt beitritt, entscheidet sich nicht für ein "Bekenntnis mit nachfolgender Passivität"[1]. Die Folge ist vielmehr eine verfassungsrechtlich gebotene, zumindest aber erlaubte Beteiligung an den Sicherungsmechanismen[2].

Damit ergibt sich, daß aus verfassungsrechtlicher Sicht ein Einsatz der Bundeswehr im Rahmen friedenssichernder Maßnahmen der UNO grundsätzlich zulässig ist[3]. Natürlich ist auch hier die durch Art. 26 GG gezogene Grenze zu beachten, doch werden diesbezüglich angesichts der gegenwärtigen Konzeption der Friedenstruppen keine Komplikationen auftreten können[4].

---

1) K. Ipsen, Einsatz, S. 625.

2) Als Ermächtigungsnorm für diesen Fall betrachten Art. 24 Abs. 2 GG ebenfalls Hernekamp, in: v. Münch, Art. 87 a, Rdnr. 13, und Mössner, S. 111; ein entsprechender Ansatz findet sich auch bei Bruns, Frankfurter Hefte 1979, H. 6, S. 4.

3) Im Ergebnis ebenso Nölle, S. 119; Mössner, S. 111.

4) Maunz, in: Maunz/Dürig, Art. 26, Rdnr. 28, ist gar der Auffassung, daß eine vom Sicherheitsrat beschlossene "kriegerische Aktion" nie ein Angriffskrieg im Sinne des Grundgesetzes sein könne, "gleichgültig, in welcher Weise die Aktion beginnt und geführt wird ..."; ähnlich Hernekamp, in: v. Münch, Art. 26, Rdnr. 13, und Stern, Staatsrecht I, S. 511.

III. Keine Beteiligung an Versuchen der Friedenssicherung außerhalb der UNO

Gelegentlich werden auch außerhalb des Systems der Vereinten Nationen sogenannte multinationale Friedenstruppen aufgestellt, so geschehen etwa 1982 bis 1984 im Libanon unter Beteiligung der Vereinigten Staaten, Großbritanniens, Frankreichs und Italiens [1].
Nachdem der libanesische Außenminister im Frühjahr 1983 in Bonn angefragt haben soll, ob nicht doch eine deutsche Beteiligung an der Friedenstruppe möglich sei, wurde in der Presse bekannt, daß ein Gutachten des Auswärtigen Amts vom 17. Dezember 1980 unter Hinweis auf Art. 87 a GG eine derartige Verwendung für nicht zulässig erachte und deshalb das libanesische Anliegen abschlägig beschieden worden sei [2]. Das Auswärtige Amt war auf Anfrage nicht bereit, Einsichtnahme in das Gutachten zu gewähren, bestätigte aber seine Existenz und auch die korrekte Wiedergabe seines Ergebnisses durch die erwähnten Presseberichte [3].

Die Haltung des Auswärtigen Amts entspricht der verfassungsrechtlichen Lage. Daß es sich bei derartigen internationalen Ordnungsaufgaben um militärische Verwendungen handelt, ist nicht zuletzt wegen der dauernden Verwicklung der im Libanon stationierten Truppen in intensive Kampfhandlungen unbestreitbar. Mangels der erforderlichen Ermächtigung darf die Bundesrepublik ihre Streitkräfte für diese Art von Friedenstruppen nicht bereitstellen.

---

1) EA 1982, S. Z 189, und 1983, S. Z 202 und Z 208; sehr instruktiv zum Libanon-Konflikt im übrigen Hanf, Jahrbuch Dritte Welt Bd 1, S. 101 ff.

2) FAZ vom 25.5.1983.

3) Schreiben an den Verfasser vom 14.6.1983.

3. Abschnitt
Sonstige Verwendungsmöglichkeiten

Einer auf militärisch-technischem Gebiet derart hochqualifizierten Armee wie der Bundeswehr erschließt sich eine Fülle möglicher Tätigkeitsfelder: denk- und durchführbar sind Verwendungen von der Realisierung von Infrastrukturmaßnahmen über Beratung und Ausbildung fremder Streitkräfte bis hin zu Befreiungsaktionen oder der Unterstützung einer Partei in kriegerischen Konflikten. Auch westliche Demokratien haben ihre Streitkräfte für solche und ähnliche in vielen Fällen eingesetzt.
Die theoretischen Verwendungsmöglichkeiten und -modalitäten sind derart vielfältig, daß sich eine pauschale Untersuchung verbietet. Erforderlich ist vielmehr eine differenzierte Betrachtung, so daß nur anhand des einzelnen Maßnahmetypus geprüft werden kann, ob es sich dabei um einen dem Verfassungsvorbehalt in Art. 87 a Abs. 2 GG unterliegenden Einsatz handelt.

Dazu bedarf es einer weiteren Auffächerung des Einsatz-Begriffs. In diesem Abschnitt der Untersuchung müssen Verwendungen analysiert werden, die eine eindeutige Subsumtion unter den Begriff des Militärischen nicht immer zulassen, denn es ist evident, daß praktisch jede technische, wirtschaftliche, ja sogar soziale Infrastrukturmaßnahme unmittelbar oder direkt militärischen Zielen dienen kann. Der Bau von Häfen, Flugplätzen und Verkehrswegen kann beispielsweise zu strategischen Vorteilen führen. Weiterhin: kann ein Unterschied gemacht werden etwa zwischen der Ausbildung von (Militär-) Piloten im tiefsten Frieden, während einer krisenhaften Konfliktzuspitzung oder nach dem Ausbruch bewaffneter Auseinandersetzungen? Spielt es eine Rolle, ob eine als humanitär deklarierte Operation (auch) durchgeführt

wird, um Gerät und Mannschaften unter besonderen Bedingungen zu testen?
Die denkbaren Fälle bewegen sich zwischen folgenden Extremen: einerseits der subjektiven und objektiven Unterstützung einer an einer bewaffneten Auseinandersetzung beteiligten Partei, andererseits der Hilfeleistung durch Bundeswehreinheiten, ohne daß auch nur im entferntesten militärische Überlegungen angestellt werden. Einige von ihnen lassen sich sicherlich eindeutig als Einsatz qualifizieren; für Zweifelsfälle, die prima facie nicht als militärische Verwendung zu erkennen sind, gilt: die Wahrnehmung von Aufgaben durch Angehörige der Bundeswehr als Partner fremder Streitkräfte schafft die Vermutung, daß es sich bei dem betreffenden Projekt um ein militärisches handelt. Im Einzelfall kann die Vermutung jedoch widerlegt werden durch den Nachweis, daß die Erfüllung dieser Aufgabe durch zivile Kräfte nicht erfolgen kann. Kann aber nicht dargetan werden, warum nur oder jedenfalls am besten die Streitkräfte ein derartiges Vorhaben durchführen können, so bleibt es bei der Zuordnung zum Militärischen. Ein Beispiel mag diese Methode verdeutlichen: Die Räumung eines Gebiets von Minen ist unzweifelhaft dann Einsatz im Sinne von Art. 87 a Abs. 2 GG, wenn damit der Vorstoß oder die Versorgung militärischer Einheiten erleichtert wird, nicht aber, wenn etwa nach Kriegsende ein Territorium gesäubert wird, um die Gefährdung der Bevölkerung zu verhindern, denn eine solche Aktion kann aufgrund der erforderlichen Ausbildung und Ausrüstung nur von Soldaten ausgeführt werden. Allerdings können auch auf diese Weise nicht alle Zweifelsfälle von vorneherein eindeutig entschieden werden. Bei der Verminung des Roten Meeres im Sommer 1984 etwa war unklar, wer die Minen aus welchen Gründen gelegt

hatte. Wäre die Verminung der Beginn einer zwischenstaatlichen bewaffneten Auseinandersetzung gewesen, so hätte bei Beteiligung der Bundesmarine an der Minenräumung ein Einsatz vorgelegen; dies wäre aber dann nicht der Fall gewesen, wenn es sich etwa um die Tat von Terroristen oder Erpressern gehandelt hätte. In derartigen Lagen kommt es auf eine verständige Würdigung durch die Verantwortlichen an: Da in der konkreten Situation keinerlei Anzeichen für einen bevorstehenden Kriegsausbruch gesprochen hatten, hätte - entgegen der Auffassung des Auswärtigen Amtes [1] - eine Beteiligung der Bundesrepublik an der Minensuche zu keinerlei verfassungsrechtlichen Bedenken Anlaß gegeben.

---

1) FAZ vom 11.8.1984.

I. Militärhilfe für Staaten der Dritten Welt

1. Ausbildungshilfe für Entwicklungsländer

a. Das Auslandsengagement der Bundeswehr

Der Beginn der sechziger Jahre als Zeitpunkt des Entstehens zahlreicher neuer Staaten markiert auch den Anfang der Tätigkeit von Soldaten der Bundeswehr in verschiedenen Entwicklungsländern [1], wobei der Schwerpunkt eindeutig auf dem afrikanischen Kontinent lag. (Bereits Mitte der fünfziger Jahre soll ein Bundeswehrgeneral als Instrukteur nach El Salvador geschickt worden sein [2], doch sind insoweit erhebliche Zweifel angebracht [3].) Diesem Engagement lag ein ganzes Bündel von Motiven zugrunde: neben dem Wunsch, kommunistischen Einfluß auf die Innen- und Außenpolitik der be-

---

1) Brzoska, Aus Politik und Zeitgeschichte 1984, B 18, S. 18; Wagner, EA 1966, S. 221 und 222; Nölle, S. 58 und 68; Seemann, Wehrwissenschaftliche Rundschau 1966, S. 304; Haftendorn, Militärhilfe und Rüstungsexporte, S. 10; dies., Militärhilfe der Bundesrepublik Deutschland, S. 531; Albrecht/Sommer, S. 71; Albrecht, Entwicklung und Zusammenarbeit 1970, H. 5, S. 8; Stern vom 24.1.1971. Die Ausbildung von Soldaten zahlreicher junger Staaten in der Bundesrepublik ist, ebenso wie bloße Waffen- und Materiallieferungen, nicht Gegenstand dieser Untersuchung; vgl. hierzu die soeben Genannten, insbes. Haftendorn, S. 109 ff.; Albrecht/Sommer, S. 80, sowie Shaw, S. 239 ff.; Brzoska, Jahrbuch Dritte Welt Bd. 1, S. 87 ff.; Grote, Die Welt vom 10.9.1970, S. 20; Wollert, Truppenpraxis 1969, S. 703. Bei der staatlichen Lieferung militärischer Ausrüstung ist allerdings anzunehmen, daß zumindest teilweise kurzfristig Soldaten zur Einweisung entsandt worden sind, vgl. unten S. 98 f. und Wollert, Truppenpraxis 1969, S. 703. Die neuesten Zahlenangaben finden sich in BT-DS 10/2263.

2) Kurt Hesse, S. 5; s. a. die Spekulation bei Jahn, Soldat und Technik 1963, S. 674.

3) Nölle, S. 71, Fn. 9.

treffenden Länder zu verhindern [1], der Absicht, mittels "burden sharing " den amerikanischen Verbündeten zu entlasten [2], und der Überlegung, für die Bedürfnisse der Bundeswehr als veraltet angesehenes Material nicht verschrotten zu müssen [3], war die deutschlandpolitische Zielsetzung der entscheidende Grund: Die Empfängerländer westdeutscher Militärhilfe sollten dazu bewegt werden, gemäß der Hallstein-Doktrin die Bundesrepublik als allein rechtmäßigen Vertreter des deutschen Volkes anzuerkennen und folglich der DDR die diplomatische Anerkennung zu versagen [4].
Allerdings führen diese Beweggründe nicht dazu, daß die Bundesrepublik ihre Unterstützung von sich aus angeboten hätte, vielmehr ging die Initiative stets von den späteren Emfpängerländern aus [5].

Mit dem Sudan als Vertragspartner begann 1961 die militärische Kooperation zwischen der Bundesrepublik und

---

1) Wagner, EA 1966, S. 223; Haftendorn, Militärhilfe und Rüstungsexporte, S. 10; dies., Militärhilfe der Bundesrepublik Deutschland, S. 532; Smidt, FAZ vom 8.10.1964, S. 2. Siehe hierzu auch Jahn, Forum der Freien Welt 1964, H. 1, S. 36 ff.

2) Haftendorn, Militärhilfe und Rüstungsexporte, S. 12; Albrecht/Sommer, S. 48.

3) Wagner, EA 1966, S. 221 f.; Kurt Hesse, S. 6 und 8; Albrecht, Entwicklung und Zusammenarbeit 1970, H. 5, S. 9; Smidt, FAZ vom 8.10.1964, S. 2.

4) Brzoska, Aus Politik und Zeitgeschichte 1984, B 18, S. 18; Haftendorn, Militärhilfe und Rüstungsexporte, S. 10 ff.; dies., Militärhilfe der Bundesrepublik Deutschland, S. 532 f.; Wagner, EA 1966, S. 228 f.; Grote, Die Welt vom 10.9.1970, S. 20.

5) Wollert, Truppenpraxis 1969, S. 701 und 702; Seemann, Wehrwissenschaftliche Rundschau 1966, S. 304; Wagner, EA 1966, S. 221; Smidt, FAZ vom 8.10.1964, S. 2.

afrikanischen Staaten [1]; neben zivilen Technikern wurde auch ein Offizier in den Sudan entsandt [2]. In Guinea wurde ab 1962 von deutschen Experten eine Pioniertruppe aufgebaut, wozu sich bis zu ihrer Ausweisung im Dezember 1970 ein Offizier und 7 bis 15 Mann in dem westafrikanischen Land aufhielten [3].

Das militärisch und von der Zahl der beteiligten Soldaten her wohl bedeutendste Engagement erfolgte ab 1963 in Nigeria. Dort übernahm die Bundeswehr den Aufbau einer einheimischen Luftwaffe [4] und entsandte zu diesem Zweck eine Gruppe, deren Stärke uneinheitlich mit 35 [5] über 42 [6] bis zu 68 [7] oder 70 Soldaten [8] beziffert wird. Oberkommandierender dieser im Aufbau befindlichen nigerianischen Luft-

---

1) Haftendorn, Militärhilfe und Rüstungsexporte, S. 23 und 62; Albrecht/Sommer, S. 120; Kurt Hesse, S. 5.

2) Haftendorn, Militärhilfe und Rüstungsexporte, S. 114 und 117.

3) Haftendorn, Militärhilfe und Rüstungsexporte, S. 24, 110 und 117; Grote, Die Welt vom 10.9.1970, S. 20. Zur Entwicklung der Zusammenarbeit mit Guinea auch Wagner, EA 1966, S. 226; Albrecht/Sommer, S. 11 ff. und 124 f.; Haftendorn, Militärhilfe und Rüstungsexporte, S. 24 f.; Stern vom 24.1.1971, S. 116.

4) Wagner, EA 1966, S. 226 f.; Smidt, FAZ vom 8.10.1964, S. 2.

5) Haftendorn, Militärhilfe und Rüstungsexporte, S. 117; Grote, Die Welt vom 10.9.1970, S. 20.

6) Haftendorn, Militärhilfe und Rüstungsexporte, S. 23 und 112, Albrecht/Sommer, S. 81.

7) Albrecht/Sommer, S. 121.

8) Albrecht, Entwicklung und Zusammenarbeit 1970, H. 5, S. 8; Smidt, FAZ vom 8.10.1964, S. 2.

streitmacht war zeitweilig ein deutscher Oberstleutnant [1]. Nach dem Militärputsch 1966 wurde die Bundeswehr-Beratergruppe drastisch auf zwei Offiziere und drei Unteroffoziere reduziert und 1967, kurz vor Ausbruch des Bürgerkrieges, ganz abgezogen [2].
Eine gleichfalls beachtliche Gruppe westdeutscher Militärexperten hielt sich 1964 in Tanganjika bzw. Tansania auf; die Angaben über ihre Stärke schwanken zwischen 23 [3], 25 [4] und 53 [5] Beratern. Nachdem im Frühling 1965 die Regierung des neuen Staates als Kompromißlösung ein Generalkonsulat der DDR in Daressalam zugelassen hatte - zuvor hatte Tanganjika diplomatische Beziehungen zur Bundesrepublik, Sansibar aber solche zur DDR unterhalten -, wurden die Bundeswehrangehörigen zurückgerufen [6].

In verschiedenen Staaten waren darüber hinaus kleinere Teams militärischer Ratgeber tätig: in Äthiopien - neben einer hier nicht interessierenden Polizei-Beratergruppe [7] -

---

1) Haftendorn, Militärhilfe und Rüstungsexporte, S. 23; Albrecht/Sommer, S. 121; Albrecht, Entwicklung und Zusammenarbeit 1970, H. 5, S. 8; Grote, Die Welt vom 10.9. 1970, S. 20. Smidt, FAZ vom 8.10.1964, S.2, weist darauf hin, daß das Erlöschen des Oberbefehls im Falle von Unruhen oder Krieg vertraglich vereinbart war.

2) Haftendorn, Militärhilfe und Rüstungsexporte, S. 23 f.; Albrecht/Sommer, S. 122; Albrecht, Entwicklung und Zusammenarbeit 1970, H. 5, S. 8; nicht ganz präzise Grote, Die Welt vom 10.9.1970, S. 20. Vgl. auch Wagner, EA 1966, S. 227.

3) Grote, Die Welt vom 10.9.1970, S. 20.

4) Haftendorn, Militärhilfe und Rüstungsexporte, S. 115.

5) Albrecht/Sommer, S. 81 und 123.

6) Wagner, EA 1966, S. 227; Haftendorn, Militärhilfe und Rüstungsexporte, S. 24; Albrecht/Sommer, S. 123 f.

7) Haftendorn, Militärhilfe und Rüstungsexporte, S. 109 und 117.

von 1966 bis 1967 acht, später vier [1], in Madagaskar zum Aufbau eines Küstenschutzes 1963 drei [2], in Niger ab 1966 sieben [3], und in Somalia ab 1964 zwischen vier und fünf [4] Angehörige der Bundeswehr.

Nachdem einige dieser Projekte ihr Ende gefunden hatten, hielten sich 1970/71 nur noch insgesamt 17 westdeutsche Militärberater in Entwicklungsländern auf; ihre Tätigkeit sollte spätestens im Jahre 1972 auslaufen [5].
Während der 70er Jahre verstummte denn auch die ohnehin nicht besonders intensiv geführte Diskussion um Militärberater aus der Bundesrepublik. 1982 dagegen wurde berichtet, daß in Djibouti ein Oberstleutnant der Bundeswehr als "Polizeiberater" aufgrund eines Abkommens der djiboutischen Regierung mit dem Auswärtigen Amt die "paramilitärische Polizei" ausbildet [6]. Es gebe noch weitere "Entwicklungshelfer in Uniform, die sich in mehr als 20 afrikanischen Ländern mehr oder minder lang aufhalten, um Fernmeldeverbindungen zu installieren, Krankenhäuser zu bauen oder Kraftfahrzeug- und Flugzeugwerkstätten zu betreuen" [7].

---

1) Grote, Die Welt vom 10.9.1970, S. 20.

2) Haftendorn, Militärhilfe und Rüstungsexporte, S. 111 und 117; Grote, Die Welt vom 10.9.1970, S. 20.

3) Haftendorn, Militärhilfe und Rüstungsexporte, S. 114. Die dortige Angabe (ein Offizier, sechs Mann) stimmt nicht mit der auf S. 117 (zehn Offiziere, sechs Mann) überein; wahrscheinlich handelt es sich bei letzterer um einen Druckfehler.

4) Grote, Die Welt vom 10.9.1970, S. 20.

5) Grote, a.a.O.

6) Szandar, SZ vom 19.2.1982, S. 3.

7) Szandar, a.a.O.

Das Bundesministerium der Verteidigung nennt auf Anfrage weder Zahl noch Einsatzort der Militärberater, macht aber zu diesem Komplex folgende Angaben [1]:

> "Die Bundeswehr unterstützt in einer Anzahl von Ländern der Dritten Welt die dortigen Streit- und/oder Sicherheitskräfte bei der Ausbildung an Material, das im Rahmen der Ausrüstungshilfe geliefert wurde. Die politische und finanzielle Verantwortung für die Ausrüstungshilfe liegt ebenfalls beim Auswärtigen Amt.
>
> Die Lieferung von Waffen, Munition und Maschinen zu deren Herstellung ist im Rahmen der Ausrüstungshilfe gesetzlich untersagt.
>
> Die Ausbildungsunterstützung durch Angehörige der Bundeswehr erfolgt daher an sog. weichem Material, wie Straßenbaumaschinen, Fahrzeugen, Feldbäckereien, Sanitätsmaterial u.a.
> Im Rahmen dieser Ausbildungsunterstützung kann sich im Einzelfall auch eine Unterstützung von Infrastrukturprojekten ergeben." [2]

Diese Informationen entsprechen im wesentlichen den Festlegungen in den Haushaltsplänen der beteiligten Ministerien [3].

---

1) Schreiben an den Verfasser vom 10.12.1982. Vgl. jetzt auch BT-DS 10/2263, S. 4 f.

2) Ähnlich bereits Weißbuch 1970, S. 158.

3) Bundeshaushaltsplan 1984
Einzelplan 14 (Geschäftsbereich des Bundesministers für Verteidigung), Kapitel 1422, Titel 53301-032: Ausbildung von Angehörigen ausländischer Streitkräfte.
Erläuterung: "Ausgaben, die die Bundesrepublik Deutschland im Rahmen von Abkommen, Verträgen und Einzelvereinbarungen für die Gewährung von Ausbildungshilfe an Angehörige der Streitkräfte anderer Staaten zu leisten hat, soweit sie nicht aus anderen Zweckbestimmungen des Epl. 14 getragen Werden".
Ansatz für 1984 und 1983: je 1050 TDM, Ist-Ergebnis 1982: 856 TDM.

Einzelplan 05 (Geschäftsbereich des Auswärtigen Amts), Kapitel 0502, Titel 68623 - 029.
Ausrüstungshilfe
Erläuterung: "Die Ausgaben dienen der Unterstützung anderer Länder durch die Lieferung von im wesentlichen genehmigungsfreiem, industriellen Neumaterial, einschließlich der mit der Materiallieferung zusammenhängenden Beratung und Ausbildung".

Da Waffen und Gerät auch an asiatische Staaten, insbesondere nach Israel und Iran, geliefert worden sind [1], ist anzunehmen, daß auch in außerafrikanischen Ländern Angehörige der Bundeswehr tätig waren oder sind, wenn auch betont wird, daß nach Israel keine Ausbilder entsandt worden sind [2]. Die der Entsendung von Beratern zugrunde liegenden Abkommen mit den Empfängerstaaten werden nach Auskunft des Bundesverteidigungsministeriums nicht veröffentlicht.

Es verdient festgehalten zu werden, daß Angehörige der Bundeswehr offensichtlich nie an Kampfhandlungen in den jeweiligen Einsatzgebieten teilgenommen haben: diesbezüglich findet sich in der gesamten Literatur auch nicht der Schatten eines Hinweises, vielmehr ist in einem der der Militärhilfe zugrunde liegenden Abkommen [3] ausdrücklich geregelt,

---

Ansatz für 1984: 51.000 TDM, für 1983 49.000 TDM, Ist-Betrag 1982: 43.066 TDM.

Bundeshaushaltsplan 1983
Einzelplan 14, Kapitel und Titel wie oben, Ansatz für 1982: 1.050 TDM, Ist-Ergebnis 1981: 1.003 TDM.
Einzelplan 05, Kapitel und Titel wie oben, Ansatz für 1982: 46.000 TDM, Ist-Ergebnis 1981: 40.301 TDM.

Bundeshaushaltsplan 1982
Einzelplan 14, Kapitel und Titel wie oben, Ansatz für 1981: 1.050 TDM, Ist-Ergebnis 1980: 979 TDM.
Einzelplan 05, Kapitel und Titel wie oben, Ansatz für 1981: 48.000 TDM, Ist-Ergebnis 1980, 49.000 TDM.

Zu früheren Bundeshaushaltsplänen vgl. Haftendorn, Militärhilfe und Rüstungsexporte, S. 127 f.

1) Haftendorn, Militärhilfe und Rüstungsexporte, S. 26 f.; Albrecht/Sommer, S. 112 ff. und 127 f.

2) Albrecht/Sommer, S. 115.

3) Verwaltungsabkommen zwischen dem Bundesminister der Verteidigung und dem äthiopischen Innenminister, abgedruckt bei Albrecht/Sommer, S. 128 ff.; die Authentizität dieses Verwaltungsabkommens wurde dem Verfasser vom Bundesverteidigungsministerium bestätigt.

daß "die Mitglieder der deutschen Sachverständigengruppe" nicht "zu polizeilichen oder militärischen Einsätzen herangezogen werden, die mittelbar oder unmittelbar mit der Aufrechterhaltung der inneren und äußeren Sicherheit in Zusammenhang stehen" [1]; ähnliche Klauseln enthalten alle vergleichbaren Abkommen [2]. Diesem Grundsatz entspricht auch das Verhalten der westdeutschen Beratergruppe in Nigeria. Im übrigen wären in der durch Enthüllungsjournalismus geprägten Medienwelt der Bundesrepublik Deutschland Kampfeinsätze von Bundeswehr-Soldaten - mit der Verwundung und Tötung Beteiligter als zwangsläufiger Folge - gar nicht zu verheimlichen.

b. Die verfassungsrechtliche Lage

Bei der Prüfung der Merkmale des Art. 87 a Abs. 2 GG ist es bereits klärungsbedürftig, ob es sich bei allen Beratern und Ausbildern um Angehörige der Bundeswehr, also um Streitkräfte im Sinne dieser Vorschrift handelt. Zweifel könnten deshalb entstehen, weil die für diese Projekte notwendigen Mittel zum Teil aus dem Haushalt des Auswärtigen Amts stammen [3], das auch entsprechende Abkommen mit den interessierten Regierungen schließt [4], oder weil die entsandten Speziali-

---

1) Art. 11 Satz 2 a.

2) Mitteilung des Bundesverteidigungsministeriums an den Verfasser vom 23.10.1984.

3) Haftendorn, Militärhilfe und Rüstungsexporte, S. 19, Fn. 1, und S. 127 f.; Wollert, Truppenpraxis 1969, S. 702.

4) Szandar, SZ vom 19.2.1982, S. 3; vgl. auch die Angaben des Bundesverteidigungsministeriums, o. S. 98.

sten z.T. als "Polizeiberater" bezeichnet werden. Doch abgesehen davon, daß andere Programme auch unter der Federführung des Bundesverteidigungsministeriums abgewickelt werden [1], entscheidet die haushaltsmäßige oder technisch-organisatorische Zuordnung eines Vorhabens zu einem bestimmten (politischen) Projekt nicht darüber, ob die zur Verwendung vorgesehenen Soldaten aus der militärischen Organisation ausscheiden. Vertragspartner ist zudem rechtlich nur die Bundesrepublik Deutschland, nicht aber ein bestimmter Ressortminister. Solange die betroffenen Experten also nicht förmlich aus der Bundeswehr ausgegliedert werden, bleiben sie Streitkräfte im Sinne des Grundgesetzes, selbst wenn es sich nur um einen einzelnen Berater handeln sollte. Die Verfassung meint nämlich mit dem Streikräfte-Begriff "nicht nur die Gesamtheit oder größere organisierte Verbände des in der Bundeswehr zusammengefaßten militärischen Potentials der Bundesrepublik" [2], sondern versteht "unter Streitkräftehandeln jede auf Befehl ausgeübte Tätigkeit einzelner Soldaten" [3].

Nicht jedes Streitkräftehandeln ist aber, wie bereits dargelegt, auch ein Einsatz im Sinne von Art. 87 a Abs. 2 GG. Dem Regelungsgehalt dieser Norm unterfällt die geschilderte Tätigkeit der Berater nur dann, wenn es sich dabei um die Wahrnehmung militärischer Aufgaben handelt.

Im offiziellen Sprachgebrauch wird es stets vermieden, Begriffe wie "Militärhilfe" oder "Militärberater" zu verwenden, vielmehr werden die Aufgaben der an den verschiedenen Pro-

---

1) Vgl. die bei Albrecht/Sommer, S. 128 ff., abgedruckte Vereinbarung.

2) Klückmann, NZWehrr 1977, S. 169.

3) Klückmann, a.a.O.

jekten beteiligten Soldaten als "Ausbildungshilfe" oder "Ausbildungsunterstützung" [1] bezeichnet. Diese soll Leistungen der Entwicklungshilfe ergänzen [2] oder gar ersetzen: "Ausrüstungs- und Ausbildungshilfe soll in erster Linie dem Aufbau einer gesunden Infrastruktur in den Empfängerländern dienen, die auch den zivilen Bedürfnissen entgegenkommt. Daher wurde auch davon abgesehen, im Zusammenhang mit dem Begriff Ausrüstungs- und Ausbildungshilfe das Wort "militärisch" zu verwenden" [3].

Nun kann etwa bei Vorhaben wie der Ausbildung von Luftwaffenpiloten nicht ernsthaft in Frage stehen, daß es sich dabei um militärische Aufgaben handelt, wie denn auch alles dem Bereich des Militärischen zuzuordnen ist, was mit der Aufstellung, Ausbildung, Führung und Ausrüstung bewaffneter Streitkräfte und der Vorbereitung und Durchführung ihrer Aktionen zusammenhängt [4]. Befürworter der Ausrüstungs- und Ausbildungshilfe weisen selbst darauf hin, daß sie der "Beweglichmachung von <u>Heeres</u>- und Polizeieinheiten" dient [5]. Darüber hinaus gilt die Vermutung für militärisches Handeln auch dann, wenn es sich

---

1) S. etwa das Schreiben des Bundesverteidigungsministeriums, o. S. 98 ; Szandar, SZ vom 19.2.1982, S. 3; Weißbuch 1970, S. 157 f.; BT-DS V/535 und V/2976.

2) Vgl. Wagner, EA 1966, S. 221.

3) BT-DS V/2976, S. 2; s. a. Seemann, Wehrwissenschaftliche Rundschau 1966, S. 304, und Smidt, FAZ vom 8.10. 1964, S. 2.

4) Zur gegenteiligen Auffassung gelangt Nölle, S. 81, aufgrund der Prämisse, daß die Ausbildungshilfe Leistenden keine Waffen trügen. Die bereits dargelegte Untauglichkeit des Kriteriums der Bewaffnung (oben S.83 f.) wird an dieser Stelle noch einmal deutlich.

5) Wollert, Truppenpraxis 1969, S. 702 (Hervorhebung nicht im Original).

bei den Aufgaben der Soldaten um Tätigkeiten wie Straßen- oder Brückenbau handelt, und eine Widerlegung wird gerade hier nicht leicht sein [1].
Wenn auch offensichtlich nach der Einfügung des Art. 87 a GG westdeutsche Soldaten ihre Partner in der Dritten Welt in erster Linie an "weichem Material" ausgebildet haben, so bleiben dennoch auch Feldküchen, Uniformfabriken, Lazarette, Funkverbindungen und Kfz-Instandhaltung Teile der militärischen Organisation. Soweit also Soldaten der Bundeswehr in diesen Bereichen Verwendung finden (und erst recht bei der Beratung oder Ausbildung bewaffneter Kräfte), handelt es sich unter verfassungsrechtlichem Blickwinkel um einen Einsatz.

Daß es sich hierbei nicht um einen Einsatz "zur Verteidigung" handelt, liegt auf der Hand, es sei denn, man wollte derartige Tätigkeiten in erster Linie unter dem Aspekt der Ausbildung der Bundeswehrsoldaten sehen. Doch kann, abgesehen davon, daß ein solcher Zweck offiziell niemals behauptet worden ist, diese Betrachtungsweise nicht richtig sein, denn es fehlt der unmittelbare Bezug zur Verteidigung gerade der Bundesrepublik. Außerdem könnte man andernfalls die Beteiligung an jedwedem Krieg als Beitrag zur Schulung und Erprobung der Truppe ansehen - ein sicherlich nicht vertretbares Ergebnis [2].
Anhand der bisher entwickelten Kriterien muß darüber hinaus festgestellt werden, daß die von Art. 87 a Abs. 2 GG ge-

---

1) Wollert, Truppenpraxis 1969, S. 702 f., führt aus, daß zivile Experten "wohl kaum geeignet sein dürften, in bewaffneten Einheiten Ausbildungshilfe zu leisten, selbst wenn es sich um Fachgebiete handelt, die auch im zivilen Bereich bedeutsam sind". Dieser Umstand spricht entscheidend für eine Zuordnung zum militärischen Bereich.

2) Nölle, S. 78 ff.

forderte Zulassung fehlt. Art. 24 Abs. 2 GG erlaubt nur die Unterstützung fremder Streitkräfte - dazu gehört auch diejenige durch Ausbildungshilfe [1] - im Rahmen von konkreten Maßnahmen kollektiver Sicherheitssysteme, d.h. die Tatsache, daß gegenwärtige oder potentielle Empfängerländer westdeutscher Militärhilfe in aller Regel auch gleichzeitig Mitglieder der Vereinten Nationen sein dürften, macht mangels Initiative und Verantwortlichkeit der Weltorganisation die Tätigkeit von Beratern der Bundeswehr nicht zu einer Maßnahme ihres Friedenssicherungssystems.

2. Militärische Unterstützung in bewaffneten Konflikten

Wenn bereits die Ausbildungs- und Beratungstätigkeit als Einsatz zu werten und daher wegen der fehlenden verfassungsrechtlichen Ermächtigung als unzulässig anzusehen ist, so gilt dies erst recht für die wie immer geartete Unterstützung durch die Bundeswehr bei inneren und äußeren bewaffneten Konflikten [2]. Die Bundeswehr darf daher bei Volksaufständen, inneren Unruhen, Putschen, Revolutionen und ähnlichen Anlässen auf keiner der beteiligten Seiten eingreifen, gleichgültig, aus welchen Gründen diese Situationen entstanden sind und in welcher Beziehung der betroffene Staat zur Bundesrepublik steht [3].

---

1) vgl. o. S. 63.

2) Eine Ermächtigung ist freilich in den Fällen nicht notwendig, wo es sich bei dem Eingreifen der Bundeswehr um Verteidigung handeln würde, d.h. also dann, wenn die Unterstützung zur Abwehr eines (drohenden) Angriffs auf die Bundesrepublik erfolgen würde.

3) Da das Selbstbestimmungsrecht der Völker nach Auffassung der Vereinten Nationen auch mit Gewalt durchgesetzt werden kann (hierzu E. Klein, ZaöRV Bd. 36, S. 623 ff. und 644 ff.; Rumpf, S. 596 f. Allgemein zur Haltung der UNO

In diesem Zusammenhang muß festgehalten werden, daß der Bundeswehr eine Intervention auch bei einem Staatsstreich gegen die demokratisch legitimierte Regierung eines NATO-Landes nicht möglich ist. In Bezug auf die Bundesrepublik ist unter verfassungsrechtlichen Gesichtspunkten daher die Hoffnung auf eine vom Militärpotential der übrigen NATO-Mitglieder gestützte Garantie für die bestehende Ordnung [1] ebenso unbegründet wie die Kritik, daß die NATO die Entstehung und Konsolidierung nicht-demokratischer Regime in einigen ihrer Mitgliedstaaten nicht durch militärisches Eingreifen verhindert habe.

Doch nicht nur die spontane militärische Unterstützung anderer Staaten ist verfassungsrechtlich unzulässig, sondern bereits der Abschluß bilateraler Verteidigungsabkommen. Art. 24 Abs. 2 GG erlaubt für den Bereich der nicht ausschließlich nationalen Verteidigung nur die Eingliederung in kollektive Sicherheitssysteme. Diese Ermächtigung enthält aber gleichzeitig eine Beschränkung auf derartige Systeme, denn andernfalls verlöre die Regelung jeden Sinn. Die Entscheidung über die Bündnispolitik ist nämlich herkömmlich der auswärtigen Gewalt zuzuordnen [2]. Wenn nun in diesem eigentlich dem Ermessen der zuständigen

---

zum Selbstbestimmungsrecht E. Klein, Vereinte Nationen, S. 107 ff.), will Meier, ArchVR Bd. 16, S. 385, auch für die Deutschen in der DDR "das Recht ... auf bewaffneten Freiheitskampf gegen die Sowjetunion völkerrechtlich anerkannt" sehen. E. Klein lehnt die gewaltsame Durchsetzung des Selbstbestimmungsrechts jedoch ab, Selbstbestimmungsrecht, S. 86, und Politische Studien 1983, S. 646.

1) Aus der Sicht der Bundesrepublik hat die NATO also noch nicht einmal, wie Sánchez-Gijon, EA 1982, S. 275, meint, "nur in Grenzen die Fähigkeit, einen Staatsstreich von rechts zu verhüten" (oder von wo auch immer), sondern überhaupt nicht.

2) Vgl. Rojahn, in: v. Münch, Art. 24, Rdnr. 50.

Organe anheim gegebenen Bereich die Verfassung selbst eine Entscheidung trifft, so kann dies nur bedeuten, daß andere Möglichkeiten ausgeschlossen werden, also nur die Eingliederung in ein kollektives Sicherheitssystem erfolgen darf. Wenn nun auch aus verfassungsrechtlicher Sicht einzelne Wesensmerkmale einer solchen Organisation umstritten sein mögen, so kann es allerdings keine Auseinandersetzung darüber geben, daß sie möglichst viele Mitglieder, jedenfalls aber mehr als zwei haben muß. Neben militärischen Systemen, die nicht der gegenseitigen kollektiven Sicherheit im Sinne des Grundgesetzes dienen, sind der Bundesrepublik folglich auch militärische bilaterale Bündnisse jeder Art verwehrt [1]).
Schwierigkeiten können sich für die Bundesrepublik daher in dem (allerdings reichlich unwahrscheinlichen) Fall ergeben, daß die Anzahl der Mitglieder eines kollektiven Sicherheitssystems, welchem sie angehört, durch Staatenuntergang und/oder Kündigung auf zwei sinkt. Bei dieser Konstellation wird man darauf abstellen können, daß der Beitritt selbst ja zu einem kollektiven Sicherheitssystem erfolgt war. Solange die bestehende Rest-Organisation offen bleibt und den Anforderungen des Grundgesetzes genügt, ist gegen eine Mitgliedschaft nichts einzuwenden. Sollte sie aber ganz aufgelöst werden, so ist der Bundesrepublik bilaterale Sicherheit und Verteidigung verwehrt - eine Konsequenz, die der Verfassungsgeber möglicherweise übersehen hat.

---

1) Im Ergebnis so auch v. Bülow, S. 183 ff., und Woopen, NZWehrr 1983, S. 213.

II. Humanitäre Hilfsaktionen

1. Die Hilfeleistungen durch die Bundeswehr

Im Rahmen der humanitären Hilfe der Bundesregierung im Ausland [1] begann 1960 die Verwendung von Bundeswehrangehörigen als Helfer in durch Katastrophen entstandenen Notsituationen mit dem Transport medizinischen Materials nach Marokko [2]; 1962 wurden Rot-Kreuz-Spenden in den Iran transportiert [3], 1966 und 1967 folgten Hilfeleistungen u.a. für die Türkei [4]. Insgesamt wurden von 1962 bis 1970 - beispielsweise in Tunesien, Algerien und Nigeria - von der Luftwaffe in 14 Katastrophenfällen 3510 Flugstunden geflogen [5]. In den darauffolgenden Jahren nahm die Tätigkeit der Bundeswehr in diesem Bereich noch erheblich zu. Neben dem Transport von Hilfsgütern aller Art sowie medizinischem Material in etwa 30 Ländern Afrikas, Asiens, Südamerikas und Europas wurden dort in zahlreichen Fällern auch die Evakuierung in Not befindlicher Personen durchgeführt [6]. Außer bei derartigen Transportdiensten waren Bundeswehrsoldaten auch direkt im von Katastrophen betroffenen Ländern eingesetzt, und zwar

---

1) Vgl. hierzu für den Zeitraum von 1965 bis 1977 den Bericht der Bundesregierung BT-DS 8/2155 und für den Zeitraum von 1978 bis 1981 den Bericht BT-DS 9/2364. Zu den völkerrechtlichen Aspekten Bothe, Rechtsprobleme, S. 24 ff.

2) Nölle, S. 93 und 95.

3) Nölle, S. 95.

4) BT-DS 8/2155, S. 39 und 43.

5) Weißbuch 1970, S. 118.

6) BT-DS 8/2155, S. 20 ff. und 43; Weißbuch 1970, S. 118; Weißbuch 1971/1972, S. 95; Weißbuch 1973/1974, S. 134; Weißbuch 1979, S. 201.

nach einem Erdbeben in Udine (Italien) [1] sowie, gleichfalls nach einem Erdbeben, 160 Sanitätssoldaten in Van (Türkei) [2].

Im Zeitraum von 1978 bis 1981 flog die Luftwaffe in 2264 Flugstunden 166 Hilfseinsätze [3]; 1980/81 waren insgesamt 1650 Bundeswehrsoldaten in der italienischen Provinz Avellino mit der Beseitigung der durch ein Erdbeben verursachten Notlage beschäftigt [4].

Auch in der darauffolgenden Zeit sind Hilfeleistungen durch die Bundeswehr erbracht worden [5], und die Fortführung der humanitären Hilfe durch die Bundesregierung ist gewiß, so daß es auch in Zukunft je nach Bedarf zu entsprechenden Verwendungen von Bundeswehrangehörigen im Ausland kommen wird. Die Entscheidungsbefugnis über das Ob und Wie der Hilfe liegt beim Auswärtigen Amt [6], das dabei mit den anderen beteiligten Ministerien zusammenarbeitet.

Neben der auswärtigen Katastrophenhilfe im Rahmen der humanitären Hilfe kann es auch durch Eingreifen des mili-

---

1) BT-DS 8/2155, S. 23, 38 und 47.

2) BT-DS 8/2155, S. 24, 39 und 47.

3) BT-DS 9/2364, S. 19.

4) A.a.O.

5) Schreiben des Auswärtigen Amts vom 18.9.1984 an den Verfasser.

6) Zunächst aufgrund einer Ressortvereinbarung zwischen Auswärtigem Amt und Bundesinnenministerium vom 11. Juni 1974, abgedruckt in BT-DS 8/2155, S. 69; vgl. dort auch S. 68 (Zuständigkeitsregelung), 4 und 7 f. Mittlerweile beruht die alleinige Zuständigkeit des Auswärtigen Amts auf einem Briefwechsel der Staatssekretäre des Auswärtigen Amts und des Bundesministeriums des Innern vom 30.10. bzw. 15.11.1978, BT-DS 9/2364, S. 4 f.

tärischen Such- und Rettungsdienstes SAR zu Aktionen außerhalb des Bundesgebiets kommen [1].

2. Die verfassungsrechtliche Lage

a. Kein Einsatz im Sinne des Art. 87 a Abs. 2 GG

Untersucht man nun die Katastrophenhilfe der Bundeswehr anhand des Art. 87 a Abs. 2 GG, so ist zunächst festzustellen, daß es sich auch hierbei um das Tätigwerden von Streitkräften handelt. Daran ändert weder, wie bereits dargelegt [2], die Verantwortlichkeit des Auswärtigen Amtes für diese Aktionen etwas, noch die Tatsache, daß aus Rücksichtnahme auf Empfänger- bzw. Transitländer in Einzelfällen die beteiligten Luftwaffenpiloten in Zivil fliegen und die militärischen Hoheitszeichen ihrer Maschinen überstrichen werden [3], denn durch derartige Maßnahmen werden die Soldaten nicht zu zivilen Helfern [4]; sie bezwecken offensichtlich lediglich die reibungslose Durchführung einer Maßnahme, nicht aber eine Ausgliederung der beteiligten Personen aus dem Streitkräfteverband [5]. Der humanitären Hilfe der Bundesregierung, auch, soweit sie durch die Bun-

---

1) Vgl. Weißbuch 1973/1974, S. 134: "Luftwaffe und Marine halten für ihren SAR-Dienst Luftfahrzeuge und Boote aufgrund internationaler Abkommen in ständiger Einsatzbereitschaft".

2) Oben S. 100 f.

3) Nölle, S. 99.

4) So aber Nölle, a.a.O.

5) So geht etwa auch Großmann, II Rdnr. 310, ohne weiteres davon aus, daß die Katastrophenhilfe im Ausland durch "militärische Einheiten" erfolgt.

deswehr geleistet wird, fehlt es aber an militärischer Bedeutung, so daß sie keinen Einsatz im Sinne von Art. 87 a Abs. 2 GG darstellt [1]. Freilich findet sich bei der Erörterung von Hilfsaktionen gelegentlich der Hinweis, derartige Verwendungen könnten auch der Förderung militärischer Ausbildung dienen [2]. Dabei handelt es sich jedoch nur um (unvermeidbare) Nebenwirkungen der Hilfeleistung; die militärische Ertüchtigung der beteiligten Soldaten sowie die Erprobung des Geräts ließe sich auf andere Weise einfacher und effizienter bewerkstelligen. Vielmehr läßt sich gerade im Fall der humanitären Hilfe die Vermutung, Streitkräftehandeln sei militärisches Handeln, überzeugend widerlegen. Die nicht-militärische Aufgabe der Katastrophenhilfe läßt sich nämlich am wirkungsvollsten dann durchführen, wenn der hilfeleistende Staat sofort auf einen Stamm jederzeit abrufbarer Spezialisten möglichst vieler der erforderlichen Fachgebiete zurückgreifen kann. Es liegt auf der Hand, daß diese Voraussetzungen ausschließlich oder jedenfalls am besten von der Bundeswehr erfüllt werden können, denn es wird auch in Zukunft, trotz entsprechender Absichten der Bundesregierung [3], nicht möglich sein, für alle denkbaren Fälle eine ausreichende Zahl ziviler Spezialisten in ständiger Verfügungsbereitschaft zu halten. Darüber hinaus wird schweres Gerät für Bergungs- und Aufräumungsarbeiten samt Bedienungspersonal kurzfristig stets nur bei Pioniereinheiten zur auswärtigen Verwendung abrufbar sein. Schließlich ist die notwendige Schnelligkeit beim Transport sowie das reibungslose Ineinandergreifen verschiedener

---

1) Im Ergebnis ebenso Mössner, S. 109, Nölle, S. 99; v. Bülow, S. 61; Dürig, in: Maunz/Dürig, Art. 87 a, Rdnr. 36; Hernekamp, in: v. Münch, Art. 87 a, Rdnr. 12.

2) Franz, NZWehrr 1965, S. 65; Saländer, Truppenpraxis 1974, S. 161 und 167; Nölle, S. 98.

3) BT-DS 8/2155, S. 11 f.

Transportmittel (Lastkraftwagen, Hubschrauber, Flugzeuge) in vielen Fällen nur durch Inanspruchnahme der Bundeswehr zu gewährleisten [1].

Handelt es sich folglich bei Gewährung humanitärer Hilfe durch Einheiten der Bundeswehr nicht um eine militärische Tätigkeit und damit auch nicht um einen Einsatz im Sinne von Art. 87 a Abs. 2 GG, so bedarf es für diese Verwendungsart keiner ausdrücklichen Ermächtigung durch die Verfassung. Doch kann mit dieser Feststellung die verfassungsrechtliche Prüfung nicht beendet werden, denn wenn auch Art. 87 a Abs. 2 GG nicht einschlägig ist, so ist damit noch nichts über die Zulässigkeit von Hilfsaktionen der Streitkräfte gesagt.

b) Art. 32 Abs. 1 GG als Rechtsgrundlage

Ansatzpunkt kann insoweit Art. 32 Abs. 1 GG sein. So geht Nölle lapidar davon aus, daß humanitäre Hilfe, "da sie die Sphäre der Beziehungen zu auswärtigen Staaten betrifft, durch die auswärtige Gewalt legitimiert" sei [2]. Doch greift diese Begründung vielleicht etwas zu kurz, denn auswärtige Gewalt ist gerade nicht "jede die Beziehungen zum Ausland berührende Staatstätigkeit" [3]. Im Ergebnis ist es dennoch zutreffend, daß Art. 32 Abs. 1 GG Grundlage der humanitären Hilfe der Bundesregierung ist. Sie wird nämlich direkt und bewußt als "Instrument deutscher Außenpolitik" [4] eingesetzt. Daß im Katastrophenfall in erster Linie die -

---

1) Vgl. dazu BT-DS 8/2155, S. 8 f.

2) Nölle, S. 100; vgl. auch S. 55.

3) Sachau, S. 60 (Hervorhebung nicht im Original).

4) BT-DS 8/2155, S. 5; vgl. auch Punkt 2 der Ressortvereinbarung vom 11. Juni 1974, abgedruckt ebd., S. 69. S. a. Mössner, S. 109, und BT-DS 9/2364, S. 3.

nicht mit Völkerrechtspersönlichkeit ausgestattete - Bevölkerung Adressat der Bemühungen ist [1], ändert an dieser Beurteilung nichts. Denn abgesehen davon, daß sich die Pflege auswärtiger Beziehungen nicht in der Wahrnehmung völkerrechtlich relevanter Akte erschöpft [2], läßt sich wegen des Erfordernisses der Genehmigung des betroffenen Staates zur Hilfeleistung [3] und schon bereits bei Auslösung der Hilfsaktion [4] ein Kontakt mit diesem Staat gar nicht vermeiden, der zudem, selbst wenn sein politisch-soziales System nicht unterstützt werden soll [5], in jedem Fall durch die Hilfegewährung entlastet und so gleichfalls ihr Nutznießer wird.

Ist somit die auswärtige humanitäre Hilfe dem Regelungsbereich des Art. 32 Abs. 1 GG zuzuordnen, so ist damit noch nicht geklärt, ob gerade die Bundeswehr für derartige Aufgaben herangezogen werden darf.
Die konkrete Gestaltung der auswärtigen Beziehungen liegt grundsätzlich im freien Ermessen der zuständigen Organe. Gelegentlich wird jedoch einer weitgehenden Einschränkung dieses Ermessensspielraums das Wort geredet: die völkerrechtliche "Pflicht zu gemeinschaftsmäßigem Handeln" sei über Art. 25 GG in staatliches Recht transformiert und gebiete, "dem in Not befindlichen Gemeinschaftsmitglied nach besten Kräften zu helfen" [6]. Doch ist von anderer Seite nachgewiesen worden, daß keine gewohnheitsrechtliche

---

1) BT-DS 8/2155, S. 6; BT-DS 9/2364, S. 3.

2) Sachau, S. 54 f.; Rojahn, in: v. Münch, Art. 32, Rdnr. 2.

3) Bothe, Rechtsprobleme, S. 47.

4) Vgl. BT-DS 8/2155, S. 6; BT-DS 9/2364, S. 5.

5) Vgl. BT-DS 8/2155, S. 5; BT-DS 9/2364, S. 3.

6) Nölle, S. 100 ff.

(oder andere, nicht-vertragliche) Völkerrechtspflicht zu humanitärer Hilfe existiert [1], weshalb auch eine entsprechende Inkorporierung nicht in Frage kommt.
Anders sieht es jedoch im vertraglichen Bereich aus. So hat die Bundesregierung etwa mit Belgien ein Abkommen "über die gegenseitige Hilfeleistung bei Katastrophen oder schweren Unglücksfällen" geschlossen [2], dessen Art. 2 Abs. 1 Satz 2 festlegt, daß die Hilfe auf deutscher Seite zwar in der Regel durch Einheiten des Katastrophenschutzes, aber, falls erforderlich, auch "in jeder anderen geeigneten Weise" zu leisten ist. In diesem Fall bleibt also zunächst für das Ob der Katastrophenhilfe kein Ermessensspielraum mehr, und bezüglich ihrer Durchführung ist die Bundesrepublik berechtigt und verpflichtet, Bundeswehreinheiten einzusetzen, falls dies erforderlich ist.

In allen anderen Fällen dagegen ist die Bundesregierung frei in ihrer Entscheidung darüber, in welchen Fällen und in welcher Weise sie die auswärtigen Beziehungen in Form der humanitären Hilfe pflegt. Dabei wird sie neben politischen Aspekten die beschränkten personellen, sächlichen und finanziellen Möglichkeiten berücksichtigen [3]; daß darüber hinaus Bestimmungen des Grundgesetzes Ermessensschranken aufstellen könnten [4], die einer positiven Entscheidung über eine Hilfeleistung entgegenstehen, ist kaum denkbar. Vielmehr werden die ethischen und völkerrechtsfreundlichen Grundaussagen der Verfassung zu einer Hilfe im Rahmen des Möglichen drängen, wobei in zahlreichen

---

1) Bothe, Rechtsprobleme, S. 25 ff.

2) BGBl. 1982 II, S. 1007.

3) BT-DS 8/2155, S. 12.

4) Vgl. Sachau, S. 63 f.

Fällen durch die Verwendung der Bundeswehr ohne Zweifel eine Steigerung der Effizienz erreicht werden wird.

III. Einsätze zur Interessenwahrung [1]

Die wirtschaftliche Abhängigkeit der Bundesrepublik Deutschland von Rohstofflieferungen aus Übersee, insbesondere noch immer durch die Versorgung mit Rohöl, und ihr Interesse an einem reibungslosen Nachschub bedürfen keiner näheren Erläuterung.
Ebenso offensichtlich ist die Anfälligkeit der Versorgung. Zunächst kann es aufgrund politischer oder auch religiös motivierter Strukturänderungen in den Lieferländern zu weltanschaulich bedingten Lieferungsverweigerungen kommen, die absolut oder auch relativ (zu einem bestimmten, dem Lieferer politisch genehmem Verhalten der Empfängerländer) gehandhabt werden können. Schließlich können Drittstaaten aus den verschiedensten Beweggründen versuchen, die Verbindungswege zwischen Förder- und Abnehmerländer zu stören oder zu sperren, unter Umständen sogar, durch militärische Intervention die Verfügungsmacht über Rohstoffvorkommen zu erlangen.
Das Bedürfnis nach Schutz insbesondere des Ölnachschubs läßt angesichts der instabilen Lage einiger Förderländer und angesichts gefährdeter Versorgungsrouten immer wieder die Diskussion nach einem militärischen Engagement westlicher Staaten [2] einschließlich der Bundesrepublik aufflammen [3]. Im folgenden soll die verfassungsrechtlich zulässige Reaktion auf verschiedene, der geschilderten Gefährdung zugrunde liegende Situationen untersucht werden.

---

1) Der Wahrung von Interessem im weitesten Sinn dient natürlich jede Verwendung der Bundeswehr. In Anlehnung an den im Zusammenhang mit der folgenden Problematik häufig verwendeten Begriff "vitale Interessen" ist im weiteren die Wahrung und Durchsetzung primär wirtschaftlicher Interessen gemeint.

2) Meist fälschlich als NATO-Problem behandelt, vgl. o. S. 64 f.

3) Etwa FAZ vom 3.12.1982, vom 6.11.1982, vom 21.10.1982 und vom 12.10.1982; Holst, EA 1982, S. 639; Burrows, Integration 1983, S. 67 ff.

1. Lieferboykott

Die Weigerung, die Bundesrepublik mit Rohstoffen zu beliefern, kann ein derart ressourcenarmes und zugleich hochindustrialisiertes Land empfindlich treffen: Je nach Art und Umfang des Boykotts können einschneidende Verschlechterungen der wirtschaftlichen Lage mit allen sich daraus ergebenden gesellschaftlichen, politischen und sozialen Folgen eintreten. Gleichwohl ist es von Verfassungs wegen nicht erlaubt, die Bundeswehr gegen die "Ölwaffe" einzusetzen. Wenn auch beim Versuch der Definition des völkerrechtlichen Aggressionsbegriffs darüber gestritten wird, ob hierunter auch "wirtschaftliche Aktionen" zu subsumieren sind [1], so stellt jedenfalls unter verfassungsrechtlichen Aspekten wirtschaftlicher Druck per se keinen (drohenden) bewaffneten Angriff auf das Bundesgebiet dar. Wer ernsthafte Störungen der wirtschaftlichen Entwicklung durch Entscheidungen dritter Staaten - mögen sie auch noch so unverständlich oder verwerflich sein - als existenzbedrohenden Angriff im Sinne des Grundgesetzes ansieht, der müßte konsequenterweise die Bundeswehr auch dann einsetzen, wenn etwa durch massiv protektionistisches Verhalten der Export in relevantem Maße beeinträchtigt würde.

Ein Fall der Verteidigung nach Art. 87 a, 115 a Abs. 1 Satz 1 GG ist also bei einem Lieferboykott nicht gegeben. Für militärisches Eingreifen in dieser Lage fehlt auch eine Ermächtigung gemäß Art. 87 a Abs. 2 GG. Somit können selbst dann, wenn die Bundesrepublik einen Rechtsanspruch auf Ausbeutung von Rohstofflagern oder auf Lieferungen hat, im Fall der Weigerung des betreffenden Staates die deutschen Interessen nicht mit Waffengewalt durchgesetzt werden.

---

1) Hierzu Kersting, Bündnisfall, S. 81 ff.

2. Lieferstörung und (drohender) Angriff

Es läßt sich jedoch ohne weiters eine Situation denken, in der eine Störung der Rohstoffversorgung mit einem Angriff oder seiner unmittelbaren Drohung einhergeht. So ist es zum einen denkbar, daß sich das Förderland selbst an der Aggression gegen die Bundesrepublik beteiligen will, aber auch, daß es seinerseits von einem Angreifer, der damit die Versorgung der Bundesrepublik beeinträchtigen will, bedrängt wird.

Im ersten Fall liegt eine klassische Verteidigungssituation vor, und ein Auslandseinsatz der Bundeswehr ist zur Abwehr des Angriffs ohne weiteres zulässig [1]. Kommt es dabei zu einer Besetzung feindlichen Gebiets, erlangt die Bundesrepublik verschiedene völkerrechtliche, durch das Grundgesetz nicht eingeschränkte Befugnisse: gemäß Art. 53 Abs. 1 HLKO können Rohstoffvorräte, wenn sie sich in staatlichem Eigentum befinden, konfisziert werden; an den Vorkommen selbst, soweit sie als unbewegliches und öffentliches Eigentum zu qualifizieren sind, steht der Besatzungsmacht ein Nießbrauchrecht zu, Art. 55 HLKO. Handelt es sich dagegen um privates Eigentum, so darf es nicht eingezogen, Art. 46 Abs. 2 HLKO, sondern nur gegen Bezahlung herausverlangt werden, Art. 52 Abs. 3 HLKO [2]. Daß der Verteidigungsfall nicht als Vorwand für den Zugriff auf Rohstoffquellen dienen darf, versteht sich von selbst.

---

1) Vgl. o. S. 1, Fn. 2.

2) Zu den Rechten der Besatzungsmacht bezüglich des Eigentums im besetzten Gebiet Seidl-Hohenveldern, Rdnr. 1330 f.; Berber, Völkerrecht II, S. 130 ff.; K. Ipsen, in: Menzel/Ipsen, S. 549 f.

Auch im zweiten der eingangs geschilderten Fälle ist eine Verteidigungssituation im Sinne des Grundgesetzes gegeben, jedoch mit der Besonderheit, daß kriegerische Handlungen des Gegners auf neutralem Territorium stattfinden. Die Bundesrepublik ist dann, auch unter völkerrechtlichen Gesichtspunkten [1], nicht gehindert, Truppen in die betroffene Region zu entsenden.

Stellt der Angriff auf ein Förderland dagegen nicht auch einen (drohenden) Angriff auf die Bundesrepublik dar, so kann die Bundeswehr selbst bei einem Hilferuf des Aggressionsopfers nicht eingreifen [2]; die eventuelle Beeinträchtigung der Versorgung kann - da es sich gerade nicht um "unsere" Ölquellen handelt - einen auswärtigen Einsatz nicht rechtfertigen.

3. Blockade der Transportwege

Schließlich besteht die Möglichkeit, daß der Rohstofftransport von den Förderländern nach der Bundesrepublik gestört wird; in Frage kommen hierbei vornehmlich Blockaden der Seeschiffahrtswege. Handelt es sich hierbei um Aktionen im Rahmen gegen die Bundesrepublik gerichteter kriegerischer Auseinandersetzungen, so ist der auf Beseitigung der Störung gerichtete Einsatz Teil der Verteidigungsaufgabe der Bundeswehr und somit ohne weiteres zulässig.

Fraglich ist dagegen, ob außerhalb dieser Situation eine Blockade für sich allein bereits als Angriff im Sinne des Art. 115 a Abs. 1 GG zu werten ist.

---

1) Berber, Völkerrecht II, S. 116 und 118.

2) Vgl. o. S. 105 f.

Wollte man Art. 6 NATOV und Art. 51 SVN [1] in Verbindung mit der Resolution der UN-Generalversammlung vom 14.12. 1974 [2] zugrunde legen, so könnte ein derartiges Verhalten als "Blockade der Häfen oder Küsten eines Staates durch die Streitkräfte eines anderen Staates" oder als "Angriff auf die Seeflotte" eine Aggression darstellen, doch gilt auch hier wieder, daß ein völkerrechtlicher Definitionsversuch "nur Orientierungspunkt für die innerstaatliche Begriffsbildung sein" kann [3], diese aber nicht ersetzt. Abgesehen davon kann die Sperrung einer Ozeanroute schon vom Wortlaut her nicht mit der Sperrung eines deutschen Hafens gleichgesetzt werden [4], und ein Angriff auf die Seeflotte der Bundesrepublik liegt jedenfalls dann nicht vor, wenn der Transport durch Frachtschiffe unter ausländischer Flagge erfolgt.
Für die verfassungsrechtliche Diskussion ist darauf abzustellen, ob es sich bei Blockaden um bewaffnete Angriffe auf das Bundesgebiet handelt. Als Bundesgebiet im Sinne von Art. 115 a Abs. 1 Satz 1 GG ist dabei das in Art. 23 GG bezeichnete Territorium (einschließlich des Saarlands [5] und des Küstenmeeres [6]) anzusehen [7], das heißt selbst Angriffe

---

1) Der in beiden Normen auftauchende Begriff "bewaffneter Angriff" wird als inhaltlich identisch betrachtet, Kersting, Bündnisfall, S. 13 und 22 f.; wohl auch Stern, Staatsrecht II, S. 1398.

2) Definition der Aggression, GA Res. 3314 (XXXIX), Nachweise o. S. 33, Fn. 2.

3) Stern, Staatsrecht II, S. 1398.

4) Vgl. aber K. Ipsen, Einsatz, S. 621.

5) v. Münch, in: ders., Art. 23, Rdnr. 24.

6) v. Münch, a.a.O., Rdnr. 17.

7) Stern, Staatsrecht II, S. 1399; Herzog, in: Maunz/Dürig, Art. 115 a, Rdnr. 24; Versteyl, in: v. Münch, Art. 115 a, Rdnr. 10.

auf deutsche Schiffe auf Hoher See werden vom Geltungsbereich des Art. 115 a Abs. 1 Satz 1 GG nicht erfaßt [1], da hierbei das Merkmal der Grenzverletzung [2] nicht gegeben ist. Bezweifelt werden kann darüber hinaus bereits, ob es sich bei Blockaden um "bewaffnete" Angriffe handelt [3].

Die zuletzt behandelte Konstellation bildet einerseits durch die Tatsache, daß bei einem Betroffensein der Bundesrepublik Deutschland "nicht jeder bewaffnete Konflikt im Sinne des Völkerrechts ... auch ein bewaffneter Angriff im Sinne des Art. 115 a Abs. 1 Satz 1 GG" [4] ist, und andererseits der Anbindung des Verteidigungsbegriffs an eben diese Norm offenbar eine Achillesferse der Sicherheit der Bundesrepublik Deutschland. Selbst wenn nämlich eine Blockade der der Versorgung der Bundesrepublik dienenden Seeschiffahrt ohne das gleichzeitige Vorliegen zumindest eines drohenden Angriffs nur schwer vorstellbar ist, so bleibt diese Lage gleichwohl nicht außerhalb jeder realen Möglichkeit. Im Einzelfall wird die Begleitung der Handelsschiffe durch Einheiten der Bundesmarine helfen können: diese dürfen zu Übungszwecken (als zulässige Vorbereitung der Verteidigung [5])

---

1) Stern, Staatsrecht II, S. 1399. Die Aussage, daß Flugzeuge oder Schiffe unter Umständen auch im Ausland als Teil des deutschen Staatsgebiets anzusehen wären (Ernst, S. 463), ist daher unzutreffend; der Verweis auf § 4 StGB vermag sie nicht zu untermauern, da diese Vorschrift keine Aussage über das Staatsgebiet, sondern über den Geltungsbereich des StGB macht.

2) Herzog, in: Maunz/Dürig, Art. 115 a, Rdnr. 25.

3) So ist wohl das Beispiel "Handelssperren" bei Stern, Staatsrecht II, S. 1398, zu verstehen. Wer einen "völkerrechtlichen" oder anderen, nicht an Art. 115 a Abs. 1 Satz 1 GG orientierten Verteidigungsbegriff benutzt, kommt natürlich auch bei Blockaden ohne weiteres zu einem zulässigen Streitkräfteeinsatz, vgl. v. Bülow, S. 195 ff., und Gillessen, FAZ vom 3.10.1980, S. 6.

4) Stern, Staatsrecht II, S. 1399.

5) Siehe oben S. 51 und S. 44.

auch in internationalen Gewässern operieren und sich, falls sie an der Weiterfahrt gehindert oder gar angegriffen werden sollten, aus diesem Grunde auch zur Wehr setzen. Im übrigen aber bleibt demjenigen, der diese sicherheitspolitische Schwachstelle beseitigen will, nur der Weg über eine Verfassungsergänzung.

4. Unterstützung befreundeter Staaten bei der Durchführung von der Bundeswehr untersagten Aktionen?

Für den oben untersuchten Bereich gewinnt ein Problem an Aktualität, das allerdings grundsätzlich für alle den deutschen Streitkräften verwehrten Maßnahmen gilt: die Unterstützung anderer Staaten bei der Durchführung derartiger Aktionen.
Unbestritten sollte zunächst sein, daß die Bundesrepublik in dem Maße, in welchem sie selbst an einem Eingreifen gehindert ist, andere Staaten nicht als Werkzeug benutzen darf. Die Mitgliedstaaten der NATO billigen allerdings Maßnahmen einzelner Mitglieder, außerhalb des Vertragsgebiets gemeinsame Interessen aller zu verteidigen [1]; besonders deutliche Aussagen macht insoweit das Kommuniqué über die Ministertagung des Verteidigungs-Planungsausschusses im Mai 1982 [2]: "Die Minister betonen ihr gemeinsames Interesse an der Sicherheit, Stabilität und souveränen Unabhängigkeit der Staaten außerhalb des NATO-Gebiets. Gleichzeitig können militärische Aggression in Gebieten außerhalb der NATO die vitalen Interessen von Bündnispartnern bedrohen. Mitglieder des Bündnisses sind in der Lage, entweder direkt

---

1) Vgl. zuletzt das Kommuniqué der Ministertagung des Nordatlantikrates im Mai 1984, EA 1984, S. D 373.

2) EA 1982, S. D 335.

oder indirekt zu den Bemühungen um die Abschreckung einer Aggression beizutragen und Ersuchen von Staaten außerhalb des NATO-Gebiets um Hilfe bei der Abwehr von Bedrohungen ihrer Sicherheit oder Unabhängigkeit stattzugeben. ... In der Erkenntnis, daß die von den Staaten auf diesem Gebiet verfolgte Politik Sache der nationalen Entscheidung ist, waren die Minister übereinstimmend der Auffassung, daß die Auswirkungen derartiger Dislozierungen auf die Sicherheit und Verteidigungsfähigkeit des Bündnisses gemeinsam in den zuständigen NATO-Gremien geprüft werden sollten. In diesem Zusammenhang muß die NATO im Rahmen ihrer Verteidigungs- und Eventualplanung Forderungen berücksichtigen, die sich aus einer solchen Überlegung ergeben können. Die Minister waren sich darin einig, daß es erforderlich werden kann, daß Bündnispartner im Lichte von NATO-Konsultationen Einsätze außerhalb des NATO-Gebiets unterstützen, die den vitalen Interessen aller dienen."
Wenn damit direkte Unterstützungen wie Transportleistungen etc. gemeint sind, so würde es sich bei einer Beteiligung der Bundeswehr um nicht zugelassene Einsätze handeln. Bedenklich ist auch die Entlastung von NATO-Partnern an anderer Stelle, nur um diesen dadurch eine Maßnahme zu ermöglichen, die der Bundeswehr versagt wäre [1].

Über das Verbot der Unterstützung hinaus kann eine Pflicht der Bundesrepublik zu aktivem Verhindern geplanter Einsätze außerhalb des NATO-Konzepts nicht bestehen. Der Friedens- und Verteidigungsbegriff des Grundgesetzes kann anderen Staaten nicht aufgezwungen werden - dies erfordert schon die Achtung vor der Souveränität der Partner. Die tatsächlichen Einflußmöglichkeiten der Bundesrepublik sollten

---

1) Vgl. Weißbuch 1983, S. 135 f.

darüber hinaus nicht überschätzt werden. Die Bundesrepublik ist daher nicht gehalten zu versuchen, gegenüber verbündeten Staaten, die außerhalb des NATO-Konzepts militärisch vorgehen [1], den grundgesetzlichen Friedens-Standard durchzusetzen.

1) Zur amerikanischen Eingreiftruppe RDF Schauer, Wehrwissenschaftliche Rundschau 1981, S. 120 ff.; Cohen, EA 1982, S. 727; Burrows, Integration 1983, S. 69; Mackensen, Frankfurter Rundschau vom 1.3.1982, S. 15.

IV. Interventionen zum Schutz von Staatsangehörigen

1. Terroristenbekämpfung

Die Entwicklung des internationalen Terrorismus, der zudem in verschiedenen Fällen von staatlicher Seite gefördert wird, hat gezeigt, daß sich insbesondere westliche Staaten Gedanken über adäquate Reaktionsmöglichkeiten auf Flugzeugentführungen, Botschaftsbesetzungen usw. machen müssen.
Soll eine eventuelle Verwendung der Bundeswehr in derartige Überlegungen mit einbezogen werden, so muß auch hier am Anfang die Frage stehen, ob es sich dabei um eine Verteidigungssituation im Sinne von Art. 87 a, 115 a Abs. 1 Satz 1 GG handelt.
Werden terroristische Akte nur von Einzelpersonen oder kleinen Kommandos begangen, so fehlt es wegen des "von der Zahl und Bewaffnung her geringe(n) Potential(s)" [1] bereits an einem bewaffneten Angriff [2]. Ist der nicht ganz undenkbare Fall gegeben, daß ein deutsches Flugzeug durch Einheiten einer fremden Luftwaffe zum Landen gezwungen wird oder daß die Streitkräfte eines Staates die dortige diplomatische Vertretung der Bundesrepublik besetzen oder ein deutsches Schiff oder Flugzeug festhalten, so sind zwar die Merkmale des bewaffneten Angriffs gegeben, es fehlt aber der erforderlich unmittelbare territoriale Bezug, da Botschaftsgebäude genauso wenig wie See- oder Luftfahrzeuge zum Bundesgebiet im Sinne von Art. 115 a Abs. 1 Satz 1 GG gehören [3].

---

1) Stern, Staatsrecht II, S. 1399.

2) Stern, a.a.O.; Herzog, in: Maunz/Dürig, Art. 115 a, Rdnr. 26 und Versteyl, in: v. Münch, Art. 115 a, Rdnr. 12, wollen z.B. sogar Guerilla-Tätigkeit erst ab einer gewissen Intensität als Angriff werten; K. Ipsen, in: Bonner Kommentar, Art. 115 a, Rdnr. 2, verlangt eine "geplante größere militärische Aktion" durch "bewaffnete Streitkräfte eines fremden Staates".

3) Zur völkerrechtlichen Rechtslage Seidl-Hohenveldern, Rdnr. 717.

Wenn daher nicht weitere Umstände hinzukommen, ist in diesen terroristischen Aktionen kein bewaffneter Angriff auf die Bundesrepublik zu sehen.

Doch bleibt eine Verwendung der Bundeswehr gleichwohl möglich, wenn es sich dabei nicht um einen Einsatz im Sinne des Art. 87 a Abs. 2 GG handelt.
Wenn die Bundeswehr bei einer entsprechenden Mission [1)] Kampfhandlungen gegen Angehörige fremder Streitkräfte durchführen müßte, so liegt sicherlich ein militärisches Vorgehen und damit ein Einsatz vor. Das gilt auch für den Fall, daß eine Bundeswehr-Einheit zwar gegen einen nicht von Streitkräften durchgeführten terroristischen Akt vorgehen soll, dabei aber gegen den Willen seiner Regierung in das Territorium eines fremden Staates eindringen müßte und dabei zur Brechung von Widerstand bereit wäre.

Eine andere Bewertung ist möglicherweise dann geboten, wenn die Regierung des Landes, in dem der terroristische Anschlag stattfindet, mit der Entsendung von Bundeswehr-Angehörigen einverstanden ist.
Die Widerlegung der Vermutung, daß es sich bei der Verwendung von Streitkräften um militärische Aktionen handelt, kann hier durch den polizeilichen Charakter der Maßnahme erfolgen: nach dem Verständnis des Grundgesetzes ist die Bekämpfung einzelner terroristischer Handlungen nicht Aufgabe des militärischen Machtfaktors Bundeswehr, sondern der Polizei [2)]. Hier liegt wohl auch der Grund dafür, daß

---

1) Dabei kommt es dann, wie überhaupt im folgenden, nicht mehr darauf an, ob es sich bei den Festgehaltenen oder Eingeschlossenen um deutsche Staatsangehörige handelt.

2) Der Einsatz der Bundeswehr auf diesem Gebiet ist erst in einer regelrechten Bürgerkriegssituation zulässig, Art. 87 a Abs. 4 Satz 1 GG. Hierzu Brunkow, Rechtliche Probleme, S. 103 ff.

zur Terroristenbekämpfung eine Sondereinheit des (polizeilichen) Bundesgrenzschutzes gebildet wurde [1], die durch die mit somalischer Billigung und Unterstützung erfolgte Geiselbefreiung in Mogadischu am 17./18. November 1977 bekannt geworden ist [2]. Wegen der Existenz und erwiesenen Effektivität dieser Polizeieinheit kann daher nicht davon ausgegangen werden, daß nur die Bundeswehr oder sie in besonderem Maße zu antiterroristischen Aktionen geeignet ist. Solange und soweit daher eine polizeiliche Alternative existiert, kann (und braucht) die Bundeswehr im Ausland nicht zur Terroristenbekämpfung verwendet werden.

2. Sonstige Situationen

Kein dem Vorbehalt des Art. 87 a Abs. 2 GG unterliegender Einsatz wäre es, wenn die Bundeswehr in Kriegs- oder Bürgerkriegssituationen mit Zustimmung der am Konflikt Beteiligten eine Gruppe von eingeschlossenen Deutschen [3] ausfliegt. Müssen die Betroffenen dagegen "herausgehauen" werden, so liegt, auch wenn dabei gegen organisierte Aufständische vorgegangen werden muß [4], ein Einsatz vor, der nicht zur Verteidigung des Bundesgebiets und auch ohne grundgesetzliche Ermächtigung erfolgt. Die Bundeswehr darf also insoweit nicht eingreifen.

---

1) Ernst, S. 91

2) Zu den Ereignissen Dokumentation, S. 86 ff.; Ernst, S. 462 f.; zur rechtlichen Bewertung ders., S. 463 ff.

3) Siehe auch oben S. 125, Fn. 1; bei der Evakuierung fremder Staatsangehöriger ist praktisch die Situation der humanitären Hilfsaktion, oben S. 107 ff., gegeben.

4) Denkbar ist z.B. die Entführung von Entwicklungshelfern oder Geschäftsleuten.

ZWEITER TEIL
DIE VERWENDUNG DER NATIONALEN VOLKSARMEE IM AUSLAND

1. Abschnitt
Die Beistandsleistung aufgrund bestehender Bündnisverpflichtungen

I. Verpflichtungen aufgrund des Warschauer Pakts

1. Die Einbeziehung der NVA in den Warschauer Pakt

Die DDR ist einer der Gründerstaaten des Warschauer Pakts [1]. Zum Zeitpunkt der Unterzeichnung des Vertrags [2] "über Freundschaft, Zusammenarbeit und gegenseitigen Beistand zwischen der Volksrepublik Albanien [3], der Volksrepublik Bulgarien, der Ungarischen Volksrepublik, der Deutschen Demokratischen Republik, der Volksrepublik Polen, der Rumänischen Volksrepublik, der Union der Sozialistischen Sowjetrepubliken und der Tschechoslowakischen Republik" am 14. Mai 1955 [4] war die NVA noch nicht geschaffen worden, doch verfügte die DDR über ein Wachregiment des Ministeriums für Staatssicherheit in der Stärke von mindestens 5000 Mann [5] sowie faktisch über ein Heer von ca. 100.000 Mann, das zwar als "Kasernierte

---

1) Vgl. zur Entstehungsgeschichte des Warschauer Pakts die Nachweise S. 2, Fn. 4.

2) GBl. 1955 I S. 381 ff.

3) Albanien ist im September 1968 aus Protest gegen den Einmarsch in die CSSR aus dem Warschauer Pakt ausgeschieden; das Gesetz über den Austritt ist abgedruckt in Meissner, Breshnew-Doktrin, S. 162 f.

4) Vom gleichen Tag datiert der Beschluß der Paktmächte über die Bildung eines Vereinten Kommandos, abgedruckt in Meissner, Warschauer Pakt, S. 102.

5) Weck, S. 12.

Volkspolizei" bezeichnet wurde, tatsächlich jedoch militärisch konzipiert und organisiert war [1]. Offiziell erfolgte die Bildung der NVA am 18. Januar 1956 [2].
Die ostdeutschen Streitkräfte wurden ausweislich des Schlußkommuniqués vom 28. Januar 1956 [3] auf der ersten Tagung des Politischen Beratenden Ausschusses des Warschauer Pakts in die Bündnis-Organisation integriert. Dabei wurden die "bewaffneten Kontingente in die Vereinten Streitkräfte einbezogen" [4], d.h., die NVA wurde dem Vereinten Kommando des Warschauer Pakts unterstellt [5].

a. Diskriminierung der DDR durch die Beistandsklausel?

Der Warschauer Vertrag enthält in Art. 4 eine im Vergleich zum NATO-Vertrag enger gefaßte Beistandsverpflichtung:

---

1) Forster, S. 95; Hacker, Vertragsorganisation, S. 15 f. Daß es bereits 1952 um die Bildung militärischer Streitkräfte ging, wird bei Hartmann, Militärgeschichte 1983, S. 646 und 648 f., deutlich. Zur KVP vgl. a. Albrecht, Militär in der DDR, S. 11 ff., und allgemein zur Entwicklung des ostdeutschen Wehrwesens Weck, S. 11 ff., sowie Michl, S. 12.

2) Gesetz über die Schaffung der Nationalen Volksarmee und des Ministeriums für nationale Verteidigung, GBl. 1956 I S. 81 ff.; zur Stärke der militärischen Kräfte der DDR zu diesem Zeitpunkt vgl. Henrich, S. 13.

3) Abgedruckt bei Meissner, Warschauer Pakt, S. 103 f.

4) A.a.O., S. 104.

5) Vgl. Art. 5 Satz 1 WV i.V.m. dem Beschluß über die Bildung des Vereinten Kommandos, oben S. 127, Fn. 4.

"Im Falle eines bewaffneten Überfalls in Europa auf einen oder mehrere Teilnehmerstaaten des Vertrags seitens irgendeines oder einer Gruppe von Staaten wird jeder Teilnehmerstaat des Vertrags in Verwirklichung des Rechtes auf individuelle oder kollektive Selbstverteidigung in Übereinstimmung mit Art. 51 der Satzung der Organisation der Vereinten Nationen dem Staat oder den Staaten, die einem solchen Überfall ausgesetzt sind, sofortigen Beistand individuell und in Vereinbarung mit den anderen Teilnehmerstaaten des Vertrags mit allen Mitteln, die ihnen erforderlich erscheinen, einschließlich der Anwendung von militärischer Gewalt erweisen."

Auffällig ist, daß dieser deutsche Wortlaut von den gleichermaßen verbindlichen [1] russischen, polnischen und tschechischen Texten abweicht: nach diesen muß der Teilnehmerstaat einem Angegriffenen "Beistand mit allen Mitteln, die <u>ihm</u> erforderlich scheinen" [2], leisten.

Aus dieser Textdivergenz wird z.T. gefolgert, daß der DDR ein minderer Status und Schutz zustehe, da sie zwar zur unbedingten Hilfeleistung in dem von ihren Vertragspartnern für erforderlich erachteten Umfang verpflichtet sei, ihr selbst aber nur ein Anspruch auf Unterstützung nach der jeweiligen Einschätzung der übrigen Vertragsstaaten zustünde [3]. Eine so fixierte Diskriminierung der DDR kann aber aus mehreren Gründen ausgeschlossen werden. Zum einen ist es wegen der bereits erwähnten Gleichwertigkeit der vier Ver-

---

1) Art. 11 Abs. 3 Satz 1 WV.

2) Hervorhebung vom Verfasser.

3) Meissner, Warschauer Pakt, S. 42 f.; Walter, S. 58 f.; wohl auch DDR Handbuch S. 1159; vgl. auch die Nachweise bei Frenzke, ROW 1968, S. 146, und Tiedtke, S. 52, Fn. 47.

tragssprachen für alle acht Beteiligten nicht möglich, die Rechte und Pflichten eines Signatars aus nur einer einzigen Ausfertigung herzuleiten [1]. Zum anderen hätten die an den Vertragsverhandlungen Beteiligten zu diesem Zeitpunkt angesichts der schwachen Stellung der DDR und ihrer rudimentären militärischen Stärke ohne weiteres eine rechtlich nicht verklausulierte Sonderstellung durchsetzen können [2]. Schließlich folgt aus der Entstehungsgeschichte - der in der russischen Verhandlungssprache gehaltene Entwurf entsprach inhaltlich dem endgültigen Text [3] -, daß die verschiedenen Fassungen sich als Versehen aufgrund eines Übersetzungs- oder Schreibfehlers erklären lassen [4].

b. Bedeutung der Eingliederung in die Vereinten Streitkräfte

Die rechtlichen Folgen der Unterstellung der NVA unter das Vereinte Kommando werden unterschiedlich beurteilt: Wer das Ministerium für nationale Verteidigung als oberste Kommandobehörde ansieht [5], der bejaht damit die hoheitliche Verfügungsgewalt der DDR über ihre Armee. Gerade diese aber wird von den Autoren geleugnet, die mit der Unter-

---

1) Unverständlich insoweit Walter, S. 59; vgl. auch Art. 33 Abs. 1 WÜRV.

2) Frenzke, ROW 1968, S. 150.

3) Frenzke, ROW 1968, S. 148; Tiedtke, S. 53.

4) Frenzke, ROW 1968, S. 159; Tiedtke, S. 53.

5) Mampel, Art. 7, Rdnr. 32; Brunner, S. 71; U. Rühmland, NVA, S. 142; Neugebauer, S. 755; Weck, S. 48. Der Minister für Nationale Verteidigung selbst ist allerdings nur ein Organ des Ministerrats, und dieser wiederum im militärischen Bereich auf ihm übertragene Aufgaben beschränkt, Mampel, Art. 73, Rdnr. 23. Insoweit ist er auch dem Nationalen Verteidigungsrat unterstellt; zu dessen Kompetenzen Mampel, Art. 73, Rdnr. 17 ff.

stellung der NVA unter das Vereinte Kommando bereits in Friedenszeiten die oberste Befehlsgewalt dieses Organs der Warschauer Pakt-Organisation annehmen [1].

In der Tat kennt die Verfassung der DDR auffälligerweise keine Regelung des Oberbefehls über die NVA. Die Bestimmung seines Inhabers setzt zunächst die Analyse der Aufgaben und Funktionen des Vereinten Kommandos der Warschauer Pakt-Organisation voraus. Art. 5 Satz 1 WV spricht wenig präzise davon, daß dem Vereinten Kommando Truppen "zur Verfügung gestellt werden" - welcher Art diese Verfügungsgewalt sein soll, ist nicht ersichtlich. Auch dem Text des Beschlusses der Warschauer Pakt-Mächte über die Bildung des Vereinten Kommandos ist keine konkrete Zuweisung von Aufgaben und Befugnissen zu entnehmen. Doch taucht hier der Begriff "Oberkommandierender" auf, der zunächst die Annahme einer umfassenden und höchsten Befehlsgewalt über die Vereinten Streitkräfte, mithin auch über die NVA nahelegt. Doch steht diesem Befund möglicherweise der letzte Abschnitt des Beschlusses über die Errichtung eines Vereinten Kommandos entgegen:

> "Die Dislozierung der Vereinten Streitkräfte auf dem Territorium der Teilnehmerstaaten des Vertrags wird in Übereinstimmung mit den Erfordernissen der gemeinsamen Verteidigung nach Vereinbarung zwischen diesen Staaten durchgeführt."

---

1) Hacker, Vertragsorganisation, S. 30 f.; ders., Die Stellung der DDR im Warschauer Pakt, S. 194; ders., Der Ostblock, S. 876; Walter, S. 58; vgl. auch Düchs, S. 30, und Meissner, Warschauer Pakt, S. 55, die das Vereinte Kommando als supranationales Organ bezeichnen. Uschakow, Einordnung, S. 71, sieht die Vereinten Streitkräfte nicht als supranationale, sondern als Koalitionsarmee an.

Eine unbeschränkte Kommandogewalt des Vereinten Kommandos ließe sich nur dann annehmen, wenn man diese Regelung so auslegte, daß die Dislozierung von Teilen der Vereinten Streitkräfte in einem Mitgliedstaat gemeint ist, dem diese Einheiten nicht angehören - falls also eine Vereinbarung nur dann notwendig wäre, wenn etwa deutsche und sowjetische Kontingente der Vereinten Streitkräfte in oder nach Polen verlegt werden sollten. Die Formulierung ist jedoch, da sich aus dem Text keine Einschränkung ergibt, so zu verstehen, daß jede Dislozierung erfaßt wird, d.h. immer dann, wenn Einheiten neu verteilt werden, muß der Entsendestaat den Truppenbewegungen zustimmen. Daraus folgt, daß die Befehlsgewalt des Vereinten Kommandos keine allumfassende ist.

Es ist mangels entgegenstehender Hinweise auch davon auszugehen, daß trotz enger Absprache und gewisser Abhängigkeiten [1] Organisation und Ausbildung der NVA letztendlich in Verantwortlichkeit der DDR erfolgen.

Zu berücksichtigen ist schließlich, daß der Fahneneid, den die Soldaten der NVA leisten müssen [2], trotz der Erwähnung verbündeter Streitkräfte, insbesondere der Sowjetarmee, verlangt, der DDR treu zu dienen und sie "auf Befehl der Arbeiter- und Bauern-Regierung gegen jeden Feind zu schützen" [3]. In ihrem eigenen Selbstverständnis verfügt die DDR also über den Oberbefehl über ihre Streitkräfte [4].

---

1) Etwa im Bereich der Waffenlieferungen von der Sowjetunion, vgl. Birnstiel, S. 174 f.

2) Anlage zu § 19 Abs. 1 des Wehrdienstgesetzes vom 25. März 1982, GBl. I S. 221.

3) Hervorhebung vom Verfasser.

4) Vgl. a. Voss, S. 50 und 52.

Im übrigen wäre selbst dann, wenn die gegenteilige Auffassung zuträfe, eine verfassungsrechtliche Untersuchung des Auslandseinsatzes angebracht, da es sich jedenfalls auch in diesem Fall nicht um supranationale, sondern um DDR-Streitkräfte handeln würde.

2. Die innerstaatliche Regelung der Verpflichtungen aus dem Warschauer Pakt

a. Grundlagen der Bündnis-Eingliederung

Zum Zeitpunkt der Gründung der Warschauer Pakt-Organisation besaß die DDR keine Wehrhoheit: Die erste Verfassung der DDR [1] enthielt keine ausdrücklichen wehrrechtlichen Regelungen; lediglich Art. 5 Abs. 3 mit dem Verbot der Teilnahme an kriegerischen Handlungen, die der Unterdrückung eines Volkes dienen, und Art. 6 Abs. 2 Satz 1 mit der Pönalisierung militaristischer Propaganda erwähnten militärische Tatbestände. Dieser Umstand allein konnte aber genau sowenig wie die vergleichbare Situation in der Bundesrepublik Wehrhoheit begründen [2]. Die fehlende Wehrhoheit allein aber bedeutete noch kein verfassungsrechtliches Hindernis für die Mitgliedschaft im Warschauer Pakt, denn eine Erfüllung der Vertragsverpflichtungen - gestützt auf die verfassungsrechtliche Regelung der auswärtigen Gewalt, Art. 117 Abs. 1 der Verfassung der DDR von 1949 - wäre auch unterhalb der Anwendung militärischer Gewalt denkar gewesen. Doch wird die Auffassung vertreten [3], bei Schaffung des

---

1) GBl. 1949 S. 5 ff.

2) Vgl. Weck, S. 23 ff.

3) Hacker, Die Stellung der DDR im Warschauer Pakt, S. 190 f.

Warschauer Pakt-Systems sei die DDR noch gar nicht voll souverän gewesen, da sich die sowjetische Regierung in ihrer Erklärung vom 25. März 1954 [1)] "die Funktionen, die mit der Gewährleistungen der Sicherheit in Zusammenhang stehen und sich aus den Verpflichtungen ergeben, die der UdSSR aus dem Viermächteabkommen erwachsen", vorbehalten hat. Da die Sowjetunion jedoch selbst Vertragspartner des Warschauer Pakts ist, ist davon auszugehen, daß sie diesen Vorbehalt zugunsten der DDR nach Maßgabe der Vertragsbestimmungen aufgegeben hat.

Durch eine der seltenen Änderungen der ersten Verfassung der DDR kam es durch Gesetz vom 26. September 1955 [2)] zu folgenden Ergänzungen:

> "Art. 5
>
> Der Dienst zum Schutz des Vaterlandes und der Errungenschaften der Werktätigen ist eine ehrenvolle nationale Pflicht der Bürger der Deutschen Demokratischen Republik.
>
> Art. 112
>
> Der Republik obliegt die Gesetzgebung über den militärischen Schutz der Heimat".

Die Bildung der NVA im Januar 1956 erfolgte somit aufgrund einer verfassungsrechtlichen Ermächtigung; allerdings kannte die damalige Verfassung keine Bündnis-Regelungen.

---

1) Abgedruckt bei Rauschning, Die Gesamtverfassung Deutschlands, S. 236 f., in AÖR 79, S. 503 f., und in EA 1954, S. 653 f. Zur Dedeutung des Dokuments v. Nottbeck, IRD 1969, der S. 90 annimmt, daß seit der sowjetischen Erklärung von einer auswärtigen Gewalt der DDR gesprochen werden kann.

2) GBl. 1955 I S. 653.

b. Die verfassungsrechtliche Zulässigkeit der Verwendung im Bündnisfall

aa. Verfassungsrechtliche Grundlagen [1)]

In die sozialistische Verfassung vom 6. April 1968 [2)] wurden zahlreiche wehrrechtliche und potentiell den Auslandseinsatz betreffende Normen aufgenommen:

"Art. 6

(1) Die Deutsche Demokratische Republik hat getreu den Interessen des deutschen Volkes und der internationalen Verpflichtung aller Deutschen auf ihrem Gebiet den deutschen Militarismus und Nazismus ausgerottet und betreibt eine dem Frieden und dem Sozialismus, der Völkerverständigung und der Sicherheit dienende Außenpolitik.

(2) Die Deutsche Demokratische Republik pflegt und entwickelt entsprechend den Prinzipien des sozialistischen Internationalismus die allseitige Zusammenarbeit und Freundschaft mit der Union der Sozialistischen Sowjetrepubliken und den anderen sozialistischen Staaten.

(3) Die Deutsche Demokratische Republik unterstützt die Bestrebungen der Völker nach Freiheit und Unabhängigkeit und pflegt auf der Grundlage der Gleichberechtigung und gegenseitigen Achtung die Zusammenarbeit mit allen Staaten.

(4) ...

---

1) Der Warschauer Pakt gehört, ebenso wie die anderen völkerrechtlichen Verträge, nicht zu den verfassungsrechtlichen Grundlagen: Völkervertragsrecht - auch, soweit Verträge mit sozialistischen Staaten betroffen sind (Mampel, Art. 51, Rdnr. 8) - wird nämlich durch und in Gesetze transformiert, wie sich aus den für die jeweiligen Instrumente angegebenen Fundstellen ergibt; vgl. a. DDRV-Kommentar, Art. 66, Erl. 4.

2) GBl. 1968 I S. 199 ff.

Art. 7

(1) Die Staatsorgane gewährleisten die Unantastbarkeit des Staatsgebietes der Deutschen Demokratischen Republik einschließlich des Luftraums und der Territorialgewässer sowie den Schutz und die Nutzung des Festlandsockels.

(2) Die Deutsche Demokratische Republik organisiert die Landesverteidigung sowie den Schutz der sozialistischen Ordnung und des friedlichen Lebens der Bürger. Die Nationale Volksarmee und die anderen Organe der Landesverteidigung schützen die sozialistischen Errungenschaften des Volkes gegen alle Angriffe von außen. Die Nationale Volksarmee pflegt im Interesse der Wahrung des Friedens und der Sicherung des sozialistischen Staates enge Waffenbrüderschaft mit den Armeen der Sowjetunion und anderer sozialistischer Staaten.

Art. 8

(1) Die allgemein anerkannten, dem Frieden und der friedlichen Zusammenarbeit der Völker dienenden Regeln des Völkerrechts sind für die Staatsmacht und jeden Bürger verbindlich. Die Deutsche Demokratische Republik wird niemals einen Eroberungskrieg unternehmen oder ihre Streitkräfte gegen die Freiheit eines anderen Volkes einsetzen.

(2) ...

Art. 23

(1) ...

(2) Kein Bürger darf an kriegerischen Handlungen und ihrer Vorbereitung teilnehmen, die der Unterdrückung eines Volkes dienen.

(3) ...

Art. 52

Die Volkskammer beschließt über den Verteidigungszustand der Deutschen Demokratischen Republik. Im Dringlichkeitsfalle ist der Staatsrat berechtigt, den Verteidigungszustand zu beschließen. Der Vorsitzende des Staatsrates verkündet den Verteidigungszustand."

Von der Ergänzung und Änderung der DDR-Verfassung im Jahre 1974 wurden Art. 7 Abs. 2, 23 Abs. 2 und 52 nicht berührt; Art. 6 Abs. 1 bis Abs. 3 und Art. 8 enthielten folgende Fassung [1]:

"Art. 6

(1) Die Deutsche Demokratische Republik hat getreu den Interessen des Volkes und den internationalen Verpflichtungen auf ihrem Gebiet den deutschen Militarismus und Nazismus ausgerottet. Sie betreibt eine dem Sozialismus und dem Frieden, der Völkerverständigung und der Sicherheit dienende Außenpolitik.

(2) Die Deutsche Demokratische Republik ist für immer und unwiderruflich mit der Union der Sozialistischen Sowjetrepubliken verbündet. Das enge und brüderliche Bündnis mit ihr garantiert dem Volk der Deutschen Demokratischen Republik das weitere Voranschreiten auf dem Wege des Sozialismus und des Friedens.

Die Deutsche Demokratische Republik ist untrennbarer Bestandteil der sozialistischen Staatengemeinschaft. Sie trägt getreu den Prinzipien des sozialistischen Internationalismus zu ihrer Stärkung bei, pflegt und entwickelt die Freundschaft, die allseitige Zusammenarbeit und den gegenseitigen Beistand mit allen Staaten der sozialistischen Gemeinschaft.

(3) Die Deutsche Demokratische Republik unterstützt die Staaten und Völker, die gegen den Imperialismus und sein Kolonialregime, für nationale Freiheit und Unabhängigkeit kämpfen, in ihrem Ringen um gesellschaftlichen Fortschritt. Die Deutsche Demokratische Republik tritt für die Verwirklichung der Prinzipien der friedlichen Koexistenz von Staaten unterschiedlicher Gesellschaftsordnung ein und pflegt auf der Grundlage der Gleichberechtigung und gegenseitigen Achtung die Zusammenarbeit mit allen Staaten.

Art. 8

(1) Die allgemein anerkannten, dem Frieden und der friedlichen Zusammenarbeit der Völker dienenden Regeln des Völkerrechts sind für die Staatsmacht und jeden Bürger verbindlich.

(2) Die Deutsche Demokratische Republik wird niemals einen Eroberungskrieg unternehmen oder ihre Streitkräfte gegen die Freiheit eines anderen Volkes einsetzen."

---

1) GBl. 1974 I S. 425 ff.

Das Verteidigungsgesetz von 1978 [1] regelt Grundlagen und Organisation der Landesverteidigung; "Lieferungen, Leistungen oder andere Maßnahmen nach diesem Gesetz können auch zugunsten der Streitkräfte der verbündeten Staaten erfolgen" (§ 13).

bb. Zulässigkeit des Bündnis-Einsatzes

Aufgrund der heutigen Verfassungsrechtslage ist der DDR militärische Hilfeleistung aufgrund ihrer Bündnisverpflichtungen ohne weiteres möglich. Die Einsatzermächtigung zur Landesverteidigung und zum Schutz der Bürger bzw. des Volkes gegen Angriffe von außen, Art. 7 Abs. 2 Satz 1 und 2 DDRV 1974, beschränkt die Aufgaben der NVA nicht auf die Verteidigung des Gebiets der DDR [2]: wenn die Verfassung der DDR auch keine ausdrückliche Zulassung der militärischen Unterstützung von Bündnispartnern kennt, so enthält sie doch, wenn die gebotene und am ideologischen Endziel orientierte Interpretation erfolgt, eine Fülle von Vorschriften, welche derartige Einsätze erlauben oder sogar verlangen.

---

1) GBl. I S. 377 ff.

2) Von einer derartigen Beschränkung geht auch der DDRV-Kommentar, Art. 7, Erl. 2, nicht aus - als Heimat des NVA-Soldaten gilt vielmehr "das riesige Territorium zwischen Elbe und Stillem Ozean, zwischen Nördlichem Eismeer und Donau" (zit. nach Wehrkunde 1975, S. 99); ob Weck, S. 33, eine territoriale Aufgabenbeschränkung annimmt, wenn er vom Defensivcharakter der NVA, die erst gegen Angriffe von außen zu Kriegshandlungen eingesetzt werden könne, spricht, bleibt unklar.

Entsprechende Verfassungsnormen finden sich in dem Gebot [1], eine dem Sozialismus dienende Außenpolitik zu betreiben, Art. 6 Abs. 1 Satz 2 DDRV 1974, konkretisiert durch das in der Verfassung festgeschriebene enge und unwiderrrufliche Bündnis mit der Sowjetunion und die untrennbare Verbundenheit mit der sozialistischen Staatengemeinschaft auf der Grundlage der Prinzipien des sozialistischen Internationalismus, Art. 6 Abs. 2 DDRV 1974. Spezifisch militärische Bedeutung gewinnen diese Grundsätze durch die Verfassungsaussagen über den "gegenseitigen Beistand", Art. 6 Abs. 2 Satz 4 DDRV 1974, und die "enge Waffenbrüderschaft", Art. 7 Abs. 2 Satz 2 DDRV 1974. Hier finden sich jene für westlich-rechtsstaatliche Vorstellungen generalklauselartigen und unpräzisen Begriffe, die für die marxistisch-leninistische Rechtsordnung kennzeichnend sind. Doch gewinnen diese ideologieabhängigen Verfassungsvorschriften wenigstens einigermaßen Kontur, wenn man sich mit den zugrundeliegenden politischen Theorien befaßt.

α. Die Prinzipien des "sozialistischen Internationalismus" und ihre Rezeption durch die DDR

Grundlage der DDR-Außen- und Bündnispolitik sind, formuliert als ausdrückliches Verfassungsgebot [2], die Grundsätze des "sozialistischen Internationalismus".

---

1) Sämtliche außenpolitischen Maxime des Art. 6 DDRV 1974 sind Auftragsnormen (Mampel, Art. 6, Rdrn. 9), d.h. die Staatsorgane (und die Bürger) sind verpflichtet, diese Prinzipien "in die Tat umzusetzen" (DDRV-Kommentar, Art. 6, vor Erl. 1), wobei ihnen aus der Natur der Sache heraus ein gewisser Ermessensspielraum bezüglich der Mittel eingeräumt ist.

2) Sozialistische Staatengemeinschaft und Völkerrecht, S. 61.

Ursprünglich wurde als "proletarischer Internationalismus" ein Prinzip verstanden, welches die Beziehungen von Arbeiterbewegungen verschiedener Länder bestimmen sollte: Erkenntnis der Klassenlage und gemeinsamer Interessen, Vorrang der klassenmäßigen Zuordnung vor der nationalen, internationale Solidarität als Maximen der Werktätigen und ihrer Partei [1)]. Bereits unmittelbar nach Konsolidierung der bolschewistischen Revolution war dieser politisch-ethische Grundsatz von sowjetischen Völkerrechtlern zu einem (auch) juristischen weitergeführt und der Gedanke eines besonderen Völkerrechts mit Geltung zwischen Staaten sozialistischen Typs entwickelt worden. Aufgrund verschiedener ideologischer Friktionen kam es bis Kriegsende nicht zu einem Ausbau dieser Theorie [2)]. Auch ihre Entwicklung nach 1945 "verlief keineswegs gradlinig, sie erfreute sich keineswegs, einmal aufs Tapet gebracht, sogleich allgemeiner Anerkennung unter den sowjetischen Autoren. Es dauerte mehr als 20 Jahre, bis kein sowjetischer Völkerrechtsautor die These mehr offen bestritt, daß innerhalb des heute als "sozialistische Staatengemeinschaft" bezeichneten Staatengruppe "sozialistisches" Völkerrecht in Geltung sei" [3)].

---

1) Sozialistische Staatengemeinschaft und Völkerrecht, S. 23 ff.; DDRV-Kommentar, Art. 6, Anm. 2; vgl. die Ansätze bei Marx/Engels, S. 472, 476, 479 und 493.

2) Schweisfurth, Sozialistisches Völkerrecht?, S. 182 ff.

3) Schweisfurth, Sozialistisches Völkerrecht?, S. 193; vgl. aber Sozialistische Staatengemeinschaft und Völkerrecht, S. 40, Fn. 108.

"Sozialistischer Internationalismus" ist nunmehr der Oberbegriff eines ganzen Bündels spezieller völkerrechtlicher Prinzipien [1]. In enger Anlehnung an die sowjetische Staats- und Völkerrechtslehre zählt die DDR hierzu [2]:

- das Prinzip der Festigung der Einheit des sozialistischen Weltsystems und der zunehmenden Annäherung der sozialistischen Völker und Nationen;
- das Prinzip der ständigen planmäßigen Erweiterung und Vertiefung der allseitigen Zusammenarbeit der sozialistischen Staaten unter strikter Achtung ihrer Souveränität und Unabhängigkeit, ihrer Gleichberechtigung und der Nichteinmischung in die inneren Angelegenheiten eines anderen Staates;
- das Prinzip der gegenseitigen brüderlichen Hilfe der sozialistischen Staaten und ihrer wechselseitigen Unterstützung beim Aufbau des Sozialismus/Kommunismus;
- das Prinzip der Pflicht der sozialistischen Staaten zum Aufbau des Sozialismus/Kommunismus im eigenen Land bei Berücksichtigung und Förderung der Interessen des Weltsozialismus;
- das Prinzip der Pflicht der sozialistischen Staaten zur Koordinierung ihrer Außen- und Sicherheitspolitik;
- das Prinzip des gemeinsamen Schutzes ihrer sozialistischen Errungenschaften durch die Staaten der sozialistischen Gemeinschaft.

---

1) Zur Juridifizierung des Prinzips Schweisfuhrt, Sozialistisches Völkerrecht?, S. 365 ff.; Hacker, Der Ostblock, S. 850 und 862, verneint apodiktisch die Existenz eines sozialistischen Völkerrechts. Es wird jedenfalls mittlerweile auch von der DDR anerkannt, daß die Haltung der UdSSR und der DDR nicht von allen sozialistischen Staaten geteilt wird, Sozialistische Staatengemeinschaft und Völkerrecht, S. 11 und 47. Vgl. auch Frenzke, ROW 1977, S. 245 ff.

2) Völkerrecht-Lehrbuch, T. 1, 2. Aufl., S. 132 ff.; vgl. auch DDRV-Kommentar, Art. 6, Anm. 2, und Sozialistische Staatengemeinschaft und Völkerrecht, S. 48 ff., insbesondere S. 52 f. und 58 f.

Man könnte, insbesondere unter völkerrechtlichen Gesichtspunkten, diese Grundsätze straffen und auf zwei oder drei Elemente reduzieren [1], doch müßten diese dann entsprechend ausführlicher erläutert werden. Da es hier nicht darum geht, ob und mit welcher Bedeutung diese Grundsätze tatsächlich Völkerrecht geworden sind, sondern darum, mit welchem Inhalt die DDR sie in ihre Verfassung übernommen hat, schadet eine detaillierte Untergliederung nicht, sondern dient im Gegenteil der Verdeutlichung des rechtlichen Gehalts. Die DDR selbst geht davon aus, daß auf der Grundlage der Prinzipien des "sozialistischen Internationalismus" ein "neuer Typ internationaler Beziehungen" [2] zwischen den Staaten der sozialistischen Gemeinschaft entstanden sei. (Die "sozialistische Staatengemeinschaft" umfaßt dabei diejenigen Länder, die die Reifestufe der "entwickelten sozialistischen Gesellschaft" erreicht haben [3], nach der Ausfüllung dieses Begriffs im DDR-Sprachgebrauch mithin jedenfalls auch die im Warschauer Pakt zusammengeschlossenen Staaten [4]). Obwohl die auf dieser Ordnung aufbauen-

---

1) Schweisfurth, Sozialistisches Völkerecht?, S. 386, geht nur von den Grundsätzen "Zusammenarbeit", "gegenseitige Hilfe" und "Freundschaft" aus.

2) Becher, DA 1978, H. 10, S. 22; Völkerrecht-Lehrbuch, T. 1, 2. Aufl., S. 129.

3) Mampel, Art. 6, Rdnr. 24.

4) So auch Mampel, Art. 6, Rdnr. 31 ff.; nach Hacker, Vertragsorganisation, S. 37, gehören zur "engeren" sozialistischen Gemeinschaft "die UdSSR, die DDR, die CSSR, Polen, Ungarn, Bulgarien und Rumänien"; Becher bezeichnet alle Mitglieder des Warschauer Pakts und des RGW als "Staaten der sozialistischen Gemeinschaft", DA 1978, H. 10, S. 22. Schweisfurth, Sozialistisches Völkerrecht?, S. 342, nennt darüber hinaus noch zusätzlich Albanien, Jugoslawien, China, Nordkorea und Vietnam, mithin insgesamt 14 Staaten (zur Rechtsnatur der "sozialistischen Gemeinschaft" ders., ebd., S. 472 ff.); Quilitzsch, DA 1983, H. 1, S. 8, zählt Jugoslawien nicht zur Gemeinschaft der sozialistischen Staaten. Zur begrifflichen Unklarheit Hacker, Der Ostblock, S. 825 ff.

den Beziehungen zwischen den sozialistischen Staaten von antagonistischen Gegensätzen frei seien, blieben sie dennoch völkerrechtliche [1], die das geltende "allgemeindemokratische Völkerrecht" nicht verdrängen, es aber entscheidend weiterentwickeln [2], so daß ein prinzipiell neuer rechtlicher Überbau zu einer neuen, höheren Qualität der zwischenstaatlichen Beziehungen führe [3].

β. Die verfassungsrechtliche Bedeutung

Diese Inhaltsbestimmung ist bei Untersuchung der Verfassungsvorschriften der DDR zugrunde zu legen. Daher erlaubt bereits die ideologische und verfassungsrechtliche Verpflichtung auf die Prinzipien des "sozialistischen Internationalismus" die militärische Unterstützung verbündeter Staaten [4], wozu qua Verfassung in erster Linie die UdSSR, Art. 6 Abs. 2 Satz 1 [5], sowie die übrigen Staaten der sozialistischen Gemeinschaft, Art. 6 Abs. 2 Satz 3 und 4, gehören.

---

1) Sozialistische Staatengemeinschaft und Völkerrecht, S. 17 ff.

2) Sozialistische Staatengemeinschaft und Völkerrecht, S. 42 f. Zu den völkerrechtlichen Problemen von Art und Zulässigkeit dieser Modifizierung Schweisfurth, Sozialistisches Völkerrecht?, S. 443 ff. und 460 ff.

3) Vgl. hierzu Schweisfurth, Sozialistisches Völkerrecht?, S. 202 ff.

4) Völkerrecht-Lehrbuch, T. 1, 2. Aufl., S. 141; Schweisfurth, Sozialistisches Völkerrecht?, S. 278 und 281 f.

5) Zum besonderen Verhältnis DDR - UdSSR Mampel, ROW 1975, S. 146; ders., Art. 6, Rdnr. 15 ff.; Hacker, Der Ostblock, S. 846.

Wiederholt und verstärkt wird die Ermächtigung durch Art. 6 Abs. 2 Satz 4 und Art. 7 Abs. 2 Satz 2, die so zu lesen sind, daß jeder Angriff auf einen sozialistischen Staat mit militärischen Mitteln zurückgeschlagen werden muß. Hintergrund dieser Regelung ist, daß die DDR vorgibt, sie und die übrigen sozialistischen Staaten seien ständig "vom Imperialismus" bedroht [1]. Wenn auch offiziell nicht im institutionellen Sinn, so werden die Ostblockstaaten doch durch gleichartige sozialökonomische Struktur, einheitliche Ideologie und übereinstimmendes Klassenbewußtsein [2] als Einheit [3] begriffen, deren Stabilität, ja Existenz gefährdet ist, wenn ein Mitgliedstaat auf welche Weise auch immer in seinem Bestand oder seiner Zuordnung zum sozialistischen System bedroht wird [4]. Der gemeinsame Schutz dieses Systems ist nach marxistisch-leninistischer Theorie Pflicht der Mitgliedstaaten und durch die Verankerung in ihrer Verfassung auch Rechtspflicht der DDR. Dies meinen die Verfassungsaufträge zu "Waffenbrüderschaft" [5] und "gegenseitigem Beistand" als Ausprägung des allgemeineren Verfassungsprinzips des "sozialistischen Internationalismus".

---

1) Vgl. den Diskussionsbeitrag von DDR-Verteidigungsminister Heinz Hoffmann auf dem X. Parteitag der SED (11.-16.4.1981), veröffentlicht in "Panorama DDR", 1-4-49, S. 1 und 3 f.; Völkerrecht-Lehrbuch, T. 1, 2. Aufl., S. 241; DDRV-Kommentar, Art. 7, Erl. 3; Michel, S. 8 f. und 62; Sozialistische Staatengemeinschaft und Völkerrecht, S. 95 und 98.

2) Sozialistische Staatengemeinschaft und Völkerrecht, S. 14, 34 und 42; Völkerrecht-Lehrbuch, T. 1, 2. Aufl., S. 131; DDRV-Kommentar, Art. 6, Erl. 2; vgl. auch Becher, DA 1978, H. 10, S. 22 f.

3) Völkerrecht-Lehrbucht, T. 1, S. Aufl., S. 132.

4) Vgl. DRV-Kommentar, Art. 6, Erl. 2.

5) DDRV-Kommentar, Art. 7, Erl. 3, Staatsrecht-Lehrbuch, S. 146.

c. Die Beteiligung der NVA am Einmarsch in die CSSR im August 1968

Die Besetzung der Tschechoslowakei durch Truppen der UdSSR, der DDR, Polens, Ungarns und Bulgariens war, das sei vorweggenommen, kein Bündnisfall im Sinne des Warschauer Pakts. Sowohl nach dem Selbstverständnis der am Einmarsch beteiligten Staaten als auch nach dem Empfinden der CSSR und der übrigen Welt handelte es sich aber um eine Aktion der Warschauer Vertragsstaaten; das Ereignis wird daher in diesem Abschnitt behandelt.

aa. Die Invasion [1)]

Nach dem Sturz des ersten Sekretärs der KPC, Novotny, und seiner Ersetzung durch den Sekretär der slowakischen KP, Ducek, Anfang Januar 1968 begann in der Tschechoslowakei eine teilweise stürmische Liberalisierung: Entmachtung von Stalinisten und Rehabilitierung ihrer Opfer, Abschaffung der Zensur mit der Folge einer temperamentvollen Entwicklung öffentlicher Meinungsäußerung, Neuordnung von Geheimpolizei und Justiz, Infragestellung bestehender wirtschaftlicher und politischer Strukturen [2)]. Die grundsätzliche Abkehr von einer sozialistischen Staats- und Gesellschaftsordnung beabsichtigten die Neuerer nicht. Der Reformkurs fand breite und begeisterte Zustimmung bei der Bevölkerung. Die Entwicklung in der CSSR wurde von der Sowjetunion und den übrigen Mitgliedern des Warschauer Pakts (mit Ausnahme

---

1) Zu Einzelheiten vgl. Haefs, S. 51 ff.; Kohlschütter, Die Nacht, in der die Russen kamen, passim, und ders., Prager Tagebuch, passim; Zieger, Warschauer Pakt, S. 89 ff.; Hacker, Der Ostblock, S. 776 ff.

2) Zur Relevanz der Entwicklung des "Prager Frühlings" für die DDR Burens, S. 20 ff.

Rumäniens) mißtrauisch beobachtet; spätestens, nachdem die tschechoslowakische Nationalversammlung im März 1968 in freier und geheimer Wahl Novotny von dem ihm verbliebenen Amt des Staatspräsidenten abgewählt und den Armeegeneral und Veteranen Ludvik Svoboda zu seinem Nachfolger bestimmt hatte, nahm der ideologische und politische Druck der übrigen Ostblockstaaten, insbesondere der UdSSR und der DDR [1], zu. Im Frühsommer 1968 verlangte die Sowjetunion die Durchführung gemeinsamer Stabskommando-Übungen in der CSSR; 16.000 Sowjetsoldaten rückten unangemeldet auf tschechoslowakisches Territorium vor [2]. Partei- und Staatsvertreter der späteren Invasoren trafen sich im Juli 1968 in Warschau, berieten die Lage und richteten ein Schreiben an die tschechoslowakische KP-Führung [3]. Darin wurde zwar einerseits die Selbständigkeit und Gleichheit kommunistischer Parteien und Länder anerkannt und Nichteinmischung zugesichert, andererseits aber unter Hinweis auf die neuere Entwicklung in der CSSR ausgeführt:

> "Die vom Imperialismus unterstützte Offensive der Reaktion gegen ihre Partei und gegen die Grundlagen der Gesellschaftsordnung der CSSR birgt nach unserer festen Überzeugung die Gefahr in sich, daß ihr Land vom Wege des Sozialismus abgedrängt wird und folglich die Interessen des ganzen sozialistischen Systems bedroht werden ... Wir können jedoch nicht damit einverstanden sein, daß feindliche Kräfte ihr Land vom Weg des Sozialismus stoßen und damit die Gefahr einer Lostrennung der CSSR von der sozialistischen Gemeinschaft heraufbeschwören. Das sind nicht mehr nur ihre Angelegenheiten ... Die Unterminierung der führenden Rolle der KP führt zur Liquidierung der sozialistischen Demokratie und der sozialistischen Ordnung. Damit entsteht eine Gefahr für die Grundlage unserer Bündnisse und für die

---

1) Tiedtke, S. 42; Hacker, Die Stellung der DDR im Warschauer Pakt, S. 204 f.; Haefs, S. 115 ff.

2) Zu den "Stabsübungen" Forster, S. 105 ff.

3) EA 1968, S. D 388 ff.; Haefs, S. 118 ff.

Sicherheit der Gemeinschaft unserer Länder ... Nach unserer Überzeugung ist eine Situation entstanden, in welcherdie Bedrohung der Grundlagen des Sozialismus in der CSSR die gemeinsamen Lebensinteressen der übrigen sozialistischen Länder gefährdet ... Jede unserer Parteien trägt die Verantwortung nicht nur vor ihrer Arbeiterklasse, vor ihrem Volk, sondern zugleich auch vor der internationalen Arbeiterklasse, der kommunistischen Weltbewegung, und sie kann sich den daraus ergebenden Verpflichtungen nicht entziehen. Deshalb müssen wir solidarisch und geeint sein in der Verteidigung der Errungenschaften des Sozialismus, unserer Sicherheit und der internationalen Position der ganzen sozialistischen Gemeinschaft. Deshalb meinen wir, daß die entschiedene Zurückweisung der Angriffe der anti-kommunistischen Kräfte und die entschlossene Verteidigung der sozialistischen Ordnung in der CSSR nicht nur ihre, sondern auch unsere Aufgabe ist ..."

In ihrem Antwortschreiben [1] wies das Zentralkomitee der tschechoslowakischen Kommunisten die erhobenen Vorwürfe zurück, betonte das Festhalten am Sozialismus und am Bündnis mit der UdSSR und den anderen sozialistischen Staaten und verneinte insgesamt das Bestehen einer konterrevolutionären Lage.

In der Folgezeit schien sich die Lage nach den Verhandlungen von Bratislava zwischen der UdSSR, der CSSR, der DDR, Polen, Ungarn und Bulgarien zu entspannen: in einer Grundsatzerklärung [2] wurde den einzelnen Parteien die Berücksichtigung nationaler Besonderheiten zugestanden.

Am 20. August 1968, kurz vor Mitternacht, landeten die ersten sowjetischen Militärmaschinen auf tschechoslowakischen Flugplätzen. Gleichzeitig überschritten Panzereinheiten der beteiligten Staaten [3] an vielen Stellen die

---

1) EA 1968, S. D 393 ff.; Haefs, S. 121 ff.

2) EA 1968, S. D 401 ff.

3) Zu Einzelheiten der Beteiligung der NVA-Truppen Forster, S. 108 ff.

Grenze. In den frühen Morgenstunden des 21. August 1968 war die vollständige Besetzung des Landes abgeschlossen.

In Erklärungen des ZK-Präsidiums [1], des Parlaments [2] und der Regierung [3] der CSSR vom 21. August 1968 und erneut des Parlaments vom 28. August 1968 [4] wurde der Einmarsch als widerrechtlich bezeichnet: eine Zustimmung verfassungsmäßiger Organe habe nicht vorgelegen.

bb. Begründung des Einmarschs

Von Anfang an trachtete die DDR (die ja im Rahmen des Warschauer Pakts auf den Einmarsch gedrängt hatte) danach, die Aktion nach innen und außen politisch, völkerrechtlich und verfassungsrechtlich zu begründen [5]. Wenn man aus den oft umfangreichen rechfertigenden Äußerungen die verfassungsrechtlich relevanten herausfiltert, so finden sich im wesentlichen zwei Argumentationsschemata mit verschiedenen Variationen oder Unterargumenten; sämtliche Begründungen werden nebeneinander oder, quasi als Hilfskonstruktion, hintereinander, aber auch einzeln gebraucht:

- Die sozialistische Ordnung der Tschechoslowakei sei gefährdet gewesen.

---

1) EA 1968, S. D 433.

2) EA 1968, S. D 434 f.

3) EA 1968, S. D 431 ff.; abgedruckt in v. Münch, Völkerrecht, S. 239 f.

4) Abgedruckt in v. Münch, Völkerrecht, S. 240 f.

5) Vgl. die Beispiele bei Haefs, S. 203 ff und 214 ff.

Die Gefährdung wird in erste Linie mit dem bevorstehenden Sturz des sozialistischen Wirtschafts- und Gesellschaftssystems durch vom Westen zumindest mitgesteuerte konterrevolutionäre Umtriebe begründet [1]; zuweilen finden sich auch - im Anschluß an die während des "Prager Frühlings" von den späteren Invasoren betriebene Kampagne - die Andeutung, ein militärischer Angriff westlicher Staaten, insbesondere der Bundesrepublik Deutschland, auf den Bündnispartner Tschechoslowakei habe unmittelbar gedroht [2]. In dieser Situation habe aufgrund der Bündnisverträge [3], der Grundsätze des sozialistischen Internationalismus [4] bzw. eines Hilferufs von Partei- und Staatsfunktionären [5] Unterstützung durch die Streitkräfte erfolgen müssen.

---

1) Völkerrecht-Lehrbuch, T. 1, 1. Aufl., S. 197; gemeinsamer Aufruf des ZK der SED, des Staatsrats und des Ministerrats der DDR an die Bevölkerung der DDR, ND vom 21. August 1968 (der Aufruf ist auszugsweise abgedruckt in EA 1968, S. D 439 f.).

2) Völkerrecht-Lehrbuch, T. 1, 1. Aufl., S. 195; Der Standpunkt der Deutschen Demokratischen Republik, Beilage zu Einheit 1968, H. 10, S. XXIV; vgl. hierzu auch das sowjetische Aide-Mémoire an die Bundesregierung, EA 1968, S. D 378 ff. (D 382); Henker/Winkler, StuR 1968, S. 197 ff.

3) Der Standpunkt der Deutschen Demokratischen Republik, Beilage zu Einheit 1968, H. 10, S. XXVI.

4) Poppe, StuR 1969, S. 501; Der Standpunkt der Deutschen Demokratischen Republik, Beilage zu Einheit 1968, H. 10, S. XXVI.

5) Aufruf einer Gruppe von Mitgliedern des ZK der KPC, der Regierung und der Nationalversammlung der CSSR, ND vom 22. August 1968 (auszugsweise abgedruckt in EA 1968, S. D 428 ff.; vgl. auch die Tass-Erklärung in ND vom 21. August 1968, abgedruckt in EA 1968, S. D 427 f.); gemeinsamer Aufruf des ZK der SED, des Staatsrats und des Ministerrats der DDR an die Bevölkerung der DDR, ND vom 21. August 1968; Aufruf der Regierungen Bulgariens, Ungarns, der DDR, Polens und der Sowjetunion an die Bürger der Tschechoslowakei, ND vom 24. August 1968 (abgedruckt in EA 1968, S. D 448 ff.).

- Die sozialistischen Staaten insgesamt, also einschließlich der DDR, bzw. der Sozialismus schlechthin seien bedroht gewesen.
Das "Herausbrechen" der CSSR aus der sozialistischen Staatengemeinschaft habe deren Bestand gefährdet und damit die Notwendigkeit kollektiver Verteidigungsmaßnahmen geschaffen [1], denn der Schutz der sozialistischen Errungenschaften in einem Land sei gemeinsame Pflicht aller sozialistischen Staaten [2]; auf diese Weise sei der Friede in Europa und der Welt gerettet worden [3].

cc. Vereinbarkeit der Begründungen mit der Verfassung der DDR?

Zum Teil werden diese Argumente, wenn auch nur in recht oberflächlicher Form, mit Art. 6 DDRV 1968 verknüpft [4]. Ob diese oder eine andere Verfassungsvorschrift der DDRV 1968 als Ermächtigung für den Einmarsch dienen kann oder ob im Gegenteil ein Verstoß gegen die Verfassung vorliegt, soll im folgenden untersucht werden.

---

1) DDRV-Kommentar, Art. 6, Erl. 2; Heider, S. 112; Michl, S. 44.

2) Gemeinsamer Aufruf des ZK der SED, des Staatsrats und des Ministerrats der DDR an die Bevölkerung der DDR, ND vom 21. August 1968; DDRV-Kommentar, Art. 6, Erl. 2.

3) Poppe, StuR 1969, S. 501.

4) Poppe, StuR 1969, S. 501; DDRV-Kommentar, Art. 6, Erl. 2; Völkerrecht-Lehrbuch, T. 1, 1. Aufl., S. 197 und 199 (in der 2. Aufl. des Völkerrecht-Lehrbuchs fehlt im entsprechenden Abschnitt allerdings jede Erwähnung der Ereignisse 1968 in der CSSR). Siehe auch die Ausführungen in "Zu Fragen unserer Leser", ND vom 1. Oktober 1968.

α. Keine äußere Bedrohung der CSSR

Aufgrund des Art. 6 Abs. 1 und 2 sowie Art. 7 Abs. 2 Satz 3 DDRV 1968 wäre ein Einsatz der NVA erlaubt gewesen, wenn tatsächlich ein Angriff auf die CSSR gedroht oder ein kompetentes Organ dieses Staates die DDR gebeten hätte, militärische Einheiten zu entsenden - der "Hilferuf" ist dabei von der Drohung zu unterscheiden, denn theoretisch besteht hier auch die Möglichkeit, daß ein Staat, aus welchen Gründen auch immer, selbst ohne äußere Bedrohung einen anderen um die Entsendung von Truppen bittet [1]. Es existiert im Zeitpunkt des Einmarsches der Warschauer Pakt-Einheiten aber kein westlicher Staat und keine westliche Staatengruppe, die die Tschechoslowakei überfallen oder auch nur in irgendeiner Art bedrohen wollte. Eine Präzisierung entsprechender Andeutungen ist auch nie erfolgt [2], und dieses Argument verschwand relativ rasch aus dem Begründungsbündel.
Nur kurze Zeit aufrechterhalten wurde auch die These vom "Hilferuf tschechoslowakischer Patrioten" [3]. Da weder die Namen noch die genaue Funktion der Hilferufenden angegeben wurde, unterliegt bereits die Existenz eines derartigen Ersuchens erheblichen Zweifeln [4]. Der angebliche Hilferuf ist aber jedenfalls nicht von gegenüber der DDR handlungsberechtigten tschechoslowakischen Organen ergangen, so daß, seine Existenz vorausgesetzt, er keine rechtliche Wirkung

---

1) Das Eingehen der DDR auf eine solche, nicht durch eine äußere Bedrohung ausgelöste Bitte wäre verfassungsrechtlich durch die Verpflichtung auf die Prinzipien des sozialistischen Internationalismus gerechtfertigt gewesen.

2) Vgl. Hacker, Der Ostblock, S. 923.

3) Schweisfurth, Außenpolitik 1968, S. 718; ders., Sozialistisches Völkerrecht?, S. 149.

4) Vgl. aber Hacker, Der Ostblock, S. 790 f.

entfalten kann. Vielmehr wurde von tschechoslowakischer Seite gegenüber den Invasionsmächten und Dritten [1] eine entsprechende Aufforderung geleugnet und der sofortige Abzug der Truppen verlangt.

Daß die tschechoslowakische Delegation durch Unterzeichnung des Abschlußkommuniqués von Bratislava ein Interventionsrecht oder gar eine Interventionspflicht der Sowjetunion und der übrigen an der Konferenz beteiligten Staaten anerkannt hätte [2], kann ernsthaft nicht angenommen werden [3]: Ziel der Übereinkunft von Bratislava, wenigstens aus tschechoslowakischer Sicht, war gerade die Beendigung der drohenden Haltung der übrigen Warschauer Pakt-Staaten; das weitere Verhalten der tschechoslowakischen Verantwortlichen zeigt darüber hinaus deutlich, daß sie keinesfalls eine antezipierte Einwilligung zum Einmarsch geben wollten. Darüber hinaus wäre diese jedenfalls durch die schon mehrfach erwähnten Erklärungen zurückgenommen worden [4].

Da folglich sowohl eine äußere Bedrohung als auch eine Einwilligung der CSSR fehlten, liegt für die DDR ein Fall von verfassungsmäßig erlaubter militärischer Hilfeleistung nicht vor.

---

1) Vgl. die Erklärungen des tschechoslowakitschen Außenministers Hajek am 24. August 1968 vor dem UN-Sicherheitsrat, abgedruckt bei Haefs, S. 258 ff.

2) Etwa Axen, Einheit 1968, S. 1210, und Bechtoldt, Außenpolitik 1968, S. 515; vgl. hierzu Uschakow, EA 1968, S. 773 ff.; Schweisfurth, Sozialistisches Völkerrecht?, S. 246.

3) Im Ergebnis ebenso Meissner, Breshnew-Doktrin, S. 28.

4) Daß es im Endeffekt auch gar nicht auf einen Hilferuf ankam, gibt Axen, Einheit 1968, S. 1209, zu.

β. Gewaltverbot als Bestandteil der DDR-Verfassung?

Durch die Tatsache, daß ohne Einwilligung der zuständigen tschechoslowakischen Organe ausländische bewaffnete Kräfte die Staatsgrenzen der CSSR überschritten, ist unbestreitbar ein Verstoß gegen das völkerrechtliche Gewaltverbot aus Art. 2 SVN gegeben [1]. Art. 8 Abs. 1 DDRV 1968 könnte nun den Schluß zulassen, die DDR habe die Prinzipien des Art. 2 SVN zum Bestandteil ihrer Verfassung gemacht. Nun gehört das absolute Gewaltverbot in der Tat zu den "allgemein anerkannten, dem Frieden und der friedlichen Zusammenarbeit der Völker dienenden Regeln des Völkerrechts" [2]; diese werden von Art. 8 Abs. 1 DDRV 1968 zwar in innerstaatliche Normen [3], nicht jedoch in solche von Verfassungsrang transformiert. Wenn der offizielle Verfassungs-Kommentar davon spricht, daß wegen der generellen Transformation "entsprechende Gesetze" nicht erlassen werden müßten [4], so scheint diese Erläuterung für den (bloßen) Gesetzesrang des Gewaltverbots zu sprechen. Aus dem gelegentlichen Vergleich mit Art. 25 GG [5] wird dagegen eine Stellung zwischen Verfassung und einfachen Gesetzen abzuleiten sein [6]. Jedenfalls verhindern der Wortlaut der

---

1) Uschakow, EA 1968, S. 773 ff.

2) DDRV-Kommentar, Art. 8, Erl. 1.

3) Staatsrecht-Lehrbuch, S. 29.

4) DDRV-Kommentar, Art. 8, Erl. 1.

5) Völkerrecht-Lehrbuch, T. 1, 1. Aufl., S. 159; 2. Aufl., S. 60 und dort Fn. 117.

6) So auch Mampel, Art. 8, Rdnr. 7; entgegen seiner dort geäußerten Auffassung zeigt sich hier, daß die Rangfrage durchaus akut werden kann.

Vorschrift sowie die Erläuterung bei Vorlage des Entwurfs der DDRV 1968 [1] eindeutig die Zubilligung eines Verfassungsrangs.

Bereits die Aufnahme einer Vorschrift zur Transformation völkerrechtlicher Regeln zeigt darüber hinaus, daß auch ein genereller Vorrang des Völkerrechts vor innerstaatlichen Rechtsregeln und damit die verfassungsrechtliche Verbindlichkeit des absoluten Gewaltverbots für die DDR nicht gewollt ist. In Übereinstimmung mit der sowjetischen Völkerrechtslehre [2] nimmt die DDR an, daß trotz Ausübung durch ein und dieselbe Staatsgewalt Völkerrecht und Landesrecht selbständige Rechtsordnungen seien und die Verbindlichkeit völkerrechtlicher Regeln innerstaatlich nur durch besonderen Rechtsakt herzustellen sei [3].

Die Nichtübernahme des absoluten Gewaltverbots in ihr Verfassungsrecht dürfte seitens der DDR wohldurchdacht sein. Wenn auch der Begriff der Gewalt nicht klar umrissen ist, so gibt es doch immerhin Tatbestände, die ihm unzweifelhaft unterfallen - hierzu gehört etwa ein Vorgehen wie das gegen die Tschechoslowakei . Im Gegensatz zu Topoi wie "dem Frieden dienend", "sozialistischer Internationalismus", "Freundschaft", "Freiheit eines Volkes" und ähnlichen sind bestimmte Fälle der Gewaltanwendung einer ideologischen Definition unzugänglich [4]: dann ist

---

1) Walter Ulbricht ordnete nach Nennung verschiedener verfassungsrechtlicher Pflichten die Beachtung der in Art. 8 Abs. 1 Satz 1 genannten Regeln gerade nicht als solche ein, Rede auf der 7. Tagung des Volkskammer am 31. Januar 1968, DDRV-Kommentar, S. 99 f.

2) Vgl. den Überblick bei Meissner, Sowjetunion und Völkerrecht, S. 74 ff.

3) Völkerrecht-Lehrbuch, T. 1, 2. Aufl., S. 59 f.

4) So auch Uschakow, EA 1968, S. 779 f.

ohne Zweifel ein Verstoß gegen das Gewaltverbot gegeben, den allenfalls zu rechtfertigen versucht werden kann, dessen objektive Wirklichkeit auch mit Theorien vom Klassencharakter allen Rechts indes nicht bestritten werden kann. Liegt einer der eng gefaßten Rechtfertigungsgründe nicht vor, so könnte auch die aufwendigste Interpretation einen Rechtsverstoß nicht bemänteln. Die Resistenz des absoluten Gewaltverbots gegen politisch-weltanschauliche Umdeutungen bedingt seine Ungeeignetheit als Grundsatz einer marxistisch-leninistischen Verfassung.

γ. Rechtfertigung durch ideologiebestimmte Normen - Die Moskauer Doktrin

Die DDR war (und ist) durch ihre Verfassung verpflichtet, allgemein eine "dem Sozialismus ... dienende Außenpolitik" [1] und gegenüber ihren verbündeten sozialistischen Staaten eine den Prinzipien des "sozialistischen Internationalismus" entsprechende [2] zu betreiben. Produkt dieser Prinzipien ist eine Rechtsfigur, die nach den Ereignissen in der CSSR 1968 als Breshnew-Doktrin oder auch Moskauer Doktrin [3] bezeichnet worden ist. Allerdings handelt es sich dabei keineswegs um eine neue, als nachträgliche Rechtfertigung für den Einmarsch entwickelte Theorie [4], sondern um ein in allerdings verschiedenen

---

1) Art. 6 Abs. 1 DDRV 1968.

2) Art. 6 Abs. 2 DDRV 1968.

3) Etwa Schweisfurth, Außenpolitik 1968, S. 710 ff.

4) Schweisfurth, Sozialistisches Völkerrecht?, S. 2 und 568; Meissner, ROW 1975, S. 3.

Varianten seit Jahrzehnten verwendetes Element (oder besser: Extrakt) marxistisch-leninistischer Lehre. Anläßlich des praktischen Anwendungsfalls - Besetzung der Tschechoslowakei - wurde die Doktrin lediglich durch verschiedene Verlautbarungen wie etwa die Artikel des sowjetischen Parteiideologen Kowaljow in der Prawda vom 11. September 1968 [1] und vom 26. September 1968 [2], die Rede des sowjetischen Außenministers Gromyko vor der Generalversammlung der Vereinten Nationen am 3. Oktober 1968 [3] und die Rede Breshnews vor dem V. Parteitag der Polnischen Vereinigten Arbeiterpartei am 12. November 1968 [4] in zusammengefaßter Form einer breiteren Öffentlichkeit bekannt. Danach besagt die Moskauer Doktrin im wesentlichen, daß die Sowjetunion nicht nur wie etwa 1956 in Ungarn eine bewaffnete, sondern auch eine "stille Konterrevolution" und damit ein Herausbrechen eines Gliedes aus der sozialistischen Gemeinschaft verhindern wird, wobei Probleme der Souveränität und Selbstbestimmung nicht "formal-juristisch", sondern ausschließlich unter Klassengesichtspunkten zu bewerten und damit dem Interesse des Weltsozialismus unterzuordnen sind. Folge ist, daß bei Gefahr für die sozialistische Entwicklung eines Landes das Recht und die Pflicht zur gemeinsamen Verteidigung in Form militärischen Eingreifens besteht.

---

1) Deutscher Text in IDR 1971, S. 193 ff.; gekürzte Fassung bei Meissner, Breshnew-Doktrin, S. 61 ff.

2) Deutscher Text in IDR 1971, S. 198 ff, und Meissner, Breshnew-Doktrin, S. 64 ff.

3) Auszugsweise abgedruckt bei Meissner, Breshnew-Doktrin, S. 69.

4) Auszugsweise abgedruckt in IDR 1971, S. 208 ff, und bei Meissner, Breshnew-Doktrin, S. 75 ff.

Dieser Teilaspekt des sozialistischen Internationalismus hat in der - von der DDR übernommenen- sowjetischen Interpretation die Aufgabe, die Vormachtstellung der UdSSR theoretisch zu fundieren [1].
Bereits in den 20er Jahren setzte Stalin Internationalismus mit einer besonderen Treuepflicht gegenüber der Sowjetunion gleich - das Verhältnis zu ihr galt als Prüfstein internationalistischer Haltung [2]. Nachdem die aus taktischen Erwägungen (Bildung von Volks- bzw. Nationalfronten) geduldete Übernahme der Theorie von den verschiedenen Wegen zum Sozialismus durch national- und reformkommunistische Kräfte eine ernsthafte Gefährdung der sowjetischen Hegemonialstellung zu werden drohte, bestand die Sowjetunion wieder auf der ihre Führungsrolle bestätigenden Interpretation der Prinzipien des "sozialistischen Internationalismus" [3]. Spätestens mit dem sowjetischen Eingreifen in Ungarn 1956 war offenkundig, daß die UdSSR aus der Pflicht zur "gegenseitigen brüderlichen Hilfe" ein Interventionsrecht ableitete [4]. Auch die DDR geht davon aus, daß die Pflicht zu "gegenseitiger brüderlicher Hilfe" sich nicht nur in politischer und wirtschaftlicher Unterstützung erschöpft; vielmehr kann es "unter Umständen erforderlich sein, daß sozialistische Staaten einem angegriffenen Bruderland weitergehende Hilfe leisten" [5].

---

1) Aus diesem Grund ist die Bezeichnungs Moskauer-Doktrin eher zutreffend als Breshnew-Doktrin.

2) Meissner, Breshnew-Doktrin, S. 15; Schweisfurth, Sozialistisches Völkerrecht?, S. 88, vgl. auch S. 104; für die DDR ist dies nach wie vor eherner Grundsatz, Powik/Zelt, DA 1978, H. 2, S. 47.

3) Meissner, Breshnew-Doktrin, S. 16 ff.

4) Schweisfurth, Außenpolitik 1968, S. 715; Meissner, Breshnew-Doktrin, S. 37.

5) Sozialistische Staatengemeinschaft und Völkerrecht, S. 96.

Diese Variante der Grundsätze des "sozialistischen Internationalismus" ist auch nicht erst nach dem Einmarsch in die CSSR als eines der sozialistischen Völkerrechtsprinzipien angesehen worden [1], da diesen - wie bereits geschildert - nach sowjetischer Auslegung und der Staatenpraxis der eng an die UdSSR angelehnten mittel- und osteuropäischen Länder bereits seit der Entstehung weiterer sozialistischer Staaten nach dem Zweiten Weltkrieg normative Geltung beigemessen wurde [2].

Es findet sich verbreitet die Ansicht, neben den bereits erwähnten Merkmalen habe die Moskauer Doktrin nach der Besetzung der Tschechoslowakei neue Elemente erhalten, nämlich die Erstreckung des Interventionsrechts auch auf den Fall, daß die Änderung der Zustände in einem Land der sozialistischen Gemeinschaft schon durch gewaltlose Mittel und ohne Unterstützung von außen als "friedliche Konterrevolution" angestrebt wird [3] und selbst dann, wenn die Zugehörigkeit zum Warschauer Pakt eine sozialistische Gesellschaftsform zwar beibehalten, für die innere Entwicklung aber eine nicht von der Sowjetunion genehmigte Struktur gewählt wird [4].

---

1) So aber Schmid, S. 57; vgl. auch die Beispiele, die Schweisfurth, Sozialistisches Völkerrecht?, S. 558, anführt.

2) Vgl. auch Tunkin, Völkerrecht der Gegenwart, S. 250; Schweisfurth, Außenpolitik 1968, S. 713; DDR Handbuch, S. 546.

3) Schweisfurth, Außenpolitik 1968, S. 717 f.; Meissner, Breshnew-Doktrin, S. 37. Bereits aufgrund mißbilligter innenpolitischer Entwicklungen in Jugoslawien und Polen hatte die Sowjetunion militärisches Eingreifen erwogen und vorbereitet, Schweisfurth, Sozialistisches Völkerrecht?, S. 102 f. und 117 f.

4) Schweisfurth, Außenpolitik 1968, S. 716 f.; Meissner, Breshnew-Doktrin, S. 37; ders., ROW 1975, S. 3.

Doch hat die Moskauer Doktrin im Rahmen der tschechoslowakischen Ereignisse keine Ausweitung in diesem Sinne erfahren, sondern umfaßte schon zuvor die genannten Fälle. Die Sowjetunion und die KPdSU haben ein Abweichen von ihrer oder der von ihnen geduldeten Linie, gleich mit welchen Begründungen, Mitteln und Zielen, stets - wenn auch zuweilen nach einer taktisch motivierten Duldungsperiode - als den ersten Schritt zum Abfall interpretiert und zentrifugales Streben stets als eigene Bedrohung empfunden [1]. Wenn der "sozialistische Internationalismus" in der Form der Moskauer Doktrin charakteristisch für die "hegemonial-imperialen Züge" [2] innerhalb der sozialistischen Staatengemeinschaft ist, so muß sie zwangsläufig entsprechende Reaktionen auch auf Entwicklungen wie in der CSSR 1968 ermöglichen, denn wie immer man die tschechoslowakischen Reformen im einzelnen werten mag, fest steht, daß sie ein Abweichen von der durch die Sowjetunion gesetzten Marge bedeuteten und darüber hinaus die Gefahr in sich bargen, zu einer umfassenden Lösung aus dem Ostblock-System zu führen. Da aber Einheit und engste Geschlossenheit der sozialistischen Staaten stets als Wesensmerkmale des "sozialistischen Internationalismus" galten [3], muß es bei jeder Aufweichung dieser Grundsätze zur Anwendung der Moskauer Doktrin im opportunen Zeitpunkt kommen.

---

1) Vgl. Tunkin, Völkerrechtstheorie, S. 476 f.

2) Meissner, Breshnew-Doktrin, S. 11; ders., ROW 1975, S. 3 ff.; siehe auch Schweisfurth, Sozialistisches Völkerrecht?, S. 567 ff., und Schwanitz, S. 13 f.

3) Tunkin, Völkerrecht der Gegenwart, S. 254 und 256.

Es wird damit erkennbar, daß die Moskauer Doktrin gleichsam ein Konzentrat der Prinzipien des "sozialistischen Internationalismus" ist und deren Bedeutung für die praktische Anwendung wie in einem Prisma bündelt - unnötig wird damit die Zuordnung zu einem bestimmten Grundsatz, etwa dem der brüderlichen Hilfe [1] (die ja im Einzelfall dazu führen kann, daß ein sozialistischer Staat "auch "Hilfe" gegen seinen Willen von anderen in Kauf nehmen muß" [2]) oder dem der Pflicht zum "gemeinsamen Schutz der sozialistischen Eigenschaften", die "auch im Falle konterrevolutionärer Aktionen" [3] gewährt werden sollen.

Vor der Invasion in der Tschechoslowakei hat die DDR mit den Prinzipien des "sozialistischen Internationalismus" somit auch die als Moskauer Doktrin bezeichneten Grundsätze in ihre Verfassung von 1968 übernommen; das Vorgehen gegen die CSSR ist folglich, unbeschadet seiner Völkerrechtswidrigkeit, verfassungsrechtlich erlaubt gewesen.

δ. Kein Widerspruch zu anderen Verfassungsnormen

Ausgehend vom Wortlaut scheinen Art. 8 Abs. 1 Satz 2 (insbesondere dessen 2. Alternative) und Art. 23 Abs. 2 DDRV 1968 in offensichtlichem Widerspruch zu dieser Feststellung zu stehen. Auch hier aber führt die politisch-ideologische Relativierung zu der Auslegung, daß die Freiheit eines Volkes nur im Rahmen eines von der DDR weltanschaulich akzeptierten Gemeinwesens als verwirklicht an-

---

1) So wohl Schweisfurth, Außenpolitik 1968, S. 712 f.

2) Uschakow, EA 1970, S. 796; vgl. auch Schweisfurth, Sozialistisches Völkerrecht?, S. 152.

3) Sozialistische Staatengemeinschaft und Völkerrecht, S. 99.

gesehen wird, die (Wieder-) Herstellung dieses Zustandes also auch nie Unterdrückung sein kann [1].

Auch die Grundsätze des Selbstbestimmungsrechts der Völker und der Souveränität der Staaten sind Bestandteile des "sozialistischen Internationalismus" und damit der Verfassung der DDR. Doch nur auf den ersten Blick stehen diese Prinzipien damit einem Vorgehen wie dem gegen die CSSR 1968 entgegen, denn wegen ihrer ideologischen Inhaltsbestimmung [2] taugen sie nicht als Gegenargument. Mit anderen Worten: es gibt keine die Beziehungen zu sozialistischen Staaten regelnde Verfassungsnormen, die einen den (gleichlautenden) Regeln des "allgemein-demokratischen" Völkerrechts entsprechenden Inhalt haben [3].

---

1) Vgl. Mampel, Art. 8, Rdnr. 10, und Art. 23, Rdnr. 32.

2) Vgl. bereits Axen, Einheit 1968, S. 1208 f., Becher/Kirsten/Ullmann, StuR 1973, S. 1116 ff., und Kröger, StuR 1969, S. 1583 ff. Daß die "verbalen Übereinstimmungen der genanten Völkerrechtsgrundsätze" nicht auch inhaltliche Übereinstimmung mit dem "allgemein-demokratischen" Völkerrecht bedeutet, vielmehr ihre Bedeutung durch die Prinzipien des "sozialistischen Internationalismus" einen "neuen Charakter" erhält, wird ausdrücklich zugestanden, Sozialistischen Staatengemeinschaft und Völkerrecht, S. 55 f. In aller Offenheit auch Tunkin, Völkerrechtstheorie, S. 479 ("Bekanntlich gibt es im allgemeinen Völkerrecht Grundsätze gleichen Namens. Das heißt jedoch nicht, daß es sich um ein und dieselbe Prinzipien handelt.") und S. 480 ("Die sozialistischen Grundsätze der Achtung der staatlichen Souveränität, der Nichteinmischung in die inneren Angelegenheiten und der Gleichberechtigung der Staaten und Völker unterscheiden sich grundlegend von den entsprechenden Grundsätzen des allgemeinen Völkerrechts; sie haben einen anderen Inhalt als diese ...").

3) Vgl. Tunkin, Völkerrechtstheorie, S. 489 f.: Zu behaupten, daß die Beziehungen zwischen sozialistischen Staaten "nur den Grundsätzen des allgemeinen Völkerrechts unterliegen müßten, heißt, den ganz andersartigen Klassencharakter der Beziehungen zwischen den Ländern des Sozialismus zu leugnen, und in Unparteilichkeit - bzw. den Sumpf des bürgerlichen Normativismus abzusinken."

dd) Ausblick

An der nach der Invasion verteidigten Haltung der DDR, derartige Aktionen nicht aufgrund des absoluten Gewaltverbots, sondern "zuerst und vor allem vom Standpunkt der Notwendigkeit des Schutzes der Sicherheit der Gemeinschaft der sozialistischen Staaten in Europa zu beurteilen" [1], hat sich auch nach der Verfassungsrevision von 1974 nichts geändert: weder Verfassungstext noch Verfassungsinterpretation haben eine Wandlung erfahren. Aus der fehlenden ausdrücklichen Erwähnung der Vorgänge im August 1968 in einigen neueren Abhandlungen [2] kann nicht auf eine veränderte Haltung geschlossen werden, denn auch ohne direkten Hinweis auf dieses Ereignis wird die Option einer erneuten Intervention offen gehalten. So kann auch die Leugnung des Bestehens einer Moskauer Doktrin [3] nichts daran ändern, daß der "sozialistische Internationalismus" nach wie vor Verfassungsprinzip ist und als Bestandteil etwa die Verpflichtung zu gegenseitigem Beistand in der herkömmlichen Auslegung umfaßt [4].

Damit ist auch die Haltung zu den Grundsätzen des Selbstbestimmungsrechtes der Völker und der Souveränität der Staaten unverändert: die Entscheidung für ein sozialistisches System ist die höchste Form der Selbstbestimmung

---

1) Axen, Einheit 1968, S. 1204.

2) Die Behandlung des Themas ist sehr unterschiedlich; während an verschiedenen Stellen in Veröffentlichungen Ende der 70er / Anfang der 80er Jahre eine Erwähnung fehlt, obwohl der Zusammenhang geradezu danach gedrängt hätte, wird in jüngsten Publikationen (etwa Schuster, DA 1983, H. 1, S. 43) - vielleicht im Hinblick auf die Situation in Polen - das Vorgehen gegen die CSSR wieder ausdrücklich gerechtfertigt.

3) Kröger, NJ 1980, S. 294; Sozialistische Staatengemeinschaft und Völkerrecht, S. 73 f.

4) Graefrath, NJ 1980, S. 396.

und als Erfüllung einer geschichtlichen Notwendigkeit unumkehrbar [1]; die gemeinsame Verteidigung des Sozialismus wird zum Wesensmerkmal der Souveränität sozialistischer Staaten erhoben - demzufolge ist diese "funktionell nicht durch Abgrenzung von anderen sozialistischen Staaten gekennzeichnet, sondern durch die Organisation der sozialistischen internationalistischen Zusammenarbeit und des gegenseitigen Beistands. Die Wahrung der Souveränität eines sozialistischen Staates ist folglich nicht allein dessen eigene Angelegenheit, sondern obliegt auch der gesamten sozialistischen Gemeinschaft" [2].

Nicht nur diese fast wörtliche Wiederholung der Grundaussagen des Warschauer Briefs vom 15. Juli 1968, sondern die gesamte Haltung der DDR [3] führen zu dem Schluß, daß

---

1) Kröger, NJ 1980, S. 291. Vgl. auch DDR Handbuch, S. 957 (unter Stichwort "Selbstbestimmung"), und Schweisfurth, Sozialistisches Völkerrecht?, S. 309.

2) Graefrath, NJ 1980, S. 396; bereits Tunkin, Völkerrechtstheorie, S. 477, betrachtet das Eingreifen in Ungarn 1956 und in der Tschechoslowakei 1968 als Rettung von Souveränität und Unabhängigkeit der betroffenen Länder. Zum sozialistischen Souveränitätsbegriff siehe auch Sozialistische Staatengemeinschaft und Völkerrecht, S. 50 und insbesondere S. 108 f., sowie Schweisfurth, Sozialistisches Völkerrecht?, S. 299 ff. Daß diese "Weiterentwicklung", d.h. Inhaltsänderung im Ergebnis völkerrechtlich nichtig ist, weist Schweisfurth, ebd., S. 443 ff. nach.

3) Etwa ihre Sicht der neuen Freundschafts- und Bündnisverträge mit sozialistischen Staaten, vgl. Krüger, DA 1978, S. 9.

sich weder die verfassungsrechtliche Lage noch die Bereitschaft zu einer Intervention ähnlich der vom August 1968 geändert hat. So, wie bereits 1956 Ulbricht der Sowjetunion Truppenunterstützung bei der Niederschlagung der Arbeiterrevolten in Polen angeboten hatte [1], besteht nach der derzeitigen Einschätzung jederzeit die Möglichkeit, daß Einheiten der NVA zur Erhaltung des status quo in den Warschauer Pakt-Staaten und sogar zur Disziplinierung außereuropäischer Staaten [2] zum Einsatz kommen können [3].

II. Hilfeleistung aufgrund zweiseitiger Verträge

1. Das bilaterale Bündnissystem

a) Die Bündnisverträge mit den Mitgliedern des Warschauer Pakts

Nachdem der "Vertrag über die Beziehungen zwischen der Deutschen Demokratischen Republik und der Union der Sozialistischen Sowjetrepubliken" von 1955 [4] keine offenkundigen

---

1) Forster, S. 108.

2) Albrecht, Militär in der DDR, S. 8 f.

3) Vgl. die Bermekung Honeckers, die anderen Mitglieder des Warschauer Pakts könnten Polen "bei einer möglichen Bedrohung von außen nicht seinem Schicksal überlassen", FAZ vom 29.5.1981, sowie Quilitzsch, DA 1983, H. 1, S. 10 f. (Polen "als untrennbarer Bestandteil der sozialistischen Gemeinschaft"); mehrfach wird das Wirken der "konterrevolutionären Kräfte" in Polen seit dem Sommer 1980 in eine Reihe mit den Entwicklungen in Ungarn 1956 und in der CSSR 1968 gestellt, etwa Scheler/Kießling, S. 114. Zur unveränderten Haltung der Sowjetunion Hacker, Der Ostblock, S. 800 ff.; FAZ vom 18.4.1984.

4) GBl. 1955 I S. 917 ff.

Bündnis- oder Beistandsvereinbarungen enthalten hatte, schloß die DDR 1964 mit der UdSSR einen "Vertrag über Freundschaft, gegenseitigen Beistand und Zusammenarbeit", dem sich 1967 gleichartige Übereinkommen mit Polen, der Tschechoslowakei, Ungarn und Bulgarien und 1972 mit Rumänien anschlossen. Ab Mitte der 70er Jahre wurde das bilaterale Bündnissystem erneuert [1]: nach einem "Vertrag über Freundschaft, Zusammenarbeit und gegenseitigem Beistand [2] zwischen der Deutschen Demokratischen Republik und der Union der sozialistischen Sowjetrepubliken" [3] folgten inhaltsgleiche mit Ungarn [4], Polen [5], Bulgarien [6] und der CSSR [7]. Die in allen diesen Übereinkommen enthaltene Bündnisklausel [8] lautet:

> "Im Falle eines bewaffneten Überfalls irgendeines Staates oder irgendeiner Staatengruppe auf eine der Hohen Vertragsschließenden Seiten wird die andere Hohe Vertragsschließende Seite dies als einen Angriff auf sich selbst betrachten und ihr unverzüglich jeglichen Beistand, einschließlich militärischen, leisten und sie in Ausübung des Rechts auf individuelle und kollektive Selbstverteidigung entsprechend Art. 51 der Charta der Vereinten

---

1) Hierzu Krüger, DA 1978, H. 1, S. 55 ff.; Becher, DA 1978, H. 10, S. 22 ff.; Schwanitz, S. 22 ff.

2) Der Änderung der Reihenfolge im Titel dürfte keine Bedeutung zuzumessen sein.

3) GBl. 1975 II S. 237 ff.

4) GBl. 1977 II S. 189 ff.

5) GBl. 1977 II S. 198 ff.

6) GBl. 1978 II S. 1 ff.

7) GBl. 1978 II S. 5 ff.

8) Vertrag mit der UdSSR, Ungarn und Bulgarien: jeweils Art. 8 Abs. 1; Vertrag mit Polen: Art. 10 Abs. 1; Vertrag mit der CSSR: Art. 9 Abs. 1.

Nationen mit allen ihr zur Verfügung stehenden Mitteln unterstützen".[1]

Die DDR sieht in diesen Verträgen eine Ergänzung zum Warschauer Pakt[2]. Ihre Wirkung geht aber darüber hinaus: unabhängig von der Existenz der Warschauer Vertrags-Organisation existiert ein engmaschiges Bündnisgeflecht, welches ein System gegenseitiger, gleichartiger und aufeinander abgestimmter Hilfsverpflichtungen (auch) auf militärischem Gebiet etabliert und dessen Geltungsbereich in territorialer[3] und sachlicher Hinsicht (Wegfall der in der Einschätzung des Hilfeverpflichteten liegenden Erforderlichkeits-Einschränkung) sogar erweitert ist[4].

b) Sonstige Verträge

Darüber hinaus hat die DDR zahlreiche Verträge "über Freundschaft und Zusammenarbeit" geschlossen[5]. Diese

---

1) Art. 8 Abs. 1 des Vertrags mit Rumänien von 1972, GBl. 1972 I S. 156, weist eine unbedeutende textliche Abweichung auf.

2) Becher, DA 1978, H. 10, S. 22.

3) Art. 4 Abs. 1 Satz 1 WV regelt nur den Fall eines bewaffneten Überfalls "in Europa"; eine solche Beschränkung enthalten die neuen Bündnisverträge nicht. Der räumlichen Erweiterung wird auch von der DDR Bedeutung beigemessen, Sozialistische Staatengemeinschaft und Völkerrecht, S. 98 f. S. a. Schwanitz, S. 25 f.

4) Eine Auflösung des Warschauer Pakts wäre daher für die sozialistischen Staaten so gut wie folgenlos.

5) Mit der Mongolei am 6.5.1977 (GBl. 1977 I S. 194 ff.), mit Vietnam am 4.12.1977 (GBl. 1978 II S. 9 ff.), mit Angola am 19.2.1979 (GBl. 1979 II S. 57 ff.), mit Mozambique am 24.2.1979 (GBl. 1979 II S. 59 ff.), mit Äthiopien am 15.11.1979 (GBl. 1980 II S. 55 ff.), mit Süd-Jemen am 17.11.1979 (GBl. 1980 II S. 57 ff.), mit Kamputchea am 18.3.1980 (GBl. 1980 II S. 59 ff.), mit

Vereinbarungen enthalten grundsätzlich keine ausdrückliche militärische Beistandsklausel [1], doch wird der militärische Bereich materiell durch den Vertragsbestandteil "andere Gebiete" (der Zusammenarbeit) erfaßt [2], so etwa durch Art. 1 und 2 des Vertrags mit Äthiopien, Art. 4 des Vertrags mit Süd-Jemen und Art. 3 des Vertrags mit Afghanistan. In die Vereinbarungen mit Staaten der Dritten Welt, die sich als sozialistisch bezeichnen, sind darüber hinaus die Grundsätze des proletarischen bzw. sozialistischen Internationalismus eingeflossen [3], die ja auch, wie be-

---

Kuba am 31.5.1980 (GBl. 1980 II S. 61 ff.), mit Afghanistan am 21.5.1981 (GBl. 1982 II S. 17 ff.), mit Laos am 22.9.1982 (GBl. 1982 II S. 81 ff.), mit Nord-Korea am 1.6.1984 (GBl. 1984 II S. 21 ff.). Eine Dokumentation von Verträgen zwischen sozialistischen und Entwicklungsländern findet sich bei Franzke, S. 11 ff.

1) Allerdings ist im Vertrag mit Mozambique (Art. 5) expressis verbis militärische Zusammenarbeit vereinbart; zu nichtveröffentlichten Vereinbarungen militärischer Art siehe unten S. 173.

2) Frenzke, Verträge, S. 37 und 53. Frenzke untersucht zwar die Verträge über Freundschaft und Zusammenarbeit der UdSSR mit Staaten der Dritten Welt, wegen des weitgehend identischen Wortlauts und der gleichartigen politisch-ideologischen Situation können seine Überlegungen aber auf die Vereinbarung der DDR übertragen werden.

3) Präambel und Art. 1 des Vertrags mit der Mongolei (die nach der Lesart einiger zur sozialistischen Staatengemeinschaft gehört, siehe oben S. 142, Fn. 4); Präambel, Art. 1 und 3 des Vertrag mit Vietnam; Präambel der Verträge mit Angola und Mozambique, Präambel, Art. 1 und 3 des Vertrags mit Kamputchea, Präambel, Art. 1 und 5 des Vertrags mit Kuba; Präambel, Art. 1 und 3 des Vertrags mit Laos. Die Bedenken, die Frenzke, Verträge, S. 56, bezüglich der Vereinbarkeit derartiger "unredlicher Klauseln" mit dem Status der Blockfreien äußert, dürfte nur auf Vereinbarungen der UdSSR mit Nicht-Paktgebundenen zutreffen.

reits aufgezeigt worden ist, militärische Hilfeleistung verlangen können [1]. Dennoch sollen diese Verträge hier nicht als Bündnisverträge angesehen werden, da eine entsprechende ausdrückliche Klausel fehlt; es kann jedoch angenommen werden, daß die DDR einige ihrer Auslandseinsätze [2] völkerrechtlich auf diese Instrumente stützt [3], wenngleich sie hierbei (im Gegensatz zu den Bündnisverträgen) nicht von einer vertraglichen Verpflichtung ausgehen wird [4].

2. Die verfassungsrechtliche Zulässigkeit

Es ist unbestritten, daß Art. 6 Abs. 2 Satz 4 und Art. 7 Abs. 2 Satz 3 DDRV 1974 nicht nur den Eintritt in ein

---

1) Überhaupt geht die DDR davon aus, daß die Beziehungen zwischen den Staaten der sozialistischen Gemeinschaft und denjenigen Ländern der Dritten Welt, die einen "sozialistischen Entwicklungsweg" eingeschlagen haben, mit der Zeit "den Charakter von Bündnisbeziehungen" annehmen. "Die Zusammenarbeit zwischen diesen Ländern nähert sich mehr und mehr jenem Typ von internationalen Beziehungen, der sich innerhalb der sozialistischen Gemeinschaft herausgebildet hat", Franzke, S. 9.

2) Vgl. unten S. 173 ff.

3) Von sowjetischer Seite wird etwa das militärische Eingreifen in Afghanistan im Dezember 1979 auf eine Klausel über Konsultation und militärische Zusammenarbeit gestützt (Art. 4 des Vertrages über Freundschaft, gute Nachbarschaft und Zusammenarbeit zwischen der UdSSR und der Demokratischen Republik Afghanistan, abgedruckt bei Frenzke, Verträge, S. 201 ff.), vgl. ders., ebd., S. 97 f.; Wünsche, in: Befreite Staaten, S. 7 f.; Hundt, ebda., S. 32; ders., in: Die Außenpolitik befreiter Länder, S. 83 f. Diesem Abkommen ähneln etwa die Konsultations- und Zusammenarbeitsvereinbarungen im Vertrag der DDR mit Mozambique.

4) Vgl. auch Frenzke, Verträge, S. 60 f.

Bündnis und die sich daraus ergebenden Verpflichtungen ermöglicht, sondern darüber hinaus den Abschluß zweiseitiger Bündnisverträge jedenfalls mit Staaten der sozialistischen Gemeinschaft [1]. Ein Einsatz der NVA im von den Verträgen umfaßten Bündnisfall würde somit keinen verfassungsrechtlichen Bedenken begegnen.

1) Becher, DA 1978, H. 10, S. 22; Mampel, Art. 6, Rdnr. 31 und Art. 7, Rdnr. 78; DDRV-Kommentar, Art. 6, Erl. 2.

2. Abschnitt
Die Verwendung der NVA im Rahmen von UNO-Aktionen

I. Das Verhältnis der DDR zu den Vereinten Nationen und die Bewertung militärischer UNO-Aktionen

Die DDR wurde zusammen mit der Bundesrepublik 1973 zu Beginn der 28. Generalversammlung in die Vereinten Nationen aufgenommen [1]; sie selbst mißt ihrer Mitgliedschaft und ihrer Wirkung in der Weltorganisation hohe Bedeutung zu [2]. Dabei konzentriert sie ihr Interesse jedoch - in Übereinstimmung mit der Politik ihrer Verbündeten, insbesondere der UdSSR - auf bestimmte Bereiche, wie z.B. Entkolonialisierung, Abrüstung und Antiapartheid [3], während andere, wie etwa die multilaterale Entwicklungshilfe (die DDR ist beispielsweise weder Mitglied in der FAO noch im IFAD [4]), vernachlässigt werden [5]. So steht die DDR auch dem IGH als Streitschlichtungsorgan sehr kritisch bis ablehnend gegenüber [6]. Das so manifestierte Desinteresse an mulitlateralen Aktionen und an internationalen Streitschlich-

---

1) Zur Vorgeschichte Bruns, Die Uneinigen, S. 19 ff., Kuppe, S. 102 f., und aus der Sicht der DDR Spröte/Wünsche, S. 75 f.

2) Vgl. das Interview mit dem stellvertretenden DDR-Außenminister Moldt, DA 1973, S. 1281 ff.; Hucke, DA 1978, H. 10, S. 17 ff.; Völkerrecht-Lehrbuch, T. 2, S. 30; Bruns, UNO-Politik, S. 40 f. und 93 ff.

3) Interview mit dem stellvertretenden DDR-Außenminister Moldt, DA 1973, S. 1285; Bruns, Die Uneinigen, S. 62; ders., Stellungnahme, S. 63 ff.

4) Vgl. Bruns, Die Uneinigen, S. 100; Völkerrecht-Lehrbuch, T. 2, S. 59 und 76.

5) Bruns, Stellungnahme, S. 74.

6) Spröte/Wünsche, S. 128 ff.; Völkerrecht-Lehrbuch, T. 2, S. 43 ff.; Bruns, Die Uneinigen, S. 62; ders.; UNO-Politik, S. 71 ff.

tungsmechanismen, jedenfalls soweit sie obligatorischen oder gar Zwangscharakter haben, ist wahrscheinlich eine der Ursachen der distanzierten Haltung der DDR zu friedenserhaltenden Maßnahmen mit militärischen Mitteln: die bisherigen Aktionen werden im DDR-Schrifttum nur vereinzelt und relativ oberflächlich behandelt, wobei in der Regel eine scharfe Mißbilligung bisheriger Einsätze erfolgt und nur UNEF II und UNDOF ohne gleichzeitige Verurteilung erwähnt werden [1]. Das Problem einer eigenen Beteiligung an UN-Truppen ist in ostdeutschen Publikationen bisher nicht behandelt worden; gegen eine vollkommene Abstinenz auf diesem Gebiet aber spricht, daß sich die DDR während der 32. Generalversammlung in den Sonderausschuß für friedenserhaltende Maßnahmen hat wählen lassen [2]. Bei seinem Besuch in der DDR 1979 soll der damalige UNO-Generalsekretär Waldheim angefragt haben, ob sich die DDR mit eigenen Einheiten an Friedenstruppen der Vereinten Nationen beteiligen wolle [3]. Da in diesem Falle, obwohl die DDR Aufwertungen ihres internationalen Renommees üblicherweise breiten Raum einräumt, eine fach- und allgemein-publizistische Reaktion ausblieb, liegt der Schluß nahe, daß die DDR gegenwärtig an einer Beteiligung an UNO-Aktionen nicht interessiert ist [4].

Wegen der oben dargelegten Einschätzung von peacekeeping-Maßnahmen ist es auch keineswegs ausgemacht,

---

1) Spröte/Wünsche, S. 105 ff.; vgl. a. Völkerrecht-Lehrbuch, T. 2, S. 40.

2) Hucke, DA 1978, H. 10, S. 20; Bruns, Die Uneinigen, S. 49.

3) Bruns, Die Uneinigen, S. 74 f.

4) Daß dies nicht für alle Mitglieder des Warschauer Pakts gilt, zeigt die Beteiligung Polens an UNDOF, Streitkräfte 1983/84, S. 71.

daß sich im Falle einer westdeutschen Beteiligung die DDR sofort und quasi automatisch um eine eigene Mitwirkung an Friedenstruppen bemühen wird [1], wenngleich eine derartige Reaktion nicht ganz ausgeschlossen ist.

II. Die verfassungsrechtliche Zulässigkeit

Grundsätzliche Bedenken verfassungsrechtlicher Art gegen eine Teilnahme an militärischen Maßnahmen der Vereinten Nationen bestehen für die DDR nicht. Im Einzelfall würde sie jedoch darauf zu achten haben, daß die Beteiligung "dem Sozialismus" dient, Art. 6 Abs. 1 Satz 2 DDRV 1974, und im Fall einer Involvierung von Staaten der Dritten Welt dem Verfassungsauftrag des Art. 6 Abs. 3 Satz 1 DDRV 1974 Genüge getan wird. Konkret heißt dies, daß die jeweilige politisch-ideologische Beurteilung eines Konflikts und der daraufhin von den Vereinten Nationen ergriffenen Maßnahmen die verfassungsrechtliche Zulässigkeit bestimmt.

---

1) So aber Bruns, Frankfurter Hefte 1979, H. 6, S. 4; vgl. a. Mulert, DAS vom 29.10.1978, S. 8.

3. Abschnitt
Sonstige Verwendungsmöglichkeiten

I. Militärhilfe für Staaten der Dritten Welt und Befreiungsbewegungen

1. Das Auslandsengagement der NVA

Die materielle und personelle militärische Unterstützung der DDR vor allem in verschiedenen arabischen und afrikanischen Regionen ist Ergebnis einer entsprechenden Aufgabenzuweisung im Rahmen des Warschauer Pakts, die 1968 als Folge der Beteiligung der NVA an der CSSR-Besetzung [1], nach anderen Angaben erst Anfang der siebziger Jahre [2] erfolgte. Die DDR hat daraufhin, neben den oben im 1. Abschnitt erwähnten Übereinkommen [3], weitere Verträge geschlossen, die allerdings nicht veröffentlicht worden sind [4]: 1975 ein Abkommen über militärische, technische und politische Hilfen mit der Volksrepublik Kongo, 1978 möglicherweise einen Militärberatervertrag mit den Kapverden und 1979 Protokolle über militärische Zusammenarbeit mit Äthiopien und Mozambique [5]; auch diese unveröffentlichten Vereinbarungen dürften keine detaillierten Bestimmungen über den Einsatz von NVA-Angehörigen enthalten.

---

1) H. U. Rühmland, Bewaffnete Kräfte, S. 58 und 197.

2) Nawrocki, Bewaffnete Organe, S. 30; Forster, S. 119; Der Spiegel vom 30.8.1976, S. 60.

3) Siehe oben S. 166 ff.

4) Vgl. Post/Sandvoss, S. 49 f.

5) BT-DS 8/3463, S. 11.

In welchem Umfang und mit welchen Aufgaben ostdeutsche Soldaten tatsächlich in der Dritten Welt operieren, ist - wie nicht anders zu erwarten - außerordentlich schwierig zu bestimmen; schwer zu sagen ist insbesondere, ob es neben der unbestreitbaren Tätigkeit relativ kleiner Berater- und Spezialistengruppen zu irgendeinem Zeitpunkt zu Kampfeinsätzen, unter Umständen sogar durch größere, geschlossene NVA-Kontingente, gekommen ist. Bereits 1969 sollen Piloten aus der DDR im Biafra-Konflikt für die nigerianische Zentralregierung Angriffe gegen die Aufständischen geflogen haben [1]. Und während weiter einerseits die DDR der Beteiligung an den Versuchen zur Invasion der zairischen Provinz Shaba [2] sowie der Unterstützung der sowjetischen Invasoren in Afghanistan [3] bezichtigt wird und mehrere tausend NVA-Soldaten zugunsten der äthiopischen Zentralregierung in die Kämpfe gegen die eritreische Befreiungsfront eingegriffen haben sollen [4], wird andererseits die Auffassung vertreten,

---

1) Nawrocki, Bewaffnete Organe, S. 29.

2) FAZ vom 2.5.1977 und vom 3.5.1977; vgl. auch Nawrocki, Bewaffnete Organe, S. 29, und von Löwis of Menar, DDR und Afrika, S. 225.

3) FAZ vom 15.9.1984.

4) Nawrocki, Bewaffnete Organe, S. 33 - die Überprüfung der dort angegebenen Quelle scheint jedoch ein Mißverständnis des Autors zu offenbaren, denn die zitierte "Welt"-Nachricht meint wohl süd-jemenitische Volksarmisten, vgl. Die Welt vom 8.12.1977. Jedenfalls dankte der äthiopische Staatschef Mengistu Haile Mariam für empfangene Hilfe: "Im Lager der Freunde haben wir die Sowjetunion, Kuba, die Volksdemokratische Republik Jemen, die DDR und andere wahrhaft sozialistische Länder und Progressive, die uns mit ihren Taten unterstützt haben. Die genannten wahrhaft fortschrittlichen Genossen leben mit uns, sterben mit uns und kämpfen mit uns, stehen Seite an Seite mit den breiten Massen der Äthiopier und ihrer Revolution, nachdem sie mehrere

von einem Truppeneinsatz der DDR in der Dritten Welt mit Teilnahme an Kampfhandlungen könne nicht gesprochen werden [1].

Veröffentlichungen über Aktivitäten der DDR in Afrika, die sich auf Informationen des südafrikanischen Geheimdienstes stützen, kann natürlich nur mit Vorbehalt begegnet werden [2]. Nach seriösen Angaben bzw. Schätzungen halten sich gegenwärtig Angehörige der NVA in folgenden Ländern auf: in Angola 450 - 2.500 Mann [3], in Mozambique 100 - 600 Mann [4], in Äthiopien 250 - 550 Mann [5], in Südjemen 75 - 2.000 Mann [5],

---

tausend Kilometer weit hierher gekommen sind" (Frankfurter Rundschau vom 19.5.1978); im gleichen Tenor auch die bei von Löwis of Menar, DDR und Afrika, S. 226, abgedruckte Entschließung der Revolutionären Streitkräfte Äthiopiens (Dank an die Regierungen u.a. der Sowjetunion, Kubas und der DDR, die "uns auch Mitglieder ihrer Streitkräfte zur Seite stellten, die verwundet wurden und mit uns starben").

1) Natorp, FAZ vom 14.8.1978, S. 8; vgl. auch BT-DS 8/3463, S. 10.

2) Natorp, FAZ vom 14.8.1979, S. 8.

3) Streitkräfte 1983/84, S. 68 und 190, Fn. 1; Natorp, FAZ vom 14.8.1979, S. 8; Forster, S. 122; FAZ vom 22.7.1983; vgl. auch FAZ vom 27.8.1981 und vom 24.2.1979; Die Welt vom 30.9.1981 und vom 3.9.1981.

4) Streitkräfte 1983/84, S. 68 und 19, Fn. 1; Natorp, FAZ vom 14.8.1979, S. 8; Forster, S. 122; Die Welt vom 30.9.1981; vgl. auch Nawrocki, Bewaffnete Organe, S. 33 f. Daß trotz erheblichen Engagements auch die DDR nicht gegen Rückschläge gefeit ist, zeigt der mit einer gewissen Öffnung Mozambiques gegenüber dem Westen seit Ende 1981 verbundene Rückgang militärischer Kooperation zwischen diesen beiden Staaten, Mac Queen, EA 1984, S. 92; vgl. a. Kühne, Aus Politik und Zeitgeschichte 1984, B 14, S. 42 ff.

5) Streitkräfte 1983/84, S. 68 und 191, Fn. 1; Natorp, FAZ vom 14.8.1979, S. 8; Die Welt vom 30.9.1981.

6) Streitkräfte 1983/84, S. 68; Die Welt vom 30.9.1981.

in Algerien 250 - 1.200 Mann [1], im Irak 160 - 950 Mann [2]. Darüber hinaus wirken Militärberater in Libyen, Guinea-Bissau, Nigeria, Tansania, dem Kongo, Mali, Syrien, Indien, Laos [3], seit einiger Zeit möglicherweise auch in Nicaragua [4].
Daneben unterstützt die DDR Befreiungsbewegungen, wobei hier nicht die Ausbildung von Kämpfern und Kadern auf dem Gebiet der DDR interessiert [5], sondern die Tätigkeit von NVA-Beratern im Einsatzgebiet der Organisationen selbst. Gegenwärtig unterstützt die DDR auf diese Weise insbesondere die PLO, die SWAPO und den ANC [6].

Auf Fragen zu konkreten Tatbeständen erteilen weder die DDR noch die Empfängerstaaten ihrer militärischen Hilfe Auskunft [7]. In allgemeinerem Rahmen äußert sich die DDR,

---

1) Streitkräfte 1983/84, S. 68; Forster, S. 122; Nawrocki, Bewaffnete Organe, S. 32; Die Welt vom 30.9.1981.

2) Streitkräfte 1983/84, S. 68; Nawrocki, Bewaffnete Organe, S. 32; Die Welt vom 30.9.1981.

3) Streitkräfte 1983/84, S. 68; Forster, S. 122; Nawrocki, Bewaffnete Organe, S. 32; Die Welt vom 9.2.1983 und vom 30.9.1981; FAZ vom 30.5.1980; Der Spiegel vom 30.8.1976, S. 60 und 65.

4) FAZ vom 21.7.1983.

5) Hierzu etwa von Löwis of Menar, DDR und Dritte Welt, S. 126.

6) Forster, S. 122 f.; Nawrocki, Bewaffnete Organe, S. 32; FAZ vom 19.7.1980, vom 2.7.1979 und vom 24.2.1979.

7) Entsprechende Anfragen des Verfassers an das Außenministerium und die ständige Vertretung der DDR sowie die Botschaften des Kongos, Guinea-Bissaus, Nigerias und Äthiopiens in der Bundesrepublik sowie Angolas in Portugal blieben ohne verwertbare Antwort.

auf ihre internationalen Aktivitäten angesprochen, uneinheitlich - das Spektrum reicht von der Bezeichnung westlicher Erörterungen über das "Afrika-Korps der DDR" als Verleumdung [1], also der Leugnung eines Auslandseinsatzes [2], über die "kein Kommentar"-Reaktion zum Engagement in Äthiopien [3] bis zur offenen Erklärung, auf entsprechende Ersuche hin zur Entsendung bewaffneter Kräfte ins südliche Afrika bereit zu sein [4].

---

1) Hoffmann, S. 5; ähnlich auch die bei von Löwis of Menar, DDR und Afrika, S. 226, zitierte Äußerung des DDR-Außenministers Fischer im belgischen Fernsehen.

2) Vgl. auch FAZ vom 29.5.1981 und vom 30.4.1980.

3) Nawrocki, Die Zeit vom 26.5.1978, S. 6.

4) Süddeutsche Zeitung vom 24.6.1977. Eine Mischung von Eingeständnis und Dementi bilden die Antworten von DDR-Verteidigungsminister Hoffmann in einem Interview nach seiner Afrika-Reise 1979, Horizont Nr. 28/1979, S. 3 f.: "... Man kann sogar sagen, daß die Hilfe der DDR nach der der Sowjetunion und Kubas von den fortschrittlichen Staaten und Befreiungsbewegungen als am wirksamsten eingeschätzt wird. ... Besonders hoch wertete Oberstleutnant Mengistu die internationalistische Solidarität der DDR, die sie mit ihrer schnellen Hilfe bewiesen hat. Wörtlich sagte er: "Als für uns die kritischste Situation bestand, half uns die DDR als erster, das werden wir nie vergessen."
... Darum ist ja auch die Ausbildung von Fachleuten, von Ingenieuren und Facharbeitern, Offizieren und Unteroffizieren die vielleicht wichtigste Leistung, die die sozialistischen Staaten und Armeen hier im Geiste des proletarischen Internationalismus vollbringen. ... Und dabei helfen wir - allerdings nicht auf die Art und Weise und mit solchen Kontingenten, wie sie uns die westlichen Massenmedien andichten.
... Schließlich stützt sich unser Optimismus auf den Einblick in die Hilfe und Unterstützung, die die Sowjetunion, Kuba und die anderen sozialistischen Staaten, darunter die DDR, in politischer, ökonomischer, wissenschaftlich-technischer und auch in militärischer Hinsicht geben, getragen vom Geist des proletarischen Internationalismus."

Insgesamt werden sich unter Berücksichtigung der Gesamtstärke der NVA von 150.000 bis 170.000 Mann [1] wohl nicht mehr als 3.000 ostdeutsche Soldaten in Ländern der Dritten Welt aufhalten [2]; Zahlenangaben, die von 30.000 im Ausland tätigen NVA-Angehörigen ausgehen [3] (was einem Anteil von 15-20 % der Gesamtstärke der DDR-Streitkräfte entspräche), kann kein Glaube geschenkt werden [4].
Bei einer umfangreichen Kampfbeteiligung von NVA-Truppen wäre außerdem mit einer spürbaren Zahl von Gefallenen zu rechnen, welche sich in einem relativ kleinen Land wie der DDR mit vielfältigen persönlichen Bindungen in die Bundesrepublik nicht verheimlichen lassen würde [5]. Auch unter diesem Gesichtspunkt kann also davon ausgegangen werden, daß im gegenwärtigen Zeitpunkt bei kriegerischen Auseinandersetzungen ein Einsatz der NVA größeren Ausmaßes nicht stattfindet.

2. Verfassungsrechtliche Lage

Der Gestaltung ihrer Beziehungen zur Dritten Welt hat die DDR in Art. 6 Abs. 3 Satz 1 DDRV 1974 eine eigene Verfas-

---

1) U. Rühmland, NVA, S. 151.

2) Vgl. die Antwort der Bundesregierung auf eine parlamentarische Anfrage, BT-Prot, 8. Wahlperiode, 212. Siburg, S. 17048; von Löwis of Menar, DDR und Dritte Welt, S. 133; Post/Sandvoss, S. 51 f.; Dolezal, S. 38.

3) Die Welt vom 12.2.1980.

4) Vgl. auch von Löwis of Menar, DDR und Afrika, S. 225; Post/Sandvoss, S. 51.

5) von Löwis of Menar, DDR und Afrika, S. 226, spricht davon, daß 1979 "im Rahmen von Kampfhandlungen auf dem afrikanischen Kontinent mindestens ein Dutzend DDR-Bürger den Tod" gefunden haben.

sungsnorm gewidmet [1]. Die Vorschrift fordert [2] die Unterstützung eines Kampfes, welche sowohl Völkern als auch Staaten zukommen kann - die Erweiterung des Berechtigtenkreises gegenüber der DDRV 1968 hatte der inzwischen eingetretenen Lage Rechnung getragen [3]. Grundlage dieser Regelung ist das ideologische Axiom, daß zwischen den Interessen der Staaten der sozialistischen Gemeinschaft und denen der gegen Imperialismus und (Neo-) Kolonialismus [4] kämpfenden eine objektive Übereinstimmung bestehe [5]. Die "nationalen Befreiungs- und Verteidigungskriege" werden demgemäß zu den "legitimen und gerechten Kriegen" gezählt [6], die - "Gebot des proletarischen Internationalismus sowie aktiver "antiimperialistischer Solidarität" [7] - von den sozialistischen Ländern zu unterstützen sind; entsprechendes gilt für Bürgerkriege [8].

---

1) Text der Vorschrift oben S. 137.

2) Auch diese Vorschrift ist eine Auftragsnorm (vgl. o. S. 139, Fn. 1), Staatsrecht-Lehrbuch, S. 92.

3) Mampel, Art. 6, Rdnr. 39.

4) Zu diesen Begriffen DDR Handbuch, S. 512 f. und 762.

5) Powick/Zelt, DA 1978, H. 2, S. 39 und 47; Willerding, DA 1976, S. 1615, 1619 und 1622 f.; Franzke, S. 9; Spröte/Wünsche, S. 21; Mardek/Wünsche, in: Außenpolitik befreiter Länder, S. 13 ff.; vgl. a. Frenzke, Verträge, S. 141 ff., und den Nachweis bei von Löwis of Menar, DDR und Dritte Welt, S. 125, Fn. 8.

6) Scheler/Kießling, S. 99 ff.

7) Scheler/Kießling, S. 104.

8) Scheler/Kießling, S. 115 f.

Zu Inhalt und Umfang der zu erteilenden Unterstützung enthält Art. 6 Abs. 3 Satz 1 DDRV 1974 keine Festlegungen, so daß von einem weiten Ermessensspielraum für die Entscheidung über die Hilfegewährung auszugehen ist. In Einzelfällen jedenfalls soll die Unterstützung "aktiv", "umfassend", "entschieden" sein [1]. Diese Umschreibung entspricht der Interpretation des Wortlauts von Art. 6 Abs. 3 Satz 1 DDRV 1974: der Begriff "Unterstützung eines Kampfes" kann in einer marxistisch-leninistischen Verfassung nur so gedeutet werden, daß auch, wenn nicht sogar vornehmlich, gewaltsame Formen der Auseinandersetzung gemeint sind [2]. Die Verfassung der DDR ermächtigt und fordert damit, im Rahmen des Möglichen und Opportunen Militärberater und selbst Soldaten zum unmittelbaren Kampfeinsatz zu entsenden.

Die Analyse des (allgemeineren) Art. 6 Abs. 1 Satz 2 DDRV 1974 als Auftrag zu im Ergebnis ausschließlich an den Interessen des Sozialismus orientierten Außenbeziehungen bestätigt dieses Ergebnis: die finale Bestimmung bedingt "die grundlegende einheitliche Ziel- und Aufgabenstellung der Außen-, Sicherheits- und Militärpolitik der DDR" [3]. Von Verfassungs wegen ist die DDR daher gehalten, ihr Militärpotential als Mittel der - von einem ideologischen

---

1) Vgl. Staatsrecht-Lehrbuch, S. 290, Willerding, DA 1976, S. 1616 ff.; DDRV-Kommentar, Art. 6, Erl. 3.

2) Vgl. Scheler/Kießling, S. 105 ff.

3) Schuster, DA 1983, H. 1, S. 35.

Endzweck her bestimmten - internationalen Beziehungen einzusetzen [1]. Insgesamt also befindet sich die DDR bei ihrem militärischen Engagement in der Dritten Welt in Übereinstimmung mit den Regeln ihrer Verfassung.

---

1) Folgerichtig wird die Hilfeleistung sozialistischer Staaten etwa zugunsten Angolas und Mozambiques als militärischer "Schutz zur Abwehr der Konterrevolution und zur Wahrung ihrer Souveränität und zur weiteren Entfaltung ihrer revolutionären, auf den Sozialismus orientierten Entwicklung" gewürdigt (Wünsche, in: Befreite Staaten, S. 7).

II. Humanitäre Hilfsaktionen

Über nennenswerte Hilfsaktionen der NVA bei Umwelt- oder Naturkatastrophen, Unfällen etc. gegenüber verbündeten Staaten oder etwa auch Ländern der Dritten Welt ist nichts bekannt [1]. Es kann aber angenommen werden, daß in Entwicklungsländer entsandte Angehörige der DDR-Armee auch zivile Dienste leisten [2]; die Funktion des Hafenkommandanten von Luanda (Angola) wurde beispielsweise zeitweilig von einem Offizier der NVA ausgeübt [3]. In welchem Maße dies konkret geschieht, inwieweit dabei zwischen militärischer und nicht-militärischer Zuordnung unterschieden werden kann und ob Angehörige der NVA, ohne dies zu offenbaren, als Zivilberater und Entwicklungshelfer tätig werden (oder umgekehrt) [4] - darüber kann nur spekuliert werden.

Einsätzen der NVA zur Leistung humanitärer und technischer Hilfe begegnen keinen verfassungsrechtlichen Bedenken. Eine Beschränkung der Verwendungsmöglichkeiten der NVA auf militärische Aktionen kennt die Verfassung der DDR

---

1) Ein Beispiel von Hilfe durch DDR-Feuerwehren bei der Bekämpfung eines Waldbrandes in der CSSR im Juli 1976 nennt Sozialistische Staatengemeinschaft und Völkerrecht, S. 95. In jüngster Zeit wird von einer Verwendung der NVA zu Hilfsaktionen in Äthiopien berichtet, Außenpolitische Korrespondenz 1985, S. 14.

2) Allgemein zu den Beziehungen der DDR zur Dritten Welt, insbesondere auch zur Entwicklung der wirtschaftlichen Hilfe und der Handelsbeziehungen Spanger, Deutschland-Archiv 1984, S. 30 ff. und 150 ff.; Dolezal, S. 29 ff.; Außenpolitische Korrespondenz 1984, S. 331 f.

3) Forster, S. 122.

4) Vgl. auch BT-DS 8/3463, S. 10.

nicht. Soweit der Einsatz von Einheiten der NVA zur Hilfe bei Naturkatastrophen u.ä. in verbündeten Ländern zur Überwindung des Notfalls geeignet und erforderlich ist, wird er sogar vom Verfassungsgrundsatz des "sozialistischen Internationalismus" verlangt.

III. Einsätze zur Interessenwahrung

Für die DDR, obgleich ähnlich rohstoffabhängig wie die Bundesrepublik, stellt sich das Problem von Lieferstörungen und sich daraus ergebenden Krisen gegenwärtig in weit geringerem Maße: sie bezieht die benötigten Rohstoffe im wesentlichen aus der UdSSR [1]. Entsprechend in etwa der Ausfuhrquote der Länder der Dritten Welt in RGW-Staaten von etwa 4 % [2] betrug der Außenhandelsumsatz der DDR mit sämtlichen Entwicklungsländern 1982 8.429,5 Mio. Valuta-Mark von insgesamt 145 109,3 Mio. Valuta-Mark [3], d.h. etwa 5,8 % des Gesamtaußenhandelsumsatzes [4]. Aus diesen Angaben wird deutlich, daß instabile Lagen in Ländern der Dritten Welt und gefährdete Versorgungsrouten die DDR nicht vor erhebliche Probleme stellen können und deshalb Überlegungen zur Bewältigung entsprechender Krisensituationen vorläufig nicht angestellt werden müssen.

Unter Zugrundelegung der geschilderten Grundsätze bei der Gestaltung internationaler Beziehungen verbietet die Verfassung der DDR einen Truppeneinsatz im hypothetischen Fall von Blockaden und Lieferstörungen nicht. Darüber hinaus können bei derartigen Krisen die "sozialistischen Errungenschaften" als angegriffen betrachtet werden, deren

---

1) 1975 etwa von insgesamt 16.997.000 t eingeführten Erdöls 15.097.000 t aus der UdSSR; 1982 von insgesamt 21.745.000 t 17.709.000 t, Erdgas: von insgesamt 6.392 Mio. m^3 6.391 Mio. m^3 (Statistisches Jahrbuch der DDR 1983, S. 239 und 251).

2) Bruns, Die Uneinigen, S. 51; Sachs, in: Befreite Staaten, S. 56.

3) Statistisches Jahrbuch der DDR 1983, S. 236.

4) Das entspricht etwa einer Steigerung von 0,9 % gegenüber dem Vorjahr.

Schutz der NVA gem. Art. 7 Abs. 2 Satz 2 DDRV 1974 aufgetragen ist. Der Begriff der "sozialistischen Errungenschaften des Volkes" ist weit zu interpretieren [1] und ihr Schutz daher bereits dann erforderlich, wenn die (sozialistische) Produktion gestört wird.

---

1) Mampel, Art. 7, Rdnr. 30.

IV. Interventionen zum Schutze von Staatsangehörigen

Auch für die DDR kann sich einmal die Frage stellen, wie auf die Entführung eines eigenen Flugzeugs in ein anderes Land oder auf die Gefangennahme einer Beratergruppe [1] reagiert werden soll. Einer Verwendung der NVA zur Befreiung von Geiseln etc. stehen aufgrund der bisher aufgezeigten Grundsätze unter dem Gesichtspunkt des Schutzes des "friedlichen Lebens der Bürger", Art. 7 Abs. 2 Satz 1 und 2 DDRV 1974, keine verfassungsrechtlichen Bedenken entgegen. Humanitäre Interventionen zugunsten fremder Staatsangehöriger sind danach zu bewerten, inwieweit sie ein nützliches Element der einheitlichen, an den Interessen des Sozialismus orientierten Außenpolitik bilden.

---

1) Die angolanische Widerstandsbewegung UNITA hatte z.B. im März 1983 u.a. zahlreiche tschechoslowakische Berater gefangen genommen und einige nach 9 Monaten wieder freigelassen, vgl. FAZ vom 28.2.1984; eine andere tschechoslowakische Beratergruppe war über ein Jahr festgehalten worden, FAZ vom 13.3.1984.

SCHLUSSBETRACHTUNG

Bis in die jüngste Zeit wird beklagt, daß sich die Staatsrechtler der Bundesrepublik kaum mit dem Wehrverfassungsrecht befassen; nur wenigen Autoren wird zugestanden, die "distanzierte Einstellung der Rechtswissenschaft zur Armee und ihren rechtlichen Rahmenbedingungen" [1] durchbrochen zu haben. Doch sind mittlerweile einige neuere Untersuchungen erschienen, die dieses Urteil nur noch als teilweise gerechtfertigt erscheinen lassen, und Zweck auch der vorliegenden Arbeit war es, einen weiteren Teil des Wehrverfassungsrechts zu erschließen. In verstärktem Maße gilt dies noch für das Recht der DDR, denn wenn auch die westliche Beschäftigung mit Verfassungsproblemen wie etwa den Grundrechten oder der Gubernativen im anderen deutschen Staat anhält, so wurde die auswärtige Verwendung der NVA bisher, wenn überhaupt, juristisch nur unter völkerrechtlichen Aspekten behandelt.

Die DDR kennt aber, genauso wie die Bundesrepublik, eine Wehrverfassung. Diese rechtlichen Strukturen einerseits und (hypothetische) internationale Lagen andererseits bilden nun ein Koordinatensystem, in welchem bereits jetzt der Standpunkt der beiden Staaten zu verschiedenen Komplexen bestimmt werden kann. Da aus einsichtigen Gründen im Ernstfall, d.h. in einer Situation, in der die auswärtige Verwendung der Streitkräfte naheliegt, eine breite Diskussion nicht möglich und u.U. auch nicht wünschenswert ist, sollte die vorliegende Arbeit - entsprechend einem allgemein für die Beschäftigung mit verfassungsrechtlichen Problemen geltenden Grundsatz [2] - einen Beitrag dazu leisten, strittige Fragen sine ira et studio zu erörtern, bevor sie virulent werden.

---

1) Busch, NZWehrr 1981, S. 53.

2) S. nur Abmeier, S. 20.

Die Untersuchung der Verfassungen hat bezüglich der außerhalb der klassischen Verteidigung erfolgenden Verwendung von Streitkräften zu folgenden Ergebnissen geführt:

- Die Bundesrepublik Deutschland darf die Bundeswehr nur zur Verteidigung im Rahmen kollektiver Sicherheitssysteme - konkret: der WEU, der NATO sowie der Vereinten Nationen - einsetzen. Jede andere militärische Verwendung (wie etwa Militärhilfe in jeder Form oder die Beseitigung von Lieferstörungen) ist unzulässig, da es sich dabei weder um Verteidigung im Sinne des Art. 87 a Abs. 1 GG handelt noch ein derartiger Einsatz gem. Art. 87 a Abs. 2 GG von der Verfassung ausdrücklich zugelassen wird.
Die nicht-militärische auswärtige Verwendung der Bundeswehr ist eine Maßnahme der auswärtigen Gewalt und steht weitgehend im Ermessen der Bundesregierung.

- Die NVA der DDR darf immer dann eingesetzt werden, wenn die konkrete Verwendung der Durchsetzung marxistisch-leninistischer Politik dient, d.h. geeignet ist, auf einen Zustand hinzuwirken, der dem des real existierenden Sozialismus entspricht.

Die NVA darf also (fast) alles, die Bundeswehr (fast) nichts - ist das das Resümee, das hinsichtlich des verfassungsmäßig geregelten Auslandseinsatzes der ost- und westdeutschen Streitkräfte gezogen werden muß? Die Frage ist so falsch gestellt, impliziert sie doch die Vergleichbarkeit der Rechtssysteme. Aufgabe einer marxistisch-leninistischen Verfassung ist es aber, Ausdruck, ja Handhabe der politisch-ideologischen Macht zu sein [1]; daraus folgt, daß ein Einklang zwischen Verfassung und staatlichem Handeln

---

1) Vgl. das Zitat o. S. 10, Fn. 1.

dann besteht, wenn auch letzteres als Mittel zur Erreichung der ideologisch gewünschten Lage eingesetzt wird. Dies ist im Fall der DDR gegeben, so daß für den hier untersuchten Bereich festzustellen ist, daß sie sich verfassungskonform verhält.

Das Grundgesetz dagegen, westlich-rechtsstaatlichen Traditionen folgend, bezweckt auch Hemmung und Begrenzung staatlicher Macht, nicht zuletzt im militärischen Bereich [1]. Wegen dieser grundlegend unterschiedlichen Ausgangspositionen konnte die Arbeit auch nicht eine eigentlich rechtsvergleichende sein. Bezüglich der DDR stand im Vordergrund die Untersuchung, auf welche Weise ideologische Vorgaben in Normen transformiert werden; insofern wurde der Versuch einer Annäherung an die einheitliche, nicht zwischen Recht und Macht differenzierende Realität unternommen. Bezüglich der Bundesrepublik war der Spielraum auszuloten, den die Verfassung für die auswärtige Verwendung der bewaffneten Macht beläßt. Innerhalb der vorgefundenen Interpretationsspanne ging es dabei nicht um eine extensive Verrechtlichung mit der Konsequenz, politische und tatsächliche Gegebenheiten zu ignorieren und adäquate Handlungsmöglichkeiten zu blockieren. Allerdings mußten rein situations- oder gar zeitbedingte Erwägungen gegenüber rechtlichen Bedenken zurücktreten, denn "Verfassungsauslegung hat nicht die Funktion, um "politisch vernünftigere" Ergebnisse zu erzielen, Entscheidungen des Verfassungsgebers

---

1) Wie sehr die Rechtsgebundenheit militärischen Handelns im Bewußtsein der Verantwortlichen verankert ist, zeigt eine Schilderung des ehemaligen Bundesverteidigungsministers Georg Leber: Er beschreibt eine - allerdings nicht den Auslandseinsatz betreffende - schwierige Situation während der Olympischen Spiele in München 1972, in welcher er über ein mögliches militärisches Vorgehen zu entscheiden hatte; mehrfach wird dabei deutlich, daß bei der Abwägung der Kriterien rechtliche Bedenken noch vor politischen Bedeutung hatten, Leber, S. 228 ff.

zu korrigieren, sofern diese nicht selbst verfassungswidrig sind" [1]. Bei der Erörterung etwa der Schlüsselbegriffe Verteidigung und Einsatz wurde deshalb eine größtmögliche Nähe zur Verfassung angestrebt und eine Orientierung an außerverfassungsrechtlichen oder gar außerjuristischen Parametern zu vermeiden versucht.

Dies bedeutet allerdings nicht, daß eine Änderung oder Erweiterung der derzeitigen Befugnisse der Bundeswehr unzulässig wäre. So kann man durchaus darüber diskutieren, ob nicht durch eine Änderung der Verfassung auch deutsche Flugzeuge und Schiffe außerhalb des Geltungsbereichs des Grundgesetzes in den Verteidigungsauftrag der Bundeswehr miteinbezogen werden sollten. Darüber hinaus wäre es begrüßenswert, die bereits jetzt zulässigen Einsätze im Rahmen kollektiver Sicherheitssysteme mittels einer Ergänzung des Grundgesetzes präzise zu artikulieren [2]. Im übrigen aber ermöglicht das Grundgesetz bereits jetzt eine flexible und angemessene Reaktion auf existentielle Bedrohungen; unterhalb dieser Schwelle freilich befleißigt es sich einer gewissen Zurückhaltung, die der Bundesrepublik bisher jedoch gut bekommen ist und die aufzugeben kein Anlaß besteht.

---

1) Rieder, S. 353.

2) Zur Ergänzung der Verfassung vgl. E. Klein, ZaöRV Bd. 34, S. 443; Fleck, Vereinte Nationen 1979, S. 100; Kersting, NZWehrr 1983, S. 70; Kaul, Vereinte Nationen 1983, S. 2 und 6. Siehe a. Art. 1 Nr. 3 des "Entwurfs einer Notstandsverfassung", Menzel, DÖV 1968, S. 306.